朱楚芝 著

数字经济
背景下

集群企业网络化战略行为模式
及其对创新的影响机制

浙江工商大学出版社
ZHEJIANG GONGSHANG UNIVERSITY PRESS

·杭州·

图书在版编目（CIP）数据

数字经济背景下集群企业网络化战略行为模式及其对创新的影响机制 / 朱楚芝著 . — 杭州：浙江工商大学出版社，2021.6（2022.10重印）

ISBN 978-7-5178-4530-0

Ⅰ . ①数 … Ⅱ . ①朱 … Ⅲ . ①企业集群—企业创新—研究 Ⅳ . ① F273.1

中国版本图书馆 CIP 数据核字 (2021) 第 112405 号

数字经济背景下集群企业网络化战略行为模式及其对创新的影响机制
SHUZI JINGJI BEIJING XIA JIQUN QIYE WANGLUOHUA ZHANLUE XINGWEI MOSHI JI QI DUI CHUANGXIN DE YINGXIANG JIZHI

朱楚芝　著

责任编辑	张婷婷	
封面设计	潘洋	
责任印制	包建辉	
出版发行	浙江工商大学出版社	
	（杭州市教工路 198 号　邮政编码 310012）	
	（E-mail：zjgsupress@163.com）	
	（网址：http：//www.zjgsupress.com）	
	电话：0571-88904980，88831806（传真）	
排　　版	杭州红羽文化创意有限公司	
印　　刷	广东虎彩云印刷有限公司绍兴分公司	
开　　本	710mm×1000mm 1/16	
印　　张	19.25	
字　　数	246 千	
版 印 次	2021 年 6 月第 1 版　2022 年 10 月第 2 次印刷	
书　　号	ISBN 978-7-5178-4530-0	
定　　价	59.00 元	

前言

从 1996 年八届全国人大四次会议批准的《中华人民共和国国民经济和社会发展"九五"计划和 2010 年远景目标纲要》开始，我国就已踏上了数字经济的征程。在数字经济发展初期，不仅出现了百度、腾讯、网易、新浪等当今数字经济企业巨头，电子商务、网络支付、手机应用等相关业务规模也出现了大幅度的增长。尤其 2008 年以来，随着互联网的发展成熟和相关应用的普及，数字经济浪潮以不可阻挡的态势继续前行。基于此，各国均出台了相关发展战略：2014 年意大利提出《意大利数字战略日程表2014—2020》，2014 年法国提出《数字法国计划》，2015 年英国提出《英国 2015—2018 年数字经济战略》等。我国也不例外，早在 2006 年，我国就提出了《2006—2020 年国家信息化发展战略》。2018 年，国务院正式印发《关于强化实施创新驱动发展战略进一步推进大众创业万众创新深入发展的意见》，明确了数字经济作为当前经济转型升级的主力军和带动经济增长的核心动力。

现阶段，数字化的技术、商品与服务不仅在向传统产业进行多方向、多层面与多链条的加速渗透，即产业数字化，而且在推动诸如互联网数据中心（Internet Data Center，IDC）建设与服务等数字产业链和产业集群的不断发展壮大，即数字产业化。我国重点推进建设的 5G 网络、数据中心、工业互联网等新型基础设施，本质上就是围绕科技新产业的数字经济基础设施，数字经济已成为驱动我国经济实现又好又快增长的新引擎，数字经济所催生出的各种新业态，也将成为我国经济新的重要增长点。

数字经济通过不断升级的网络基础设施与智能机等信息工具，互联网—云计算—区块链—物联网等信息技术，人类处理大数据的数量、质量和速度的能力不断增强，推动人类经济形态由工业经济向信息经济—知识经济—智慧经济形态转化，极大地降低社会交易成本，提高资源优化配置效率，提高产品、企业、产业附加值，推动社会生产力快速发展，同时为落后国家后来居上实现超越性发展提供了技术基础。数字经济也称智能经济，是工业4.0或后工业经济的本质特征，是信息经济—知识经济—智慧经济的核心要素。正是得益于数字经济提供的历史机遇，我国得以在许多领域实现超越性发展。

数字经济指一个经济系统，在这个系统中，数字技术被广泛使用并由此带来了整个经济环境和经济活动的根本变化。数字经济也是一个信息和商务活动都数字化的全新的社会政治和经济系统。企业、消费者和政府之间通过网络进行的交易迅速增长。数字经济主要研究生产、销售都依赖数字技术的商品和服务。数字经济的商业模式本身运转良好，因为它创建了一个企业和消费者双赢的环境。截至2016年底，全球市值最高的10家公司中，有5家数字经济企业；市值前20强的企业中有9家属于数字经济企业。在数字经济情景下，无论是传统企业还是现代科技型企业均在不断探索企业新的竞争发力点。在数字化商业生态系统中，企业数字化与网络化发展成为必然趋势。企业网络适时嵌入特定的商业生态系统正成为创新组织在新经济形态下的重要战略选择，并不断影响着产业的垂直分工格局，对企业竞争优势的重构产生了深刻的影响。

本书第一部分阐述了当前我国产业集群所面临的现实挑战，提出了本研究的理论和实践意义，再对总体研究的内容进行梳理和划分。

本书第二部分融会贯通协同创新网络理论、交互学习理论和探索创新理论，从中小型企业的网络化行为做起始点，围着"企业如何通过与集群内创新合作伙伴结成协同创新网络并进行交互学习来提高其探索式创新绩效"这个明确的核心主题，阐述了协同创新网络与企业探索式创新之间的基本原理，确认协同创新网络三个不同特征与探索式创新模式的基本体制，并讨论了在控制变量的影响下，协同创新网络不同特征对企业探索式创新是否有显著性差异影响。以此，引入交互学习作为中介变量，探讨交互学习在协同创新网络与探索式创新之间的中介作用。

本书第三部分将网络、学习与创新结合在一起，从网络能力、组织学习的视角来研究如何提高集群企业的创新绩效。首先，根据国内外现有研究，对网络能力、组织学习和集群企业创新绩效的概念进行界定，并确定三者的测量维度，将网络能力分为位置中心性、联结强度和资源丰富度，将组织学习分为探索性学习和利用性学习，然后分别对三者进行相应的文献综述，得出相应的概念模型和研究假设。最后，通过问卷调查，对样本数据进行实证分析，通过信度、效度、相关性和多元线性回归分析，检验提出的模型及假设，并得出相应的结论。

本书第四部分综合运用网络嵌入性理论、组织搜索理论和技术创新理论，从网络的双重嵌入为出发点，围绕"双重网络嵌入与企业技术创新"这一研究主题，阐述了双重网络嵌入与企业技术创新之间的内在机理，明确了地理位置上的本地网络和跨本地网络与不同技术创新模式的作用机制，并讨论了本地网络和跨本地网络强弱的不同组合对企业技术创新是否有显著性差异。在此基础上，引入组织搜索，探讨组织搜索在双重网络嵌入与技术创新之间的中介作用。

本专著是 2021 年度浙江省高等学校国内访问工程师、访问学者项目的研究成果，同时也是杭州职业技术学院商贸旅游学院第二批中青年教师攀登工程项目的研究成果。本专著在出版过程中得到了同门师兄妹的大力支持，在此特别鸣谢，同时感谢王核成教授在本专著出版过程中给予的建议、支持与帮助。

目录

第一部分

问题提出—内容梳理—文献综述

该部分阐述了当前我国产业集群所面临的现实挑战，提出了本研究的理论和实践意义，再对总体研究的内容进行梳理和划分。

1 ／ 研究意义

产业集群历来是我国较发达地区经济快速发展的重要推动力量。从国内外实践经验来看，集群的优势主要来源于对中小企业创新创业活动的支持和网络化创新行为的促进。在经济全球化进程不断深入以及当前我国转型期"以创新驱动经济发展"核心战略全面推进的背景下，产业集群这一区域经济组织模式在发展中展现出来的全新特征、趋势和潜力吸引了产业组织、战略管理和技术创新等不同研究领域内大量学者的兴趣，而关注网络组织之间互动、知识扩散机制、学习行为和群体创新行为等问题的网络研究范式更是近年来的关注焦点（张闯，2011）。

当前我国产业集群所面临的现实挑战主要表现为许多地方集群内出现了严重的产品同质化、市场相对过剩和企业间过度竞争，从而导致集群整体竞争力的逐渐下降甚至衰退。出现这种情况的主要原因在于，随着技术的发展和产业的成熟，集群企业以往单纯依靠地理邻近性和地方网络的模仿式创新模式已经不适应于新的群内外环境（Huggins, Johnston et al., 2012）。产业集群的更新升级由此成了理论和实践界热切关注和亟待解决的问题和难题之一。

现有研究表明，集群升级依赖于集群企业的创新活动（Giuliani, Pietrobelli et al., 2005；王钦，2011），而且重点在于从以补充现有知识为特征的开发性创新过渡到以搜索全新知识为特征的探索性创新。目前我国地方产业集群普遍遇到了发展的瓶颈，为避免落入衰退，集群内必须有企业摆脱现有路径开展探索性创新，并通过网络使创新知识实现在群内的扩散与协同，最终使集群整体的主导产品、主导技术或是主导价值链功能发生质的变化，也就是实现集群的升级（Gilsing & Nooteboom, 2006; Mudambi & Swift, 2013; Nooteboom, Van Haverbeke et al., 2007）。基于这个思路，本项目研究将探求集群企业如何在战略和环境诱导下通过网络化行为推动探索性创新，并经由网络扩散带动集群升级的具体机制。

1.1　理论意义

（1）系统探讨不同网络类型中网络要素对集群企业探索性创新的双重影响，有助于创新导向下集群企业网络研究的进一步推进

现有文献对有关网络与集群企业创新之间关联机制的研究已有一定进展，其中既包括网络对创新积极影响的探讨，也包括对消极影响的探讨。但其中多数研究偏重于前者，对网络负面作用的探讨相对较少，而且对于"网络要素——集群企业创新"之间因果机制的解释仍存在模糊性，缺乏系统性和一致性的结论。本研究综合演绎和归纳的方法对影响集群企业探索性创新的不同网络类型以及网络要素进行系统的归纳和分类，并具体解释集群情境中和动态视角下各类网络要素对企业探索性创新的不同影响效应，以弥补现有理论缺口。

（2）深入揭示集群企业网络化行为对探索性创新的诱导机制，有助于网络视角下集群企业探索性创新理论的完善

目前网络理论和探索性创新理论已逐渐成为战略和组织研究领域的热点，但针对集群情境下网络对企业探索性创新的诱导机制的研究并不多见，主要关注的仍是网络对集群企业一般化创新行为的影响。本研究从静态和

动态两个层面上探讨集群企业网络化行为与探索性创新之间的互动关联机制，并分析技术、市场、制度等网络环境以及企业网络能力的调节效应。在此基础上总结当前竞争环境中集群企业探索性创新的战略和环境诱导机制，以及集群企业网络与探索性创新之间的协同演化路径。

（3）跨层次研究"企业创新—集群升级"的内在机理，有助于解剖集群升级理论的内部黑箱

当前有关产业集群升级的研究存在两种倾向，其一是基于抽象理论做逻辑推演，其二是根据案例分析归纳经验，但前者所得出的理论框架和后者所总结的经验结论并没有得到很好的衔接。更为重要的是，尽管现有研究一致认为集群升级的核心动力来源于集群企业的创新活动，但个体层面上不同规模和不同能力的集群企业如何通过交互和创新协同最终促成集群升级这一理论黑箱仍未被完全揭开。本研究将集群升级的个体层面动力聚焦到集群企业的探索性创新上，并将企业创新的网络扩散作为集群升级的内在机制，以跨层次的研究视角对推进集群升级理论的发展做出努力。

1.2　实践意义

（1）为推动集群企业从开发性创新向探索性创新的过渡提供可行思路

当前我国集群企业面临着产业层次低、技术模仿严重、发展后劲不足等发展问题，同时又存在着创新动力不够、创新资源缺乏和创新环境不完善的客观实际。本研究提出集群企业可通过创新导向的战略和网络化行为推动自身的探索性创新活动，以突破发展瓶颈并重塑竞争优势，基于研究结论所提出的企业层面的对策建议将为企业正确识别网络拓展的方向、选择适当的合作伙伴和系统构建网络促进探索性创新提供可行思路。

（2）为政府相关部门制定有效促进创新的公共政策提供意见参考

对于集群所在区域的政府和相关公共机构来说，如何在当前环境下通过制定区域经济发展战略和创新支持制度来促进产业集群的整体升级，实现集群持续发展，是最为迫切的任务。本研究提出地方政府可通过制度建设实现对集群企业网络化行为的外部环境诱导，激发领先企业的探索性创新活动，进而促进创新知识等要素在群内的扩散和协同，最终实现集群升级。在综合理论分析和经验归纳的基础上从高位势结点导向的超地方网络构建、集群企业协同导向的多层次创新平台、多中心治理导向的知识产权保护制度等方面提出具体对策建议，为政府引导集群网络构建、完善自身服务和政策环境提供决策支持。

1.3 研究问题的提出

（1）构建"协同创新网络—交互学习—探索式创新"的结构

在美国工业互联网，德国（Industry4.0）以及中国相继提出的"中国制造2025"的背景之下，企业如何通过与集群内创新合作伙伴结成协同创新网络并进行交互学习来提高其探索式创新绩效备受青睐和关注。本书综合社会网络理论、协同创新网络理论、交互学习理论和探索式创新理论，构建"协同创新网络—交互学习—探索式创新"的结构，主要讨论了如下问题：

第一，考察企业协同创新网络三个特征对企业探索式创新的影响。通过现有的文献成果可知，一个企业想要实现创新就应该在协同创新网络中结交尽可能多的创新合作同伴，同伴的数量越大即网络的规模越大，这有助于企业通过这些纵横交错的网络得到自己需求的知识，获取知识的路径更加广泛，相对来说其和伙伴之间接触的次数和频率更高，其优势就在于企业可以全面地洞悉和观察所处行业发展态势，最终帮助企业提升探索式创新能力。同时，同伴之间的网络紧密度越高有利于推动复杂知识的双向流动，以此确保企业可以成功研发出新的产品或者新的技术，提高其探索式创新绩效。此外，也有学者对协同网络中的网络异质性关注颇多，网络异质性也就是网络资源的一种体现方式，网络资源和企业探索式创新的关系从某种意义来说可以理解成网络异质性及探索式创新的关系研究。有人认为网络异质性程度越高，越能提高企业所处网络资源（知识、技术等）的丰富性，从而正向影响其探索式创新绩效；也有一部分人提出质疑，认为网络异质性和企业探索式创新之间并不是单纯的正向或反向作用，而是构成倒 U 形的态势。总之，企业协同创新网络的三个不同特征能够相互调节、共同作用于企业探索式创新，在一定程度上有助于新产品工艺及技术的开拓，从而提升企业探索式创新的绩效。

第二，讨论交互学习对企业探索式创新的影响。协同创新网络中企业和供应商、竞争者、学校机构、政府等创新同伴之间的交互学习，从动态的角度观察可知，并不是一成不变或者一次性的行为。交互学习强调在协同创新网络中企业及其他创新合作同伴的相互促进影响。企业从整个网络资源中通过和其他创新合作同伴之间不同形式的交流，搜索知识，分析知识，消化知识，最后充分利用知识形成创新行为，这就是交互学习的过程。交互学习不仅是企业更新换代已有旧知识的关键途径，而且也是当今现代化经济大势下，企业能够在集群企业中独树一帜取得绝对占领市场优势的关键所在。综合大多数学者的学术结论，企业的交互学习能力影响企业探索式创新行为。

第三，从正式交互学习和非正式交互学习这个维度来检验交互学习在企业协同创新网络和企业探索式创新之间的中介作用。本书把交互学习分为两个维度，首先是正式交互学习，其次是非正式交互学习。正式交互学习是指企业在协同创新网络中与行业内类似企业、高等院校、政府或者企业中介机构建立的正式的交流或者合作的项目，共同开拓新产品或者新工艺，相互学习共同提高自身水平从而达到交互学习的目标；企业内部或者企业和其他创新合作同伴之间通过开展创意沙龙、头脑风暴等活动来开拓创新的新思维新方法。以此，提出第三个需要探究讨论的问题——检验正式交互学习和非正式交互学习在企业协同创新网络和探索式创新之间的影响机制和机理。

（2）构建"网络能力—组织学习—企业创新"的结构

提升网络能力能够提高企业创造新价值以及实现企业经济目标的能力，行为个体通过组织学习获得的知识会受到其嵌在网络的特征的限制。由于企业所处集群中的网络能力不同，进行组织学习的方式和能力各异，集群企业的创新能力和绩效也有所差别。

通过研究，正确了解和把握网络能力从不同维度出发对集群企业的组织学习的影响是否不同，而不同的组织学习模式是否能够影响以及是如何影响企业的创新行为的。这有利于集群企业中企业获取有用资源，实现自身有用资源的获取和整合，为企业的创新提供知识保障及技术支持，并为企业带来经济效益。同时，对网络和创新的理论研究做出一定的贡献。

本书主要解决以下问题：

①网络能力不同于网络位置，也是一个比较新的概念，因此首先要对其概念进行界定，网络能力的概念该如何界定？其测量维度又该包括哪些？

②网络能力对集群企业的组织学习和创新绩效有何影响？是正向影响还是负向影响？

③不同的组织学习模式在网络能力和企业创新绩效之间是否存在中介作用，若存在，是完全中介还是部分中介？

基于上述问题，本部分将网络、学习与创新结合在一起，从网络能力、组织学习的视角来研究如何提高集群企业的创新绩效。主要研究内容如下：

首先，根据国内外现有研究，对网络能力、组织学习和集群企业创新绩效的概念进行界定，并确定三者的测量维度，将网络能力分为位置中心性、联结强度和资源丰富度，将组织学习分为探索性学习和利用性学习，然后分别对三者进行相应的文献综述，得出相应的概念模型和研究假设。

其次，通过问卷调查，对样本数据进行实证分析，通过信度、效度、相关性和多元线性回归分析，检验提出的模型及假设，并得出相应的结论。

（3）构建"双重网络嵌入—组织搜索—技术创新"的理论框架

在经济全球化的背景下，集群企业如何构建自己的网络以提升自身的创新能力，进而促进集群更新升级，是目前产业集群研究中最为关键且也是最受关注的问题。本书综合运用网络嵌入性理论、创新理论和组织搜索理论，构建"双重网络嵌入（本地网络和跨本地网络）—组织搜索（搜索深度和搜索宽度）—技术创新（探索性创新和利用性创新）"的理论框架，具体探讨以下三个问题：

第一，考察本地网络和跨本地网络对集群企业创新的影响。随着产业集群的日益发展，集群内的企业开始突破本地界限，企业的跨本地网络逐步形成。本地网络和跨本地网络虽然是根据地理空间划分的，但其属于两类不同的网络类型，有着各自的运行机制，集群企业通过嵌入双重网络以获取创新所需的各种知识与资源，那么本地网络和跨本地网络是如何促进企业创新能力的提升的？这是我们要研究的第一个问题。

第二，讨论本地与超本地强弱不同的企业网络对企业技术创新的影响是否有显著性差异。中国的产业集群由于其成长环境不一，导致有些集群企业本地网络强，但跨本地网络弱，而另外一些集群企业刚好相反，本地网络弱，跨本地网络强。此外，处于不同发展阶段的集群企业对本地网络和跨本地网络构建的侧重点不一样，因此，研究的第二个问题为：本地与超本地强弱不同的企业网络对企业技术创新的影响是否有显著性差异？

第三，从搜索深度和搜索宽度两个维度来检验组织搜索的中介作用。虽然目前关于网络对企业创新影响的探讨已有一定的研究进展，但对网络作用于集群企业探索性创新和利用性创新的过程机理的研究还缺乏深入的讨论。因此，揭示网络嵌入性对两类创新的作用机制，打开网络与创新之间的黑箱是未来研究的焦点，而这也是研究的第三个问题——网络嵌入性影响企业技术创新的内在过程是怎样的？

2 / 研究内容

2.1 集群企业网络对探索性创新的双重影响研究

比较三种不同战略导向（生产规模扩大型、资本运作型、创新型）下集群企业的网络要素与网络类型，从一般性分析聚焦到创新导向企业所涉及的网络要素与网络类型分析，进而从正、负两方面综合分析集群企业网络要素、网络类型、网络环境等对探索性创新的影响效应，主要内容包括：

（1）集群企业的网络类型划分与网络要素识别

根据我们前期研究，初步考虑综合采用两个维度对集群企业网络进行类型划分：①基于空间维度将之分为本地网络和跨本地网络（国内其他区域或国外）；②基于功能维度将之分为生产网络、研发网络和营销网络。从网络结点间的利益协同出发，识别与刻画创新导向集群企业的网络要素。重点探究制造供应商、知识型服务机构、技术联盟企业、客户企业等"网络结点"为集群企业创新所带来的资源条件和结点间的"流量"，并进一步刻画集群企业与这些网络结点所构成的网络的规模、密度等结构特征，以及集群企业与这些网络结点之间的关系强度、频率、持久度等关系特征与集群企业探索性创新的内在联系。

（2）集群企业网络对探索性创新的影响效应分析

通过多案例分析，剖析集群企业与不同类型网络结点之间由于关系过度嵌入、环境支撑力不足等各种因素而可能对创新产生的"供应路径锁定、技术诀窍流失、机会主义滋生、现有顾客依赖"等负面阻碍效应。反之，集群企业与不同类型网络结点之间的关系适度嵌入、环境具有足够的支撑力等各种因素，则可能对创新产生"产业牵引同步、技术溢出推动、互惠准则共建、市场需求传达"等正向诱导效应（如图2-1）。

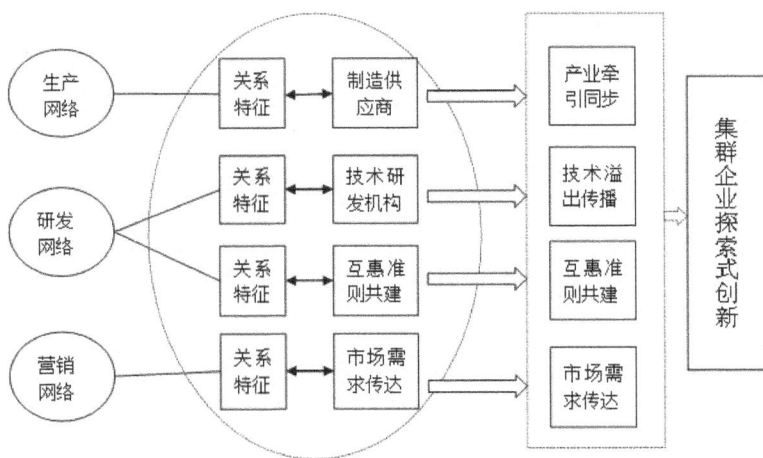

图2-1　集群企业网络对探索性创新的双重影响

基于上述分析思路，结合大样本调查探究上述不同网络类型和要素对探索性创新的影响效应。根据前期研究，考虑提出初步假设，如：①集群企业网络关系强度与探索性创新之间呈倒U形关系；②集群企业在网络中的结构洞位置、网络结点的多样化是影响集群企业探索性创新的重要特征，等等。

通过以上分析，进一步明确不同网络类型、网络要素和网络环境对集群企业探索性创新的影响方式与影响效应。

2.2 集群企业网络化行为促进探索性创新的诱导机制研究

本部分将研究焦点转到集群企业围绕自身的网络构建行为（即网络化行为，networking）上，包括集群企业选择结网伙伴、把握关系强度、占据结构洞等，探究集群企业如何通过这样的网络化行为促进（探索性）创新的作用方式、过程和机理。从关系（relationship）、结构（structure）、组成（composition）三个方面对网络化行为进行刻画。综合运用网络理论、资源观、组织学习理论与制度理论，通过理论推演、案例分析与实证检验，剖析集群企业探索性创新的战略诱导机制，即分析集群企业主动的战略性结网行为如何具体作用于探索性创新活动。同时探讨集群企业探索性创新的环境诱导机制，即分析技术环境、市场环境、制度环境等在"网络化行为—探索性创新"关系中的权变影响，并探究网络能力对这两种诱导机制的权变影响，具体内容包括：

（1）探究集群企业探索性创新的战略诱导机制

基于战略诱导的主动网络化行为直接指向创新。集群企业的网络化行为对探索性创新的影响存在多条可能路径。

路径一：知识搜索与知识转移。战略诱导下集群企业的网络化行为有利于搜索到网络中其他组织的有用知识，将知识有效地转移到企业内部，并融入创新过程，促进探索性创新。

路径二：知识共享与交互学习。战略诱导下集群企业的网络化行为有利于企业与网络中其他组织之间的知识共享和交互学习，进而影响探索性创新。

路径三：吸收能力与新颖性创造（novelty creation）。战略诱导下集群企业的网络化行为有利于企业汲取（access）新颖性资源，通过新资源创造与吸收能力提升，进而促进探索性创新。

路径四：组织搜索与资源配置。战略诱导下集群企业的网络化行为一方面能促进企业对新资源的搜索，实现资源重组促进探索性创新，另一方面能促进企业优化内部资源的配置，促使企业能有更多资源用于探索性创新。

我们在前期研究基础上，综合考虑战略的前置影响，研究不同类型（如生产、研发、营销）网络化行为对探索性创新的不同影响路径。初步考虑组织搜索、交互学习、资源配置等路径，例如，认为生产网络化行为主要通过资源配置作用于探索性创新，研发网络化行为主要通过交互学习作用于探索性创新，营销网络化行为主要通过组织搜索作用于探索性创新，等等。通过文献研究与典型案例分析，将资源搜索划分为搜索成本与搜索范围（scope）两个维度，将资源配置划分为配置广泛性（breadth）与配置选择性（selectiveness）两个维度，将交互学习分为适应性学习、转换性学习与改变性学习三个维度。基于此，实证检验组织搜索、资源配置、交互学习的中介效应（如图 2-2）。

（2）探究集群企业探索性创新的环境诱导机制

集群企业的网络化行为对探索性创新的影响受到多种类型环境因素的诱导：

①技术环境。技术创新速度的加快与技术复杂性的提升，要求企业不断获取新技术以应对变化。

②市场环境。市场竞争的加剧，要求企业能够有更快的创新速度，企业需要在短时间内克服自身资源的局限性。

③制度环境。制度环境主要指对企业战略与行为具有直接影响作用的政策环境。

…………

我们在前期研究的基础上，综合考虑集群企业的特征，探析技术环境、

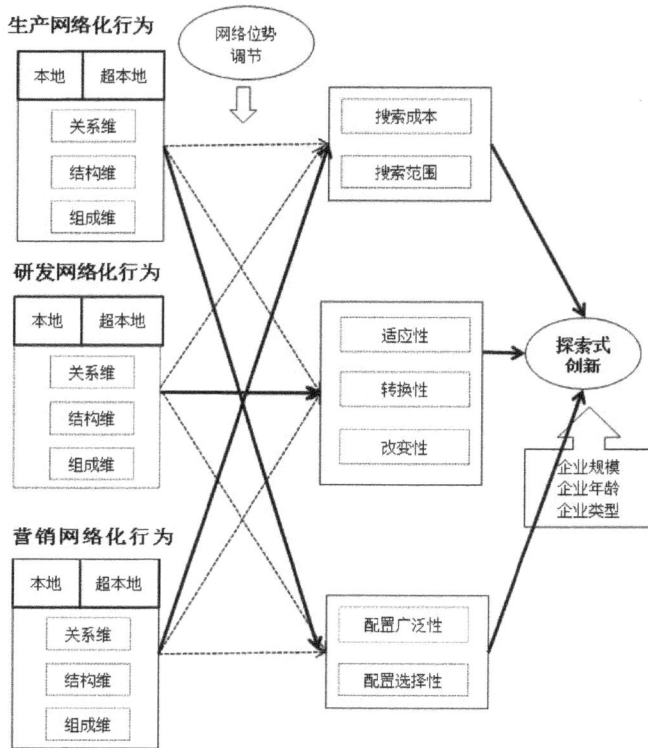

图2-2　集群企业探索性创新的诱导机制

市场环境的动态性、包容性、复杂性与制度环境中的知识产权保护、集群创新政策开放性、集群创新平台成熟性等诱导网络化行为与集群企业探索性创新关系的权变影响。

（3）探讨网络能力对两种诱导机制的权变影响

根据前期研究，我们界定了网络能力（network potential）的概念，表现为集群企业与网络结点之间的一种比较竞争优势，可能导致人才、资金、技术、信息、知识等资源不同位势企业（结点）之间按照一定的规律流动。主要研究两方面内容：

①战略诱导下集群企业与不同位势企业（结点）的结网行为作用于探

索性创新的路径，例如：初步认为集群企业与高位势结点构成的网络更有利于企业进行组织搜索、交互学习，而集群企业与低位势结点构成的网络则促使企业进行资源的优化配置，等等。

②环境对不同网络能力的集群企业的探索性创新具有诱导效应。例如，初步认为集群企业的网络能力会影响环境对企业探索性创新的诱导程度，网络能力越高则诱导作用越大；不同类型的位势对探索性创新会产生不同的影响，等等。

2.3　集群企业网络化行为与探索性创新的共演：兼与开发性创新比较

本部分基于网络动力学理论，通过探索性多案例分析，研究环境变化、战略调整、网络化行为与探索性创新（以开发性创新为比较对象）的共同演化规律与轨迹。具体内容包括：

（1）剖析不同类型网络化行为的演化轨迹与耦合模式

剖析集群企业的网络化行为分别在空间和功能维度上的不同表现形态伴随企业成长（初创期、成长期、成熟期）的动态演变，即基于动态视角探讨集群企业的网络化行为的自主演化路径及技术、人才、资金等相应的创新资源的演化；进一步分析不同类型网络化行为之间的耦合模式（包括依存模式、协作模式）的演化轨迹。

（2）探索性创新导向的网络化行为与开发性创新导向的网络化行为的比较分析

通过文献分析与调研访谈，对探索性创新与开发性创新的目标、结果、知识基础、创新来源、绩效导向等方面进行对比分析，识别出探索性创新导向与开发性创新导向的集群企业的网络化行为在网络伙伴选择、关系强度把握、结构洞占据、相对网络能力等方面的特征差异。

（3）网络化行为与企业探索性创新的共演分析

运用纵向案例分析方法，系统分析随着技术、市场、政策等环境的演变，企业战略、网络化行为、探索性创新（以开发性创新为比较对象）之间伴随集群企业成长（初创期、成长期、成熟期）的共演规律，进而剖析集群企业的探索性创新激发、形成、共存、发展的演化轨迹。

2.4 集群企业探索性创新驱动集群升级的传导机制与推进策略研究

前述研究主要定位于网络环境、网络化行为对集群企业探索性创新的作用机制。本部分将视角反向内移，研究探索性创新在产业集群内部的网络传导。在确定创新要素（如创新技术、创新资源、创新文化等）在集群网络中传导的影响因素基础上，研究探索性创新要素在集群网络中的传导路径和机理，进而提出推进产业集群升级的策略。

（1）探索性创新要素在集群网络中传导的影响因素

从企业内部特征、集群网络结构及外部环境考察探索性创新要素在集群网络中传导的影响因素。

首先，研究对创新要素传导有影响的企业内部因素及特征，如企业愿景、价值观、人才政策以及企业能力等方面。

其次，将集群网络系统的网络结构作为传导路径，运用社会网络方法中的度分布、平均最短路径、聚集系数、介数分布等结构影响因素，描述创新要素的网络传导路径的整体特征；除整体视角的网络结构因素外，还将考虑引入网络邻居的平均采纳态度，来刻画网络局部结构的影响。

再次，运用技术环境、市场环境、政策环境特征等环境因素，考察环境变动对前述两个方面的潜在影响。

（2）探索性创新要素在集群网络中传导的动态过程与内在机理

从企业内部因素和网络结构因素两个方面，结合外部环境因素，以传导范围（要素传导的最大范围）和传导速度（达到最大传导范围所需时间）为因变量，提出系列假设。运用多主体仿真模型描述探索性创新要素的网络传导的动态过程，并通过对模型变量的调节和控制，对前述系列假设进行验证；厘清在集群内部探索性创新企业的多点带动下，创新技术、资源、文化等创新要素通过集群网络实现传导的动态过程与内在机理。

（3）产业集群升级推进策略

通过对集群网络内探索性创新要素传导过程的分析，识别影响创新网络传导的关键因素。在此基础上，依据"集群网络中创新技术、文化与资源传导—集群整体创新动力增强与能力提升—集群产业升级"的思路，结合我国产业集群现状与问题，试图提出创新推动集群整体升级的有效策略。

3 ／ 文献综述

3.1 数字经济

3.1.1 数字经济概况

在数字经济时代，数据已成为驱动经济社会发展的一种新型"资本"要素，可以将数据看成是陆权、海权和空权之外的第四种国家战略资产，其重要性如同未来的新石油。大数据已经渗透到我国的各行各业，大数据可以降低政府部门的决策成本和服务成本，提高政府部门行政管理效率，使社会资源的分配更加合理，流通速度更快。我国大数据产业规模逐年增长，2016 年为 2840.8 亿元，《2019 中国大数据产业发展报告》预测 2021 年大数据产业规模将超过 8000 亿元，详见图 3-1。

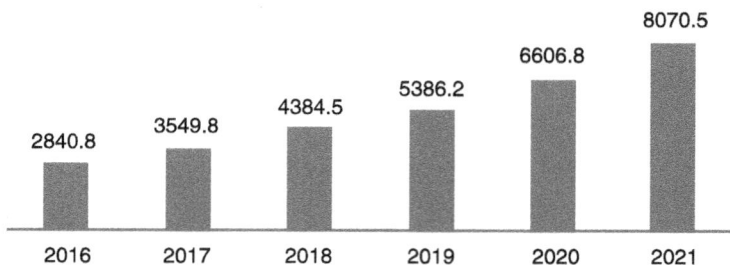

图 3-1　2016—2021 年我国大数据产业规模及预测（单位：亿元）

由图 3-2 可以看出，从具体的行业应用来看，2018 年，互联网、政府、金融和电信是大数据最主要的应用领域，合计占比 82.9%。政务数据行业随着近年来数字政府和新型智慧城市建设的兴起而快速成长，其在社会信用、公共安全防控、市场监督管理、数据整合共享等领域的开发应用逐步成为建设焦点。

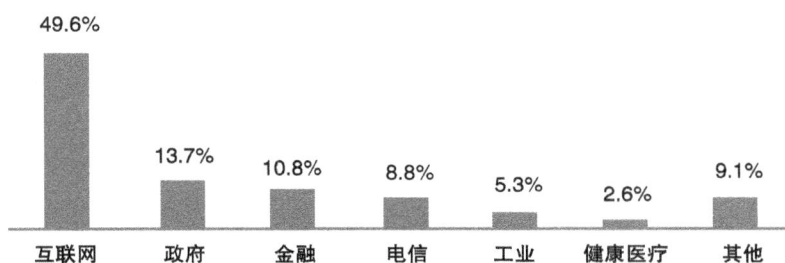

图 3-2　我国 2018 年大数据行业应用分布

由上海社科院主编的《全球数字经济竞争力发展报告（2019）》以 2018 年全球与数字经济相关的国家、城市和企业数据为基础，全面评测全世界 100 多个国家、地区和组织在数字经济方面的竞争力（见表 3-1）。

表 3-1　2018 年全球数字经济国家竞争力结果与排名

排名	国家	数字产业	数字创新	数字设施	数字治理	总得分
1	美国	65.99	80.18	69.73	87.85	75.94
2	新加坡	38.35	82.18	52.19	71.17	60.96
3	中国	71.34	51.52	56.97	49.66	57.37
4	英国	32.13	65.37	34.76	74.17	51.61
5	芬兰	16.62	85.54	33.50	64.79	50.11
6	韩国	20.84	68.48	44.72	65.40	49.86
7	日本	21.32	73.45	39.48	63.81	49.51
8	荷兰	21.98	63.62	35.80	76.16	49.39
9	澳大利亚	26.07	60.56	37.61	70.08	48.58
10	德国	30.59	70.87	29.63	59.92	47.75

由表 3-1 可知，2018 年全球数字经济竞争力居第一位的是美国，其竞争力总得分为 75.94 分。美国已连续三年位居全球数字经济竞争力榜首，处于绝对优势地位，这一主要特征在短期内不会改变。我国在数字产业竞争力方面反超美国成为全球第一，但是在数字治理等领域存在竞争力短板。新加坡反超我国位居榜单第二，其竞争力总得分为 60.96 分。从其竞争力内部结构看，新加坡数字创新竞争力得分超越美国；数字治理竞争力得分也远超我国，新加坡在数字治理竞争力上的强势表现是其能反超我国的重要原因。我国总得分为 57.37 分，位居榜单第三位。

统计分析显示，在 2012—2019 年间，与数字经济相关的概念正逐年增加，"数字经济"和"数字中国"等战略已经成为指导我国推进经济社会高质量发展的重要力量。

表 3-2　2012—2019 年我国大数据产业政策关键词

年份	关键词	关键节点
2015	国家大数据战略；教育革新	大数据完成顶层设计，上升为国家战略
2016	信息流；大数据管理；数据开放共享；国家大数据中心	行业大数据政策文件陆续出台
2017	国家大数据战略；与实体经济深度融合；数字中国；数字丝绸之路	地方政府积极出台大数据相关政策
2018	国家大数据战略；数字经济；与实体经济深度融合；数字中国；数字丝绸之路；数字世界	地方政府陆续成立大数据局，着手机制建设
2019	数字经济；数字丝绸之路	大数据融入人工智能、数字经济、数字治理、个人信息保护等相关政策体系中

资料来源：《2019 年中国大数据产业发展白皮书》。

2019 年我国政府工作报告重点强调，要深度研发大数据技术，同时要发展壮大我国的数字经济。发展数字经济，对深化供给侧结构性改革，推动新旧动能连续转换，实现高质量发展，意义重大，机遇难得。习近平强调，我国各级政府要积极推进产业数字化，对数字经济的发展要高度重视，将数字经济和实体经济进行深度融合，以此来推动经济高质量发展。由图 3-3 可以看出，2008 年我国数字经济规模为 4.81 万亿元，到 2018 年我国数字经济规模为 31.3 万亿元，增长了 651%；从 2008 年数字经济占国内生产总值的 15.2%，到 2018 年占国内生产总值的 34.8%，增长了 229%。据统计，2018 年数字经济对我国国内生产总值的贡献率高达 67.9%，数字经济对我国国民经济的发展具有重要的推动作用，是我国经济发展的新动能，改造并提升了我国的传统行业。数字经济时代，数据作为一种生产要素介入经济体系，并以可复制、可共享、无限增长、无限供给的禀赋等边际成本几乎为零的特点，成为连接创新、激活资金、培育人才、推动产业升级和经济增长的关键生产要素。王建冬、童楠楠（2020）在分析数据作为关键生产要素驱动效应基础上，提出了数据要素与人才、资金、技术、产业等其他要素联动的三层次模型，构建了数据要素与其他生产要素协同联动的"五

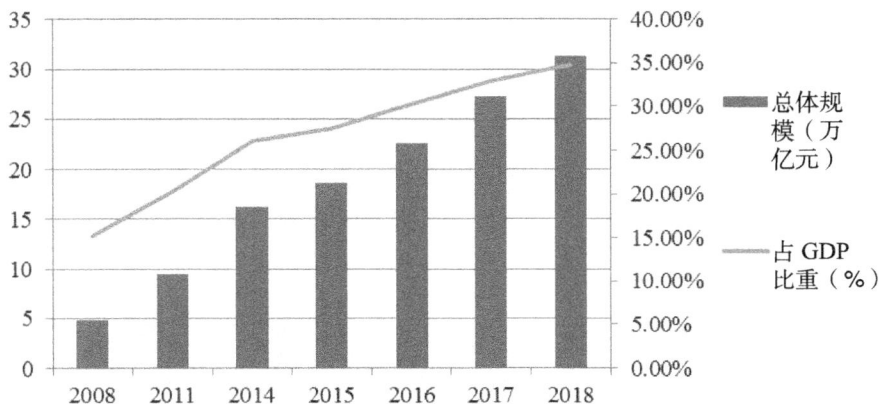

图 3-3　2008—2018 年我国数字经济总体规模及 GDP 占比情况

链协同"机制。

3.1.2 数字经济的发展

Zysman&Newman（2006）提出数字革命能够克服以往历次产业革命的不足与约束，重塑与深刻影响着当今世界经济格局。数字技术使数字要素化和产业化，经由渗透与应用于经济社会的各个领域，推动工业经济向数字经济的转变。数字经济由信息经济发展而来，是信息经济发展的高级阶段。20 世纪中叶，微电子技术和集成电路水平的提升，加上信息存储基础设施的突破，即第二代晶体管电子计算机的发明，极大提高了信息和知识的存储能力。20 世纪 50 年代，数字技术扩散至其他领域，在其他产业的应用与融合过程中，对产业结构和经济社会发展产生了深远影响。彼得·格鲁克将其称为信息经济，丹尼尔·贝尔将其称为超工业社会。

1962 年，马克卢普基于 20 世纪 50 年代的数字技术背景，正式提出了信息经济的概念，将向市场提供信息产品或信息服务的企业视为重要的经济部门，提出"第一信息部门"的概念。该概念的使用伴随数字技术在经济社会的渗透被逐步认可，概念的内涵也随之不断丰富。20 世纪七八十年代，在集成电路的规模化、微型处理器的出现等条件下，数字技术与其他产业部门的融合进入加速阶段，新现象的出现进一步丰富了信息部门的内涵。因此，在 1987 年，马克·波拉特提出了"第二信息部门"的概念，认为除了直接向市场提供信息产品和服务的第一信息部门，同时存在把信息劳务和资本仅作为投入，并不直接进入市场的第二信息部门，将信息部门的外延进一步延伸至融合了信息产品和服务的其他经济部门。此时，数字经济与其他经济部门出现融合趋势，进一步深化对经济社会的影响。同年，关于信息经济的理论研究更加丰富，除理论概念的创新，还建立了信息经济的测算体系。

经济学者波拉特于 1977 年撰写了《信息经济》一书，基于会计方法建立信息经济测算模型，定义了主要信息部门和次要信息部门，发现十年前美国 46% 的国民经济活动与信息活动相关，信息活动创造的相关就业人数接近 50%。该研究表明在工业经济时代，信息已经成为重要的生产要素，能够促进生产力的进步与发展。信息经济的研究开始受到重视。20 世纪八九十年代，互联网技术日益成熟，生成了全球范围的海量数据，对原有基于分散的终端进行数据处理的能力造成了极大挑战，促使数字技术新特征的发展。20 世纪末，大数据、云计算等新兴数字技术发展迅猛，带动数字技术从信息产业外溢，在促进传统产业数字化的同时，也催生了新的产业和新的经济运行模式。数字化产业和产业数字化现象超越了之前学者提出的"第一信息部门"和"第二信息部门"范畴，尼葛洛庞帝基于上述背景，预见性地在其出版的《数字化生存》一书中提出了"数字化"。1996年有数字经济之父称呼的 Don Tapscott 在《数字经济：网络智能时代的希望与威胁》一书中提出数字经济概念，预见性地提出美国信息高速公路普及之后将出现新的经济体制，宣告了数字经济时代的到来。1998 年、1999年、2000 年美国商务部连续三年出版了名为《浮现中的数字经济》（Ⅰ、Ⅱ）和《数字经济》的研究报告。进入 21 世纪，数字经济的概念不断传播，被广泛接受和使用。OECD 的相关研究报告开始使用数字经济展望取代之前的通讯展望、互联网经济展望和 ICT 展望。从信息经济概念到数字经济概念的使用变化，体现了数字经济经数字技术在经济部门更加广泛的渗透、应用及融合的背景下，将以更广泛、更深入、更高级的方式为经济社会的发展带来更为深刻的变革。

3.1.3　数字经济的定义

数字经济的概念自 1996 年由 Don Tapscott 首次提出以来，一直受到学界和政府的关注。尤其在数字经济被写入党的十九大报告，提出要促进数字经济等新兴产业的蓬勃发展以后，数字经济更是成为学界广泛关注的理论焦点。许多学者都基于不同的理论视角和关注点就数字经济内涵提出了自己的观点，主要可以归纳为三类：第一类，从狭义范围上将数字经济定义为一个经济部门，即信息通信产业（Kling& Lamb，1999；Cohen，de Long&Zysman，2000）；第二类，从技术融合、数字技术经济范式对经济社会影响的角度定义数字经济的内涵，认为数字经济是基于互联网基础设施、通信技术和计算机技术的技术融合，强调数字经济发展的驱动力是由信息技术、计算机技术和通信技术产生的技术融合提供的，融合过程导致组织变革和经济社会的广泛变革（Brent R. Moulton，1999；Neal Lane，1999）；第三类，从广义的经济形态角度研究数字经济的内涵，对数字经济的理解突破了数字技术和电子商务的局限性，而将其定义为一种新的经济形态（Paul Miller& James Wilsdon，2001；Beomsoo Kim，2002）。数字信息技术在经济社会的应用既产生了社会经济效应也产生了社会非经济影响（Bartel，2007；Atkinson&Mckay，2007；OECD，2008），为经济社会带来前所未有的革命（Warschauer，2003）。

基于学者的研究，我们对数字经济得出以下判断。首先，数字经济已经超越了信息通信产业范畴。虽然数字技术进步使信息通信产业崛起，并迅速发展成为经济社会最活跃、成长速度最快的战略新兴部门，但数字技术已经成为渗透经济各领域的通用技术，数字经济基础产业与其他产业部门的融合将促进整个经济社会的变革，推动提升全要素生产率，创造新的经济增长空间，重塑整个经济形态，因此不应单纯将数字经济等同于信息通信产业。其次，数字经济应由两大部门构成：第一，数字经济基础产业化，是数字经济基础产业群（狭义数字经济），即数字经济基础产业。由于数字经济产生时间相对较晚，对其基础产业群，学术界还未形成统一的划分标准。为更好地对数字经济产业融合效果进行测算，首先需要明确数字经济的基础产业群，依据数字经济的定义和 OECD 的划分标准，将数字经济基础产业界定为单一产出数字产品或者数字服务的产业，包括软件业、IT 服务业、电信业、半导体业、计算机及其外围设备、网络设备、电子和仪器、媒体和娱乐产业（包括消费电子如电视、音箱和游戏）。第二，产业数字化，是数字经济的融合部门，即通过应用数字技术或同数字经济基础产业融合，而为其他产业部门带来的产出增加和生产效率提升的部分，上述部门的新增产出同样是数字经济的重要组成部分。（见图 3-2）最后，数字经济是继农业经济、工业经济之后的经济社会历经跨越式变迁而形成的新经济形态，促成生产要素、基础设施、组织模式、主导产业、经济特征、经济制度和经济运行规律等方面的重大变革。因此，需要拓展对数字经济认识的边界及视野，全面和科学地考察数字经济对经济社会造成的革命性、系统性及全局性影响。

基于上述分析和判断，本书认为数字经济是经济变迁的新阶段，是继农业经济、工业经济之后的新经济形态。数字经济是数字技术经济范式框架下，通过数字创新的带动，数据成为新的生产要素，以信息通讯产业、互联网、物联网和移动通讯网为基础设施载体，以数字经济基础产业与实体经济跨部门和跨产业的融合为特征，重塑经济发展格局的新经济形态。

3.1.4　数字经济的要素特点

（1）数据成为新的生产要素

历次经济形态的变迁必然伴随着新生产要素的出现。农业经济时期出现的新生产要素是土地和劳动，工业经济时期出现的新生产要素是资本和技术要素，而数字经济时期催生的新生产要素是数据，见表 3-3。一方面，数据成为经济活动的基础要素。较传统的模拟信号而言，数字经济下的数字信号为信息的产生、传输及使用创造了极具优势的条件，经由数字经济的基础设施连接，社会经济活动的主体广泛参与到数字经济活动中，成为数据创造和使用的主体，其进行的各项交易、经营、组织和管理等经济活动及经济活动创造的经济成果如商品、货币、服务等逐渐从原子化演变到数字化，数据也渗入经济社会的方方面面。另一方面，数据成为经济活动可持续发展的关键要素。数据迅猛增长，每两年翻一番，成为经济社会基础性的战略资源。数据要素具备的各种独特禀赋，如易于共享、复制简单，可实现无限供给，突破了传统要素的供给约束条件，为经济的可持续增长和发展奠定了基础，成为数字经济时期的关键生产要素。

表 3-3　经济形态及其对应的生产要素

经济形态	产出函数	生产要素
农业经济	Y=F1（A1,L,T）	A1：农业经济水平下的技术进步；L：劳动；T：土地
工业经济	Y=F2（A2,K,L,T）	A2：工业经济水平下的技术进步；K：资本；L：劳动；T：土地
数字经济	Y=F3（A3,D,K,L,T）	A3：数字经济水平下的技术进步；D：数据；K：资本；L：劳动；T：土地

（2）数字经济基础产业成为新的基础产业

每一次技术经济范式引起产业革命和经济变迁时，会产生新的主导产业，这些产业成为经济中创新最活跃的部门，在促进自身快速成长的同时，通过外溢效应引领其他部门的变革与发展，成为新经济形态下的基础产业。在数字经济背景下，数字经济基础产业则成为这类基础性产业的代表。第一，数字产品与服务凝结着创造性的劳动和科学技术，并经由新技术与劳动的改造和积累创造为经济社会中的新产品与新服务内容，在经济运行过程中，反过来进一步促进技术进步与知识积累，催生新的产品、服务和产品需求，吸引大量新企业持续加入，企业数量的增长引起旧产业结构的调整，巩固新兴主导产业的发展。数字经济基础产业在数字技术进步的带动下，经过早期发展快速成长壮大，目前已发展为一国经济的战略支撑部门。世界主要国家自 1987 年以来，数字经济基础产业占国民经济总量的比重不断提升。尤其近些年，数字经济基础产业增长速度与 GDP 增长速度保持一致，甚至超过 GDP 的增长速度。第二，数字经济基础产业的产出转化成其他产业部门的生产要素，从而提高其他产业和部门的生产效率、产品和服务质量，促进其他产业和部门的改造升级。

（3）数字技术推动的产业融合是经济发展的新驱动力

随着数字技术的不断进步与发展，一方面，形成以信息通讯产业为核心的相关数字产业交互融合的数字经济基础产业，另一方面，数字经济推进跨部门融合、跨产业融合，并广泛拓展至商业、生产、消费、公共治理等领域，最终形成数字化农业、数字化工业、数字化服务业，实现产业融合数字化。以上两部分产业的融合，极大促进效率的提升和产出的增长，全面拓展人类认知和增长空间，成为推动经济社会发展的主要驱动力。从经济社会的几次变迁历程来看，新经济形态下的先导性部门在国民经济总量的占比总体呈现下降趋势，而先导部门与其他部门的产业融合是拉动经济的主要动力。在蒸汽革命期间，英国的纺织业和纺织制造业等新兴产业成为当时国家的先导产业，产业产值占国内生产总值的比例超过 40%。在能源革命期间，美国的石化工业成为当时国家的新兴主导产业，该产业产值占国内生产总值的比例下降至约 20%。世界经济进入数字革命期间，世界主要国家的数字经济基础产业等先导产业占国民经济总量的比重仅为 6% 左右。数字经济背景下，产业融合对经济发展的贡献程度持续提高和深化。一方面，数字技术持续深化对传统产业的渗透，数字经济基础产业持续加大对传统产业的投入，催生一系列经济新模式和新业态；另一方面，传统产业的数字化速度不断提升，

数字技术促进传统产业的效率水平和产出水平的提高，数字技术经济范式持续改造传统产业，提供经济发展新动能。

3.1.5 数字经济成为新趋势

（1）数字经济是世界经济发展的新阶段

数字技术促使数字要素化和数字产业化，重构经济社会的物质基础，人类经济社会正沿着技术革新、产业重构、融合应用和制度改造的路径，逐步完成工业经济向数字经济形态的演化转变，数字经济代表世界经济发展的下一个新阶段。从生产力和技术经济范式发展的过程来看，蒸汽革命突破了手工产生的局限性，促进世界经济从农业经济向工业经济的变迁；电力革命突破了前一范式的物质局限性，工业取代农业成为宏观经济的主导产业，世界经济形成工业经济格局；能源革命提供的廉价能源和大规模制造技术再次突破了前一范式的物质局限，宏观经济中第二产业结构开始调整，第三产业成为三产中占国民经济比重最高的部分，世界经济进入后工业经济时代。后工业经济时代的显著特征是环境与资源约束增强，人口红利消失，世界经济的产业结构转型升级需求迫切。而数字经济成为化解上述难题的有效途径。第一，数字技术经济范式的出现，打破了传统生产要素有限供给对增长的约束，突破了要素在时间和空间的局限性。在此过程中，通过分离生产者与传统制造生产过程之间的必然联系而变革了传统物质生产与价值实现之间的联系，各经济单元与经济部门通过创新获得金融价值，造成物质生产和金融价值、实体经济和虚拟经济的分离，为数字经济从上述价值分离的差额中获取价值创造条件，促成世界经济从工业经济向数字经济的格局变革。

第二，数字经济扩展新的经济发展空间。一方面，数字技术创新带来的社会新财富的增长和经济潜力的释放，成为未来经济的主导力量。新技术提供的增长潜力，优化生产结构，提升生产率和质量水平，对生产和生活方式产生深刻影响，变革经济社会的组织及管理方式，并在相当长的时期内对各层面的经济结构、经济运行模式、产业组织形态、微观主体活动造成全面影响，实现产业革命，塑造新经济格局。第三，数字经济有利于推动世界经济从高投入、高能耗、高污染的传统发展模式转向高效、节能、低碳的集约型模式，促进产业绩效提升和产业结构优化，进而为整个经济社会的可持续发展提供坚实保障，成为世界经济发展的新趋势。

（2）数字经济为世界经济运行带来新变化

从经济运行成本角度看，第一，信息获取的成本实现大幅下降。数字经济改变了获取信息的传统方式，各国积极采取的提速降费政策，极大降低了经济活动主体获取信息的成本。第二，匹配资源的成本大幅下降。数字经济通过解决信息不对称的关键性问题，大幅降低寻找资源、签订契约和实施监督监的成本。第三，实现专用性资本成本的大幅下降。数字经济有效解决企业专用型资产，如固定资产、人力资本等不适用其他用途的经济性问题。第四，使制度性交易成本的降低成为可能。数字经济能够为降低因遵循世界各国政府各种制度、规章等方面付出的成本提供可行手段。

从经济运行效率角度看，第一，专业化分工程度的加深促进运行效率的提高。专业化分工程度取决于专业化引起的效率改进和交易费用。数字经济将传统经济形态中的企业内部分工以"众包"的形式外包给其他经济主体，推进专业化分工的精细化和精准化，深化模块分工、生产分工、产品分工和产业分工，降低交易成本，提高运行效率。第二，提高经济主体间的协同生产水平，促进运行效率。数字经济将分散的生产主体联系起来，通过协同配合完成单一主体没有能力完成的经济活动，或者实现活动的经济性。第三，提高供需的匹配程度以提升运行效率。数字经济带来的信息传输的迅速、便捷、高效和低成本特性，有助于信息在供给侧和需求侧的传递，提高供需的匹配程度。

从经济运行形态角度看，第一，数字化的基础设施成为经济发展的新支撑。一方面，数字网络向高速、移动、泛在的方向发展，如不断更新换代的高速光纤网、无线宽带网，5G 及超宽带技术的研究进一步提高了未来网络基础设施水平，越来越多的各种终端和设备接入网络。另一方面，数字网络与实体网络如传统的铁路网、公路网和电网等逐步融合，构成综合的物联网基础设施，促进整个经济活动的网络化和数字化，提升经济运行的效率和智能化水平，构成经济发展的新的重要基础设施。第二，数字技术经济范式形成，加速对经济形态的重构，推进人类社会进入数字经济时代。数字技术经济范式下，经济活动逐步从产品的物质制造转向产品与服务的数字处理等活动，数字化活动在经济和就业中占的比重不断提高。数字经济基础产业和数字技术与其他产业和其他部门深度融合，推动传统产业的技术进步和产业革新，颠覆了传统产业的发展理念、市场模式、组织形态、管理和制度模式，促进新业态的兴起和发展，重塑经济结构。

3.1.6　数字经济下的产业变革

（1）产业组织的变革

数字经济使经济活动的组织方式发生了根本性变革，主要体现在以下几个方面。一是产业的组织方式由传统的垂直分工演变为网络化、平台化分工。经济活动从竞争机制向共赢共生的生态化机制转变。在工业经济时代，处于垂直分工体系下的市场主体从产业链上游购买原材料，将制成品出售给产业链下游，经济活动的主要目标是基于竞争机制，从竞争对手及上下游产业链中争夺更多利润。在数字经济时代，产业平台成为配置与协调资源的基本组织，成为创造产业价值、聚集产业价值的核心。产业平台通过整合产品及服务的供给方，协调主体间的交易和竞争，创造共同价值，建立共赢共生的生态化产业系统。该生态系统包含所有的产业层次和商业功能，对产业组织的性质、功能及组织间关系进行重构。二是催生平台化的新产业组织形态，提升新产业平台的吸引力，同时提高传统产业竞争力，共同发展新的产业平台化组织形态。不论是新兴平台产业还是传统转型产业，通过打造平台化的生态系统，在提高产业竞争力和平台吸引力的同时，会促进这种产业组织形态的演化发展。三是产业主体的生产、管理和市场组织模式也在发生变革。产品生产由大规模标准化组织模式向以满足个性化需求为导向的弹性生产组织模式演化；管理和市场组织模式由工业经济时代的纵向一体化和寡头、垄断竞争方式向网络化和平台化的共赢共生的生态系统方式演化。

（2）产业发展方向的变革

数字经济不断从网络空间向经济的实体空间扩展边界，突破地理空间和物理空间的约束，网络空间实现产业化，并推动传统产业数字化演化过程，产业发展的新方向出现虚实结合的特征。一方面，信息产业、通讯产业、互联网行业不断融合，从深度和广度上大规模向实体经济扩展，上述行业融合而成的数字经济基础产业已经发展成为经济社会的基础产业。另一方面，传统产业也加快从实体向虚拟的产业布局，调整产业结构，促进传统产业的转型升级。例如传统制造业企业，推动企业的数字化建设，或通过搭建平台化的生态系统，拓展新的发展空间；或对设计、生产、工艺、制造、营销、管理模式进行数字化改造，有效提升制造业效率，培育新的竞争力。

（3）传统制造业在数字经济下的产业变革

数字经济基础产业与制造业的融合是随着技术创新、产业变革和社会进步逐步发展起来的，是工业经济演化到更高级阶段，即数字经济的结果。数字经济基础产业与制造业的融合是由一系列驱动因素相互作用产生的结果，上述驱动因素主要表现为科技进步和技术创新对产品和服务的影响，并通过其间的替代效应与互补效应实现。

数字经济对制造业的产业变革作用主要分三个阶段。第一个阶段，通

过计算机提供数据管理和文字处理等简单服务。第二个阶段，数字经济开始向制造业渗透，并能够提供中等水平的服务，如电子邮件、办公软件、文件存储和企业数据库等。第三个阶段，数字技术在制造业的泛在性渗透，制造业经济活动主体广泛使用数字技术，推动传统制造业的数字化改造。例如企业拥有宽带基础设施，拥有企业网站和首页，企业使用数字工具和参与数字经济活动的水平提升，企业资源计划软件使用的提升，对云计算服务的投资与利用。

数字技术经济范式对制造业的产业变革作用呈现"自下而上，由表及里"的路径，逐步普及数字化生产、平台化协同、个性化定制等新的产业融合模式。在路径规律方面，一是通过产业链下游的消费品行业向产业链上游的原材料、设备等行业的扩张。二是从制造企业外围的营销和服务环节向制造企业内部的研发、设计、制造、工艺、加工等内部环节的扩张。在新的产业融合模式方面，一是数字化生产。依托持续完善和丰富的数字基础设施，通过大数据、云计算和人工智能高级数字技术，实现生产流程的数字化改造。二是平台化协同。通过数字经济催生的新平台和传统制造业构建平台化生态系统，促进制造业活动主体在研发、设计、制造、工艺、加工和供应链环节的协同发展，充分利用比较优势，节约资源、降低成本、提高效率。三是个性化定制。在数字经济背景下，制造业面从大规模、标准化生产模式向小批量、个性化、灵活的弹性生产模式转变，满足市场个性化定制需求。传统制造业在数字经济的催化下，已经在提升效率和提高灵活性等方面实现突破，未来还将持续深化制造业的数字化、平台化、生态化发展，提高传统产业的竞争力。

企业集群素来是中国较繁荣区域经济增长的不可忽视的力量。从国内外学术研究成果和现状来看，其主要原因是产业集群可以支持集群内部企业进行一些创新活动。大量来自发达国家制造业企业的数据表明，重大创新都来自中小型公司。而浙江地区中小企业产业集群历来是中国经济突飞猛进至关重要的推动力量，特别是在中国"以创新驱动发展"的背景之下，关注协同网络中企业和其他合作同伴知识的流动、知识转移、学习行为和集群企业探索式创新等行为的问题的网络考查方式更是近年来的关注焦点（张闯，2011）。我国的企业集群内部所表现出产品异质化程度不高，企业之间挑战竞争意识薄弱，企业之间学习交流行为较少，这些都是引起企业集群停滞不前、发展缓慢的缘由。综合分析引起上述现象的缘由，随着现代信息化技术的发展和产业集群的日益走向成熟阶段，集群内部的企业仅凭借本地企业邻近性和本地网络的复制式的模仿创新，必然难以在新的集群内外环境中立足（Huggins，Johnston et al.，2012）。在互联网＋和工业 4.0 全球化的影响下，中小企业集群如何通过自主创新，突出重围走出困境，实现集群的进一步升级是目前学者们普遍关注的焦点。

20 世纪 90 年代后期，"产业集群升级"被当作独有的、专门的命题被提出（Gereffi，1999），指的是集群"以导向性的从起点在价低附加值的节点值链上进行生产活动移动到高附加值的节点进项生产行为"（Kishimoto，2003）。现有文献中有关集群升级的讨论并不鲜见，但相关的理论框架却不甚成熟，除了上述对集群升级基本概念的界定外，Humphrey 等（2002）所归纳的组织内部自身的提升、新产品生产方式的提升、新技术功能的提升、探索式创新的提升等四种集群升级模式是获得较高认同的理论。 现有研究表明，集群升级依赖于集群企业的创新活动（Giuliani，Pietrobelli et al.，2005；王钦，2011），而且重点在于从以补充现有知识为特征的开发性创新过渡到以交互学习全新知识为特征的探索性创新。目前我国地方产业集群普遍遇到了发展的瓶颈，为避免落入衰退，集群内必须有企业摆脱现有路径开展探索性创新，并通过网络使创新知识实现在群内的扩散与协同，最终使集群整体的主导产品、主导技

术或是主导价值链功能发生质的变化，也就是实现集群的升级（Gilsing &
Nooteboom，2006；Mudambi & Swift，2013；Nooteboom，Van Haverbeke
et al.，2007）。基于这个思路，本项目研究将探求集群企业如何在战略和
环境诱导下通过协同创新网络及其与其他创新合作伙伴之间的交互学习来
推动探索性创新。

3.2 企业技术创新的相关研究

（1）技术创新的概念

技术创新也称为技术变革，是工业革命时期对技术发明的追求，达到
提高产品工艺水平的一个技术变革活动。国外学者对技术创新的研究较
早，从不同角度给出了相应的定义。Solow（1957）首次提出从创新来源
以及后续阶段的实现发展两个角度来定义技术创新，认为这是一个动态的
过程。Freeman（1997）从经济意义角度出发，指出技术创新是技术、工
艺和商业化的过程，创新是为新产品和新系统进行第一次完整的商业化。
Brinckmann 等（2011）拓展了技术创新的范围，认为产品、知识、流程以
及生产货品系统的创新，包括它们要素之间组合的创新，均隶属于技术创
新范畴。随后，Camisón 和 Villar-López（2014）给出了更为一般化的概念，
认为技术创新是指企业在发展中以创造新技术为目的而进行的策略变革，
在组织的生产活动中重组所需要素进行科学实践并取得显著经济和社会效
益的过程，有助于企业摆脱落后于人的局面。

国内学者的研究起步较晚，但也不乏许多颇有建树的观点。柳卸林
（1993）基于创新产生过程的视角，认为技术创新是包含产品创新和过程
创新等一系列涉及产品研发、生产到最终销售的完整过程，侧重于创新活
动的高技术导向性。叶金国和张世英（2002）认为技术创新是企业家发现

商业价值、谋取商业利益的手段。为了获得经济收益，企业重组生产条件和生产要素，以更低成本的资源建立起费用更少的生产经营系统，这是一个包括科技研发、生产加工、组织协调等诸多活动的综合过程。孙晓华和郑辉（2010）认为技术创新是企业运用新技术和新工艺，采用新的生产方式，占据市场并获得收益的过程。沈琼和王少朋（2019）指出企业是技术创新的主体，而技术创新是高科技产业发展的根本性前提，企业在经营活动中重组所需要素进行科学实践取得显著经济效益才是技术创新的根本目的。

由此可见，技术创新从最初的熊彼特创新理论，通过不断的发展，对其内涵的理解已较为完善。技术创新首先是一项技术性活动，通过研发资金与人员的投入，对产品进行改良以实现市场价值；其次，技术创新也是包括想法设计、实施和产出的过程，保证整体流程的高效率和低成本，使得产品和技术更具竞争力；最后，技术创新是侧重于新颖性和收益性的，是以提高客户体验为目的，最终实现企业绩效的一系列活动。

（2）技术创新的类型

目前，国内外已有大量学者对技术创新的类型开展研究，技术创新由于研究视角的不同，可以分为以下几类。根据技术创新性质的差异，March（1991）、崔月慧等（2018）将技术创新分为利用式和探索式。利用式创新是指对局部进行改变的小规模创新行为，而探索式创新是指企业获取新知识和新技术的突破式创新行为。根据技术创新内容的不同，Garcia 和 Calantone（2002）将技术创新划分为工艺创新和产品创新。前者是指企业在生产方式、工艺流程以及生产制造技术等方面所做的变革，而产品创新是指企业研发了推向市场的新产品。根据技术创新来源的差异，Cardinal（2001）将技术创新分为自主创新和技术引进。自主创新是指企业在技术研发过程中对关键核心技术进行研发，也即创新来源于组织内部，而技术引进是指外购其他企业的先进技术，也即创新来源于组织外部。根据技术创新战略导向的差异，Markard 和 Truffer（2008）将技术创新分为市场导向和技术导向，认为技术创新的战略导向会对企业的研发绩效产生重要影响，引导着企业资源的配置和使用方式。市场导向属于外向型战略，倾向于市场引领技术；技术导向属于内向型战略，倾向于技术驱动市场。根据技术创新程度的差异，Morgan 和 Berthon（2008）将技术创新划分为渐进式创新和突破式创新。前者是指对产品和生产方式等方面的改进较为缓慢，变革程度较低；后者是指采用与以往不同的技术和经营模式，创新产品和生产方式，对市场进行大幅度的改变，被认为是经济增长的主要推动力。

3.2.1　探索性创新与利用性创新的内涵

创新理论的诞生要追溯到 1912 年，著名经济学家熊彼特在其著作《经济发展理论》中提出了"创新"一词，他指出创新的本质是生产要素的重新组合，主要包括五种形式：新产品开发，新技术引进，新市场开拓，新的供应渠道，新的组织方式。围绕熊彼特对创新这一概念的论述，根据创新对象的不同，创新理论发展至今已形成了两个独立的分支理论：技术创新理论和组织创新理论。技术创新研究对象为技术和市场，组织创新的研究对象是组织变形成与组织变革。

探索性创新与利用性创新是目前技术创新理论研究的焦点，它们延续并发展于 March（1991）所提出的探索与利用这对概念，March 指出在复杂多变的环境中，组织作为一个自适应系统，其核心问题是探索新的可能性与利用旧的确定性，探索的目的是获取未来收益，利用的出发点是保证现有收益。基于 March 的研究，Benner 和 Tushman（2003）根据市场和技术 / 知识两个维度对探索性创新和利用性创新的内涵进行了专门的界定。他们认为探索性创新的知识基础是全新知识，创新带来的结果是为企业提供新的产品与设计，开辟新的市场与分销渠道，目的是满足新市场的需要；而利用性创新则不同，其知识基础是现有的知识，创新带来的结果是现有生产效率的提高和既有技能的改进，目的是满足既有的市场需求。此后，不同的研究者也在此基础上给出了自己对两类创新的定义，如 Mom（2007）等学者提出探索性创新是指利用新知识和新技能来探索新产品、新服务和新市场的过程，而利用性创新则是指利用现有知识来提高现有服务或产品的过程。本书对探索性创新和利用性创新的内涵鉴定采用 Benner 和 Tushman（2003）的说法。

通过学者们对探索性创新和利用性创新内涵的界定可知，这两种创新模式是不同的，表3-4归纳了探索性创新和利用性创新在各方面的不同点。

表 3-4　探索性创新与利用性创新的区别

	探索性创新	利用性创新
创新目标	满足新市场的需求	满足现有市场的需求
创新结果	提高新的设计，开辟新的市场，开发新的分销渠道	提高生产效率，改进既有技能
创新力度	较强，类似于激进式创新	较弱，类似于渐进式创新
创新周期	较长	较短
知识基础	新的知识，侧重于知识宽度	现有知识，侧重于知识深度
组织结构	分权、灵活，非标准化程序与流程	集权、机械，标准化程序与流程
组织文化	风险偏好者，允许失败，鼓励探索	风险厌恶者，倾向确定性
绩效影响	影响未来收益	影响目前收益

3.2.2 探索性创新与利用性创新的关系

随着市场竞争的加剧和企业外部生存环境的剧烈变化，企业必须通过开发与利用现有的能力，以及探索适应新环境的新能力，从而进行变革与更新。March（1991）提出的"利用和探索"的观念给予从事组织和战略管理领域、创新领域及创业领域研究的学者很大的启迪（Levinthal & March，1993）。组织需要在各个部门中发展利用式创新与探索式创新，从而提升绩效，如对于先行者和防守者而言，利用式创新和探索式创新对由效率和效果为组成要素的绩效都有显著的正向影响（Auh & Menguc，2005）。

利用式创新和探索式创新可以从不同方面提升企业的短期财务绩效和长期竞争优势。利用式创新以企业现有技术能力和知识存量为基础，强调对现有技术能力和知识进行改进和完善，最终改进现有的产品设计，拓展现有的运营知识和技能，扩张和拓宽现有的产品线和产品组合，提升现有分销渠道的效率，改进现有促销手段的效果，为现有市场中的顾客群体提供更优质的服务和更充裕的价值传递。相反地，探索式创新是一种更大幅度、剧烈式的创新行为，强调获取和创造全新的技术能力和知识，力求超越企业现有的技术能力存量及相应的知识基础，最终研发新技术来设计新产品，开辟新的细分市场，发展新的分销渠道，采用新的促销手段，为新市场中的顾客群体提供有价值的产品与服务。综上所述，利用式创新的主要目的是为了提高当前运营效率，提升当期绩效水平；探索式创新的主要目的是为了增加未来收益，增强长期竞争能力以在市场上获得持续竞争优势。

（1）探索性创新与利用性创新的竞争关系

He 和 Wong（2004）指出探索性创新与利用性创新与一般性的创新不同，其与组织战略密切相关，强调企业主动性的创新行为。目前有关探索性创新与利用性创新的研究主要聚焦于两者是竞争关系还是互补关系。

March（1991）在提出探索与利用时就将这对概念视为一对不可调和的矛盾体，并指出两者的矛盾在于对企业有限资源的争夺，且一直持有该观点。企业为了持续发展下去，必须要兼顾当前收益与未来发展，而这分别与利用性创新与探索性创新相对应。创新离不开资源的投入，但在一定时期内，对企业而言，企业的有限资源和无形资源都是有限的，如果企业把大部分资源用于开展探索性创新，那么必定会减少对利用性创新的资源投入，这样就会导致当前收益的缩减，反过来影响探索性创新的开展，反之亦然。因此，我国学者李剑力（2009）、张建宇和蔡双立（2012）就认为探索性创新与利用性创新是组织行为连续体上的两个端点，彼此之间的关系是难以协调的。

此外，有部分学者从组织结构和心智模式方面来说明利用性创新与探索性创新之间的矛盾关系。在心智模式方面，March（1991）指出，探索与利用不同，它需要的是思考而非承诺、搜索而非提炼、发散而非内聚，但对企业而言，由于存在惯性依赖，在一定时期内其心智模式是单一且不容易改变的。在组织模式方面，He和Wong（2004）指出，探索性创新要求组织比较灵活，结构比较松散，且具有开放的组织氛围，对应的组织结构需要扁平化；而利用性创新则要求组织比较机械，结构比较集中，等级制度较严格，且具有比较保守的企业文化，对应的组织结构是金字塔型的，扁平化且又金字塔状的组织结构本身就是一个矛盾体，企业的组织结构只能取其一，而结构又与创新模式相对应，因而企业的创新模式在一段时期内也只能取其一，所以正如Sutcliffe（2001）所阐述的观点，利用性创新的开展是以牺牲探索性创新为代价的。

（2）探索性创新与利用性创新的互补关系

并不是所有的学者都认为探索性创新与利用性创新之间是竞争关系，也有部分学者认为两者之间存在互补性。该观点最有利的论点是企业可以实现探索性创新和利用性创新两者之间的平衡，平衡模式目前主要有两种，即二元平衡和间断平衡。二元平衡的实现来源于二元组织，二元组织的概念首先由 Duncan（1976）提出，他认为二元组织能够有效地处理好探索与利用引发的矛盾。Tushman 和 O'Reilly（1996）则进一步阐述了二元组织的内涵，指出二元组织首先是一个复杂组织，其次该组织内部具有看似相左的要素，最后组织追求的目标是短期效率和长期目标的同时实现。它主要有两种不同的形态：一是结构型双元，即探索与利用活动分别由不同的组织或业务单元来承担；二是情境型双元，即协作能力与适应能力在整个组织层面同时展现。这样，通过设计组织的二元性，就可以有效平衡并协调两者之间的矛盾。

间断平衡是指企业的探索性创新与利用性创新实现间断开展，以达到两者之间的平衡。Levinhal 和 March（1993）指出在相同的情况下，探索性创新与利用性创新这两种活动都具有重复自我强化的性质，即探索一直探索，利用一直利用，为打破探索性创新和利用性创新这种自我循环的性质，企业必须强制性地进行轮换开展以实现探索与利用的平衡。

3.2.3　探索式创新与利用式创新的中介效应

与传统静态的资源与能力相比，动态能力是一种更高阶的能力，是企业识别环境变化发现新的机会，进而通过重新配置与组合现有资源和能力以进行创新，从而构建适应新环境能力的能力，能够使企业原有资源和能力随时间变化而改变（Winter，2003）。Liao、Kickul 和 Ma（2009）以120 家互联网企业为例，考察了资源存量、动态能力和创新之间的关系，发现由机会识别和机会获取构成的动态能力对企业创新有正向的显著影响。动态能力通过对资源的整合与重构，实现以对现有产品和技术不断利用与开发以及对新产品和新技术的不断探索为主要内容的创新，其产出成果是资源和运营操作惯例的重新架构与组合，最终获得短期绩效的优秀表现和长期的持续竞争优势（Teece，2007）。在这个过程中，涉及了企业现有知识资源和管理的变革性转换，或者是渐进式的，或者是剧烈式的。其中，利用式创新不断延伸现有的技术和知识以扩展现有产品和服务，探索式创新不断追求新知识和开发新的产品与服务（Jansen et al.，2006）。Dhaliwal（2000）的研究证实了这一论断：通过对亚洲女性企业家的实地访谈研究，发现创业过程中企业必须不断识别环境中的机会，进而通过内部资源的调整来捕捉这个机会。

内部资源的调整过程充满着多种形式的创新，其本身就是一个学习的过程，或者平缓，或者激烈。因此，可以发现利用式创新与探索式创新在企业动态能力与绩效之间起到了中介作用。此外，虽然企业动态能力对绩效有正向的影响关系（Teece，Pisano & Shuen，1997；Wu，2010），但动态能力对于企业的短期影响和长期影响可能是不同的（Eisenhardt & Martin，2000）。因为动态能力的建设需要企业投资很多的资源，这些会给企业带来额外的成本包袱，从而可能会抵消动态能力带给企业的绩效改进（Winter，2003）。

3.2.4　探索式创新与利用式创新的匹配方式

（1）利用式创新与探索式创新的平衡效应

利用式创新与探索式创新的平衡效应是指如果企业在利用式创新与探索式创新之间资源分配匹配的情形下，会控制经营风险从而提升企业绩效。相反地，如果企业过分地偏重利用式创新和探索式创新中的一种，就会增加经营风险，削弱企业绩效（Levinthal & March，1993；March，1991）。这种情况是从一维线性的视角出发的，利用式创新和探索式创新活动被看作是连续谱的两端。由于二者会互相竞争资源，企业需要在二者间进行取舍和平衡以寻求最适合企业的一种分配方式。当企业过分注重利用式创新时，可能会陷入企业现有能力陈旧过时的风险。这种类型的企业可能会通

过对现在市场和技术的不断开发与利用赢得短期的成功，但是这种成功是短暂与不持续的，因为当新的市场与技术变革到来的时候，企业会措手不及，没有新的能力与新的环境相匹配（Tush-man & Anderson，1986）。在这种情况下，现存能力可能由于"路径依赖"的存在和"核心刚性"的作用会变得相对过时，会导致"能力陷阱"，这些都会阻止企业学习与更新现有能力。相反地，由于新产品的搜寻、试验与研发需要很多资金与人力的投入，当企业过分强调探索式创新时，企业可能会陷入得不到合适回报的风险。如果只注重研究，而不注重对新产品市场营销和推广等配套支持活动的投入，可能会陷入"创新两难"的困境，为他人做嫁衣，让其他竞争者或者跟随者得利（Christensen& Raynor，2003）。Utterback（1994）也强调了企业在开发新产品或者市场的时候，必须要关注企业的制造能力、市场营销能力以及财务投资能力，从而当新产品开发后就可以很快进行市场化的推广。

总而言之，企业的利用式创新与探索式创新是相互对照的两类活动（March，1991）。在这种情况下，由于利用式创新主要关注当下生存，而探索式创新主要关注未来发展，它们会互相竞争企业本身有限的资源。因此，企业必须注重利用式创新与探索式创新的相互平衡，对二者进行合理的资源分配，把握好当下与未来。

（2）利用式创新与探索式创新的乘积效应

利用式创新与探索式创新的乘积效应认为企业的利用式创新与探索式创新活动都比较强的话，二者可以互相促进以提升绩效。这种情况是从二维平面的视角出发的，利用式创新和探索式创新活动被看作是互相垂直与相互独立的两种活动，企业可以同时追求高水平的利用式创新和探索式创新活动。首先，利用式创新会对探索式创新产生积极效果，主要是由于高程度的利用式创新经常能够改进企业探索新知识和发展新资源的效果，会促进新产品的发明和在新市场中的成功市场化。企业重复不间断地运用已有的知识和资源，管理层会深刻地理解这些知识与资源的功能。在此基础上，管理层会在有计划和有控制的范围内发起重构现有知识与资源的活动，促进探索式创新的有效开展（Kogut & Zander，1992）。企业对利用式创新流程的精通会有利于对外部新知识与资源的有效吸收，这种吸收能力能够促进组织变革与更新，也可以促进新产品和新技术的成功商业化（Cohen & Levin-thal，1990）。其次，高程度的探索式创新流程能够促进对现有产品和市场营销策略的进一步成功改善，成功地研发一个产品或者技术能提升同一个公司其他产品在市场中的竞争地位。例如，苹果电脑公司 iPod 产品的成功使其 Apple 品牌具有了新的活力，也对其传统的硬件和软件业务产生了正面的积极影响。综上所述，组织的知识和惯例可能在利用式创新和探索式创新之间产生杠杆效应，高程度的利用式创新和探索式创新可能互相促进。

3.2.5　探索性创新的测量与影响因素

（1）探索性创新的内涵

探索性创新（exploratory innovation）与突破性创新（breakthrough innovation）、激进性创新（radical innovation）、开发性创新（exploitatory innovation）之间存在一定的内涵联系。有研究认为探索性创新等同于突破性创新与激进性创新（Baba & Walsh，2010；Dunlap-Hinkler，Kotabe et al.，2010）。但也有研究指出突破性创新侧重结果（Srivastava & Gnyawali，2011），而探索性创新则侧重过程（Phelps，2010）；激进性创新一般来自事后的判断，而探索性创新与组织从事创新的事前战略目标密切相关，更强调企业主动性的战略及结果（He & Wong，2004），探索性创新更多是以企业自身当前的技术、市场为参照物，而不是竞争对手或整个产业（He & Wong，2004; Jansen & Bosch et al.，2006）。探索性创新与开发性创新之间的关系最为紧密，它们延续与发展于 March（1991）所提出的知识探索（exploration）与知识开发（exploitation）这对概念。March（1991）认为，探索指搜索新的信息来改善未来收益，而开发则指对现有信息的使用来提高现有收益，这启发了后来诸多研究者将探索与开发作为组织二元性的一种表现形式而展开研究。

在创新研究领域，Benner 和 Tushman（2003）较早对探索性创新的内涵进行了专门的界定。他们认为探索性创新是那些用于满足新兴客户或市场的创新，要求新的知识或者是有别于现有的技能。该定义被后来学者进行了丰富与深化，如 Jansen 等（2006）进一步指出探索性创新能提供新的设计，创造新市场和开发新的分销渠道。Phelps（2010）强调探索性创新能创造出相对于企业现有知识储备所不同的、新颖的技术知识，通常需要较长的时间来实现，更具变异性。Alexiev 等（2010）认为探索性创新对于组织在更为动态的环境中的生存极为重要，并被视为是组织长期生存的关键所在。Subramanian（2012）进一步扩大了探索性创新的内涵，指出探索性创新包含了重组性创新（recombinatory innovation）与先创性创新（pioneering innovation）等具体类型。

归纳而言，学者们对探索性创新的定义可以概括为重要的三点：①探索性创新包括技术与市场两方面；②探索性创新所需要的知识与企业先前创新所使用的知识不同；③探索性创新强调长期导向，需要承担一定的风险。

（2）探索性创新的测量

学者们对探索性创新的测量采用了主观与客观相结合、一手数据与二手数据相结合的方法。Jansen 等（2006）从技术与市场两方面对探索性创新进行了量表开发，共采用 7 个题项进行测量。Alexiev 等（2010）在此基础上，对上述量表进行修正，采用 5 个题项对探索性创新进行重新测量，包括：①我们接受了与现有产品和服务所不同的顾客需求；②我们发明了新的产品和服务；③我们在本地市场试验新的产品与服务；④我们将对于企业而言全新的产品和服务商业化了；⑤我们使用了新市场中的新机会。Alexiev 等（2010）同时还使用客观二手数据交叉验证的方法对量表的科学性进行了验证。Phelps（2010）则只采用了客观测量法，使用专利的新引用数除以总引用数来测量探索性创新，并采用另外一种客观测量来进一步交叉验证，即设定一个年份为时间点，考察该时间点过去 7 年中没有专利所属的三位数字的技术类别（three-digit technology classes）的数目。

（3）探索性创新的影响因素

①企业本身的特征是影响探索性创新的因素。Subramanian（2012）发现企业的知识型人力资本对企业探索性创新的两大维度（重组创新与先导创新）发挥了直接的积极作用。Kollmann 和 Stockmann（2010）指出企业的创业导向中的风险承担性、创新性、主动性、竞争进取性、自治性能够激发企业的探索性创新。②企业行为对探索性创新的影响更为显著。在复杂的不连续环境下，企业的搜索实践能引导企业进行探索性活动，进而影响企业的创新绩效（Aloini & Martini，2013）。③联盟网络在企业的创新过程中成为一种重要的工具。企业联盟结构与产业联盟结构之间的交互能对网络中个体企业的探索性创新产生积极影响。企业与其他企业之间的间接接触路径越短，以及在密集的产业联盟网络中的位置越中心化，则对企业的探索性创新会产生积极影响，但这种影响是曲线型的（Karamanos，2012）。另外，企业的联盟网络的结构与组成也会对企业的探索性创新产生影响。企业联盟活动的技术多样性能促进探索性创新，而网络密度能增加多样性对探索性创新的积极影响。闭合性与多样化能够在企业的联盟网络中共存，这种组合效应有利于探索性创新（Phelps, 2010）。④企业的协调机制会影响企业的探索性创新。例如，中心化的正式协调机制不利于探

索性创新，连通的非正式协调机制则是探索性创新的重要前因，在动态的环境下，这类影响更为显著（Jansen，Van den Bosch，Volberda，2006）。

从总体看，探索性创新研究的上述现状为本研究开展集群情境下的具体研究提供了启发和挑战。尽管近年这类研究在学理上对探索性创新的一般化定义、前因等已经形成了较为一致性的结论，但有关探索性创新的操作性定义以及测量还有待进一步发展。当前有关探索性创新的内涵界定仍较为抽象，现有测量方法具有较大模糊性。尤其是考虑到我国集群企业的现实情况，专利数据的缺乏和问卷题项的弹性均使得现有测量方法的效度难以保证。另外，目前文献对探索性创新的影响因素的研究较多，但主要停留在影响关系层面，而对于内部作用机制的剖析相对较少，且不深入。

3.2.6　利用式创新的测量与影响因素

企业创新系统具有复杂性和开放性。虽然企业协同创新模式因不同行业和需求的差异，参与协同的要素也有所不同，但本质的机理都需要参与协同的要素之间产生协同效果，使得创新系统获得协同产生的价值增益效应。Ensign 研究提升企业研发绩效路径时指出，促使研发绩效最大化的必要条件是参与研发的部门间相互协调，达到内部的充分协同。刘贵伟从实践过程的适用情况和利弊的视角探讨企业合作创新模式，并指明存在以科技产业为核心带动创新、产学研一体联合创新、通过工程实践促进创新、建设高科技园集中力量创新等有效的创新模式。石火学研究了产学研结合的典型创新模式，认为校企共同成立工程研究中心或依托高校创办科技产业、建立实践基地和研究实验室是实现技术创新和知识应用的有效途径。张波从影响创新的原因为切入点，探讨提升中小企业的创新力，指出协同创新对中小企业发展具有重要意义，并提出企业间、产学研之间、产业集群等不同规模和层次的协同创新模式。何郁冰从企业创新战略入手，探讨创新战略与创新所需知识在有效组织协调条件下对协同创新的作用机理，指出战略协同、知识协同和组织协同是三位一体的，三者互为条件、相互促进，具有辩证统一的关系。Chang 等人从企业不同合作对象的视角来划分协同创新的模式，按照上游供应商企业、下游服务对象、同业竞争企业、合作替代企业四种对象来分类协同创新模式。Stefano 以投入产出作为衡量标准来分析企业间的合作创新行为，通过合作项目是否具有股权分配来讨论合作创新模式的差异。

已有研究涉及的企业协同创新模式包括：战略联盟、参与政府资助的共同研究计划、科研协议、技术转让/许可、委托或联合培养人才、知识转移、人员互换等。每种模式都有其适用的条件，合作各方面临的风险和收益也不尽相同。已有的协同创新模式的研究成果对学者们后续的研究以及校企之间如何提升创新能力起到了指引作用，提供了理论依据。

3.3　网络视角下集群企业技术创新的相关研究

3.3.1　不同类型的网络对集群企业技术创新的影响

"网络"由一组行动者（或称结点）以及联系它们的特定类型连带组成（Borgatti，Mehra，Brass et al.，2009）。而"网络化"是指构建网络这种组织结构的动态过程（卢福财、周鹏，2004）。基于网络视角探讨企业间关系和结构特性对于集群企业竞争优势及持续发展的影响正在成为集群研究的一条主流脉络（Lorenzoni，2010），其中，对于不同网络类型的探讨及其与集群企业创新间关联的研究更是研究焦点。

集群地方网络对集群企业技术创新的积极影响。多数研究认为各类网络对于集群企业的创新和知识学习主要发挥积极作用。在这其中，相对较早的研究主要聚焦于集群地方网络的作用。例如，Maskel 和 Malmberg（1999）、Asheim（1999）等研究者提出的地方化学习理论认为，地理邻近性和社会邻近性能够通过促进地方网络关系的构建来有效促进集群内行动者之间的交互学习，从而推动集群内知识的创造、扩散和维持，最终推动集群企业创新并形成持续竞争力。Keeble 和 Wilkinson （1999）等研究者总结的集体学习理论则认为，集群企业可通过供应链关系、企业间合作、人员流动、企业衍生、企业与知识型机构联系等五种网络交互机制来促进相互间的知识共享和知识创造。魏江和叶波（2002）将产业集群看作是一个有机的经济系统，集群企业具有个体特征的自发性创新的同时，还具备创新的有序集成，其中因网络效应导致的集群学习与挤压效应是促进集群内企业创新的根本动力。

跨区域网络和全球网络对集群企业技术创新的积极影响。Simmie（2002）认为，集群企业创新知识源主体并不局限于集群内部，还有可能随着经济全球化的发展趋势分散于更广阔的网络范围，而集群企业的创新则由这两种知识共同促成。在这种观点下，研究焦点更多偏向了跨区域网络和全球网络对于集群企业创新的作用。例如，Bathelt 等 （2004）认为集群企业所嵌入的网络可根据地域范围分为地方网络和全球网络，对应地使集群企业进入了"本地传播"和"全球渠道"两种知识流通渠道，后者能使集群企业开展更具有战略意识和自觉性的学习，更有利于吸收或创造全新知识并促进探索性创新。Gertler 和 Levitte （2005）、Gilsing 和 Nooteboom （2006）、邬爱其（2009）等人的实证研究都支持了这一研究结论。

正式和战略性的网络对集群企业创新的积极影响。集群企业之间以及集群企业与群外企业／机构间结成的正式／战略性网络关系对于当前竞争环境下集群企业的创新具有尤为重要的作用。例如，Lorenzoni （2010）借鉴 Gulati 等（2000）人的研究，提出集群企业应致力于构建包含战略联盟、合作经营、长期供应链伙伴关系等具体类型的"战略网络"，这些不同于传统地方嵌入性关系的网络由于能够促进网络成员在各司其职的战略安排上持资源异质性，从而更有利于企业间形成协同，激发知识创造并获取创新所需的长期性战略资源。Huggins 等（2012）提出了与之类似的观点，他们将集群网络分为联盟网络（alliance networks）和联系网络（contact networks）两类，并指出前者能更有效地促进企业的创新绩效。在国内研究方面，邬爱其（2009）提出了包括异地同产业学习、异地跨产业学习和本地跨产业学习的超集群学习模式，并指出这种超越了传统地方网络知识渠道的学习模式是集群企业开展探索性创新和实现业务、战略转型的迫切要求和必然趋势。

网络对于集群企业创新的消极影响。除了网络对于创新的正面影响外，也有部分研究者提出需要警惕其潜在风险甚至对于企业创新的负面作用。例如，Uzzi（1997）通过研究指出，集群中的社会网络关系并非总是有益的，单纯的竞争市场联系通常并不能带来太明显的创新和学习效应，而供应链上过强的连带关系甚至有可能使得核心企业由于失去市场理性而深受其害。后者正可以用一些研究者所强调的网络"锁定"和"过度嵌入"效应来解释（Belussi et al.，2010；Nell，2012）。Huggins 等（2012）人通过总结 Teece（1998）和 Fleming 等（2007）人的研究结论指出，如果对网络缺乏有效的管理，企业将会受损于知识流出而非从中获益。同时，如果网络成员企业间对于相互的知识过于熟稔，那么也会产生负面效应，将企业锁定于低价值创造和生产效率的网络之中，抑制新知识的创造和创新活动（Arthur，1989；Adler & Kwon，2002；Labianca&Brass，2006；Broekel&Boschma，2011）。

3.3.2　网络作用于集群企业技术创新的机制研究

考察上述有关不同类型网络对于集群企业创新影响的研究可以发现，交互学习或是以交互学习为理论内核的集体学习常常被作为网络与集群企

业创新之间的中介机制，这一观点也可从许多非集群企业网络的研究中获得佐证（谢洪明，等，2012）。除此之外，现有文献中还存在从其他视角切入的可供借鉴的研究成果。

有研究将组织搜索作为解释网络影响企业创新的机理。组织搜索是组织为了解决问题或尝试新想法而开展的信息搜集过程（Nelson & Winter，1982），它是创新产生的重要前因（Dosi，1988），现有研究对组织搜索进行了多种分类，如本地搜索（local search）与异地搜索（distant source）（Fleming，2001; Phelps，2010）、搜索深度与搜索宽度（Katila & Ahuja，2002）、本地搜索与跨界搜索（boundary-spanning search）（Laursen，2012）等等。在技术不连续的条件下，越高水平的搜索实践则越能导致高水平的探索行为，并最终影响企业的创新绩效（Aloini & Martini，2013）。Phelps（2010）分析指出企业联盟网络的结构与组成能够通过影响企业的搜索行为最终影响企业的探索性创新。Zhang 和 Li（2010）研究指出产业集群内新创企业与服务中介机构的关系连带通过降低搜索成本、扩大搜索范围而最终影响企业的产品创新绩效。

另有研究将资源配置作为一种解释机理。一方面，网络及网络化行为显然是影响资源配置的重要前因，如联盟与并购即被视为企业进行资源组合的一种重要手段（Wang & Zajac，2007）。另一方面，资源配置战略能够显著地影响到企业的创新绩效。企业通过重新分配资源来组合新资源，或者是以新的方式组合现有资源，能够创造新的或更好的产品（Tsai & Ghoshal，1998; O' Reilly & Tushman，2008）。将资源分配到广泛的创新项目中能够增加新产品销售额，企业通过一方面关注资源分配的广泛性（breadth），另一方面对相关劣质项目进行选择性（selectiveness）控制，能够对企业创造全新产品产生最大的影响效应（Klingebiel & Rammer，2013）。另外，许多研究指出，企业在创新过程中需要具备获取以及恰当地分配资金、专家经验、技术的能力（Yam, Guan, Pun & Tang 2004; Yam, Lo, Tang & Lau, 2011），资源的可利用性与配置是创新能力的其中一个主要维度（Burgelman, Maidique & Wheelwright, 2004）。

随着网络理论研究的不断发展，越来越多的研究者开始发现网络能力（network potentials）、网络位置（network position）等在网络与创新研究中的重要作用。网络能力是企业位势理论中的一个重要概念，企业位势理论来源于物理学，指各种资源集聚并经过合理组织和优化后形成的势能。嵌入集群网络的企业自身网络位置决定其获取创新资源的数量和质量，该位置即集群企业的网络能力（刘闲月，等，2012）。从企业个体层面看，网络能力能够促使企业获取非冗余知识，在信任与互惠基础上，影响知识共享与获取（Reinholt & Pedersen, 2011）。另外，网络能力与知识的多样性和知识创造之间存在相关性，网络能力与知识创造存在倒 U 形关系，而知识多样性能积极地调节网络能力与知识质量之间的关系，消极地调节网络能力与知识数量之间的关系（Chen & Liu, 2012）。从集群层面看，网络能力影响着集群整体的知识扩散，以及扩散过程中单个企业的知识获取能力、知识配置权利。具体表现在企业拥有的网络关系即在关系结构化分布中占据的位置对知识扩散过程的影响（刘闲月，等，2012）。

3.4 动态视角下集群企业网络、创新与集群升级相关研究

3.4.1 集群企业网络演化与创新的诱导机制

集群企业网络并非总是一成不变的，而是会随着集群的发展和企业需求而发生变化，而这种网络的演化在很多时候又与集群企业的创新活动或创新需求之间存在动态的关联。"诱导"这一术语在生物学领域主要指生

物体通过自身某一方面功能诱发自身另一方面功能的实现，或指生物体通过自身的功能影响其他生物体的功能的实现。因此，诱导机制在生物学领域关注的是生物体如何自我诱导以及如何诱导其他生物的过程与机理。经济学领域的学者通过构建创新诱导模型指出，来自外部的诱导主要包括要素价格的相对变化、技术发展不平衡、资源供给的不确定等因素，来自内部的诱导包括利润追求、干中学行为等因素（胡俊成 & 侯峻，2007）。许多研究者基于这样的动态视角对集群企业网络演化以及集群企业创新的诱导机制进行了探讨，从中可归纳出三类主要观点。

　　第一种观点认为集群企业间网络关系的形成首先来自地理邻近性和地方社会的人际交往，交易关系是在此基础上开展的，而长期和频繁交易带来的信任使得网络关系进一步巩固并形成了相应的制度环境，有利于企业间的知识流动、扩散和学习效应，最终促进了集群企业个体和企业间合作的创新（Guerrieri & Pietrobelli，2004; Keeble & Wilkinson，1999）。此类研究将集群网络的形成和演化驱动因素归结为外部产业、技术、政治环境、内部制度和商业环境的综合诱导作用，而将集群企业创新视为网络演化的产物和结果，企业本身的战略主导性和能动性并没有得到太高的重视（Powell，White，Koput & Owen-Smith，2005）。

　　第二种观点认为影响集群企业网络关系形成和变化的驱动力主要来自微观层面上的企业活动，而环境和其他外部因素只起到外部选择的作用。集群企业网络的演化由一系列初始条件触发，而后在作为网络成员的集群企业行为及企业间互动的诱导和影响下持续进行。这些企业行为包括集群企业的各类学习和创新活动、创新导向下的战略性资源获取行为以及企业间合作行为等，其对网络演化的驱动体现着"变异—选择—保持—扩散"的演化理论逻辑（Belussi，1996; Belussi，Sammarra & Sedita，2010; Belussi & Sedita，2009; Iammarino & McCann，2006; Lechner &

Dowling，1999）。

第三种观点主要基于共同演化理论，认为集群企业网络和企业创新行为是在外部环境的影响下相互影响、相互驱动地演化发展的。Wal等（2011）探讨了集群企业、网络和产业环境的共同演化过程，认为随着产业环境的变化，集群企业异质性和网络形态结构也在相互影响中发生了相应的变化，受此影响，集群企业的创新活动演化过程表现出从激进创新逐渐转变到渐进创新再到新一轮激进创新的演化特征。吴结兵和郭斌（2010）通过案例研究探索了企业适应性行为、网络化和集群发展的共同演化过程，指出企业适应性行为与网络化的交互影响是集群发展的推动力量，包括探索性创新和开发性创新等战略活动的企业适应行为与网络体系的相互匹配和交互作用形成了集群发展的不同阶段。Li等（2012）构建了一个企业行为、网络和环境共同演化的集群演化分析框架，并详细讨论了三者之间的相互影响关系。

3.4.2 集群企业创新的网络扩散及其对集群升级的作用

20世纪90年代后期，"产业集群升级"作为一个专门的研究命题被提出（Gereffi，1999），指的是集群"从价值链上低附加值的生产活动转向高附加值的生产活动"（Kishimoto，2003）。现有文献中有关集群升级的讨论并不鲜见，但相关的理论框架却不甚成熟，除了上述对集群升级基本概念的界定外，Humphrey等（2002）所提出的工艺流程升级、产品升级、功能升级和部门间升级等四种集群升级模式是获得较高认同的理论。

集群升级是集群整体层面上的概念，其最终的行为主体必然要落实到集群企业。正如Kaplinsky和Morris（2001）等研究者指出，集群升级的关键在于集群企业创新能力的提升，而集群企业创新的网络扩散正是企业个体影响集群整体的关键机制。具体来看，集群内外网络的各个结点都有可能发生创新，当某一观念、新技术或新需求的信息在网络的某一结点产生之后，如果能在整个网络中传递、扩散并推动其他集群企业的创新活动（任胜钢等，2010），那么最终整个集群的创新活动和创新能力就得到了提升。因此，产业集群的升级问题，集中体现为创新导向下集群企业网络的形成及网络的创新扩散效率。有研究者从集群内外部网络的视角分析了集群如何通过发展"完全突破型""市场突破型"和"技术突破型"等新兴技术产业来实现升级（程跃、银路、李天柱，2011）。这些研究成果在一定程度上支持了集群企业探索性创新通过集群网络扩散和转化带动集群升级的理论逻辑。

3.4.3　文献简评与小结

上述研究表明，探索性创新、集群企业网络、产业集群升级等方面的研究已经逐步成为研究者们关注的热点并取得不同程度的进展，有关探索性创新的界定和测量及前因后果、网络对于集群企业创新的影响、集群企业网络与创新的互动演化等内容都为本项目研究提供了较多启示。

首先，现有研究对探索性创新基本内涵的界定及其对动荡环境中企业的重要意义已有较为一致的结论。对于我国当前处于高度不确定性环境中的集群企业来说，提高"开发—探索"二元结构中探索性创新的战略比重是突破当前困境、重塑竞争优势的当务之急。而进一步联系现有的集群升级研究结果可合理推测，集群中部分企业先行的探索式创新将通过网络扩散最终推动集群升级，秉承这一思路的研究已在新近逐渐兴起，非常值得进一步的系统化推进及经验验证。其次，考察现有有关网络与创新关联机制的研究可以发现，除了集群研究领域内较多关注的交互学习外，资源配置、组织搜索和网络能力等都是可被借鉴用于探究集群企业"网络—创新"之间具体因果机制的概念。这为我们提供了整合不同理论视角探索多种可能路径的可靠依据，有利于本研究更为系统和深入地剖析集群企业通过网络化行为激发探索性创新的具体机制。此外，值得一提的是，有关集群网络类型的探讨散布于大量不同聚焦点的研究之中，视角多种多样，主体本身特征、地理跨度、价值链功能、正式化程度等都是研究者们根据研究需要可选择的划分维度，这就为本项目研究设计中依据空间和功能度对集群企业网络进行分类奠定了良好的基础。

尽管如此，现有研究仍然还存在不少的理论缺口，特别是在以下方面还有待于进一步的展开和深化：

①有关网络对于集群企业创新影响的研究文献量较大，研究者们从不同视角探讨了集群企业网络对创新和学习的重要作用，其中不乏从对网络相对负面作用开展的探讨。但迄今为止此类研究仍较少有一致性的结果，包括实证和案例研究的经验研究结论之间常常存在较大分歧。究其原因，在于现有研究在剖析不同的网络类型、网络结构和关系特征对集群企业探索性创新的影响机制方面尚无定论，关于环境和制度等外部因素对此机制的调节等方面更是只处于起步阶段，因此，如何系统、科学剖析网络对探索性创新的作用机制以及识别相关因素的调节效应，对促进现有网络与创新理论的深入发展意义重大。此外，现有研究在集群企业网络构建的方法和模式方面也有待进一步探索。

②有关动态视角下集群企业网络和创新的研究仍处于前沿领域，现有研究提供了许多启发性的结论，但缺乏一个较为成熟的分析框架。在对集群网络演化阶段的判定方面，多数仍移植以往相对静态视角下集群类型研究的结论，至今仍缺乏较好的思路。对集群企业创新活动（类型）演化的研究较少且缺乏实际案例的支持，尤其是对集群企业开发性创新与探索性创新周期性更替的重要演化现象讨论更为不足。此外，在现有为数不多的探讨集群企业网络与创新活动共同演化的研究中，有关集群企业网络化行为与各类创新活动之间的动态关联机制存在很大的深入探索的空间。

③现有对产业集群升级的研究仍主要停留在集群整体层面上，且主要

以理论演绎的方式探讨集群升级的逻辑思路。更为重要的是，尽管多数研究都认为集群企业是产业集群升级的核心主体，但"企业个体—集群整体"这一过程如何实现至今并没有获得公认的结论。因此，迄今为止，集群内各类行为主体如企业、公共机构和相关组织的具体行为如何促进集群升级仍然缺乏研究进展。本研究将遵循"企业探索性创新经由网络扩散推动集群升级"这一理论逻辑，探讨此中的具体机制，推进集群升级理论的发展。

3.5　协同创新网络中交互学习的特性分析

3.5.1　协同创新网络中交互学习的动因

企业开展协同创新的动力来源于协同效应能够带来价值溢出。而产生协同效应的前提是投入的知识资源能够产生协同剩余。尽管参与协同创新的各主体存在不同的目的性，在创新活动中投入的资源和作用也不尽相同，但个体诉求的满足基础是整体上能够实现各主体协同创新的既定目标。因此，将协同创新活动的协同剩余置于优先的地位，是各方一致的选择和目标。它是参与各方的互补性投入满足项目资源配置需求的理想结果。具体而言，协同创新中交互学习的动因可分为内部动因与外部动因。

（1）外部动因

创新推动科学技术进步和社会经济繁荣发展，持续创新是企业保持和提升核心竞争力和市场优势的重要手段。在信息技术快速发展和世界经济格局一体相连的大趋势下，不断寻找机遇争相发展的企业才能生存和壮大，守旧和落后的企业无法避免被淘汰的结局。长期稳定的创新支持是企业保持旺盛生命力和维持足够技术领先的基本保障。协同创新活动能够整合企业的优势社会资源，减少个体企业创新的成本，改变企业发展和运营模式，快速提升区域产业竞争优势和企业核心竞争力，推动企业健康发展。可见，社会经济压力与社会资本作用是企业开展协同创新的根本原因。

而协同创新的开展，是社会资本通过交互学习的方式进行的。创新活动常表现为长开发周期和巨额投入的特征。单个企业独立实施创新活动需要承担过高的风险。充分利用社会网络和社会资本，联合供应链上的纵向企业或产学研横向组织共同开展协同创新活动，同样能获得创新收益，还能最大限度降低风险和研发投入。Nahapiet 解释了社会资本广泛存在于个体企业或组织的社会关系网络中，包含了实际或潜在的两部分资源的总和，他进一步指出社会资本的逻辑结构可以用社会互动关系来观测。可见，企业需要通过协同创新来提高自身核心竞争力，抵御企业生存压力。而交互学习可以帮助企业获得社会资源和维护社会资本网络。企业通过互动获得的社会资本是其创新的重要基础。

（2）内部动因

企业或创新组织内部的知识交互是实现知识协同的主要途径。跨组织交流合作的难点是产生协同作用。协同创新区别于其他创新模式的关键点是协同过程和作用。盲目的知识资源投入并不必然产生协同效应。创新过程需要有序管理和资源合理、有效的配置，才能实现强大的协同效应。协同效应的意义在于从整体上产生的价值溢出，即知识增益大于个体知识资源的简单累加。通过联合供应链上的纵向企业或产学研横向组织共同开展协同创新活动，形成跨组织的合作关系网络。网络中主体企业或机构通过信任关系，投入自身的创新资源弥补创新组织的知识短板。因此形成稳定的协同创新组织架构，从最大限度降低了参与成员实现创新的成本，调动了成员的积极性，以团队中互利共赢的关系持续开展创新活动，实现协同效应的产生。协同创新是一个复杂的系统过程，存在着各主体的利益、信任需要协调；存在着各主体目标和需求差异需要相互理解和支持；需要对创新的知识难点进行共同研发；需要对资源进行协同调度等。所有的这些

过程都是知识的表达与互动。只有在交互学习中才能实现战略上协同、知识协同和组织协同，进而实现协同创新的目标。换言之，企业在创新中通过交互学习方式增加创新所需资源，减少个体投入的风险和产品研发成本，加快创新活动的进程，提高企业核心竞争力；并从知识输出企业中吸取更多有关市场与战略的知识，从而提高创新团体的创新能力。可见，协同创新企业开展交互学习是为了实现联盟内部的协同效应。

3.5.2　协同创新网络发展三阶段

首先分析一下协同创新网络的整体过程。基于以往的大量研究，本书立足于以企业为核心，探讨企业协同创新理论的新框架：企业在经济竞争中为了降低成本和增加效益，开展协同创新活动，与其他企业或机构形成协同创新联盟；创新的多方主体通过交互学习活动达成战略一致性和契约一致性，实现知识协同和资源协同的中期目标；最后在协同基础上探索创新和技术创新的效果，通过知识应用产生创新绩效。在这个过程中伴随着沟通、协调、信任、激励的活动。

本框架旨在阐明作为协同创新的主体——企业如何通过交互学习实现知识和资源在成员之间的快速共享、整合，从互补到创新，最终达到协同创新的目标。框架中协同的要素是战略—契约—学习—资源。参与各方从合作授意到协同，是一个动态且复杂的社会化过程，必将伴随着沟通、协调、信任、激励的变化。过程的支持基础包括政府的政策、目标收益、激励机制。辅助因素包括其他组织、中介、社会服务的支持。协同创新的意义在于知识的创新和应用。不论是技术创新还是服务创新，都可以归咎为知识的创新。不能产生效益的协同创新是不完善的过程，也缺乏根本的动力。相关收益分配、成员创新能力、成员内部信任关系、创新难度和行业竞争程度等因素将会影响协同创新模式的选择，因此本框架构建过程中应注重体现"互补性与差异性"和"协同度与效率"的动态均衡。

（1）协同创新网络初建阶段

企业协同创新的根本动力在于两方面：一方面是期望通过协同创新来降低交易成本；另一方面是协同创新可以带来先进技术的创新。企业通过协同创新可以实现投入低于自主研发的成本来分享协同创新带来的新知识、新技术，而大学、科研院所等研发机构也能各自获得收益。具有互补优势的各方可以拟订契约从而形成一种共享利益同时共担风险的合作关系。各主体在考虑协同创新合作对象方面，首先评估自身的资源条件和创新能力，然后遵循"知识互补、资源互补"的原则，选择那些有利于自身转移对方知识和增强创新概率的合作对象，通过建立这样的合作关系可以互补各主体自身的知识差距和技术不足。通过"协同创新"，各主体自身的创新能力和知识存量也可以得到提升。

协同创新网络初建阶段的主要内容可以归纳为以下几个环节：

①采集政策信息环节。由于外部环境和组织内部创新需求具有导向性作用，参与创新的主体成员会预先采集政府政策、潜在合作伙伴和技术前沿等信息。

②筛选协同创新伙伴环节。依靠统计和收集的合作对象的信息，创新组织的主导企业要开展正确评估和比较有意愿参与对象的资源性质和优势，从中选取最优合作者。

③创新主体自身的定位环节。定位的内容包括两点：一是整体创新目标的定位；二是企业在创新组织中的自我评估和定位，正确评价自身投入资源的占比和对整体创新活动的作用、话语权等，以确立相互协调的关系。可以说，协同创新构建阶段的达成标志是参与的多方主体达成了战略协同。

（2）协同创新网络发展阶段

企业协同创新发展阶段的主要内容是实现创新组织中的知识协同与资源协同，手段包括协调和沟通、增强信任、建立激励机制等，主要形式有知识转移和知识共享、资源配置、整合等。创新主体按照创新需求和契约要求将相应知识资源相互汇聚，在创新组织内形成资源优势。对于各创新主体来说，彼此间存在着互补的优势，在科研人才队伍、基础研究、新技术研发能力、技术商品化能力、运营资本、市场信息等方面，各有优缺点。创新成员间的知识互补或知识短板构成局部知识势差，通过彼此的知识互动消除势差，从而达到知识协同。

主体间消除知识势差的方式主要是知识转移或共享等手段，不论何种知识互动的形式都能带动知识在创新组织内部流动，由局部高点向地点转移。这些知识流动可以通过成员间直接知识转移完成或通过活动间接发生。直接知识互动行为的主题性和目的性更明确，容易识别，方式包括直接知识交易、技术培训、无偿知识转移、知识员工借调等；间接知识流动行为存在一定隐含特征，范围更广，如市场调研分析、创新组织知识员工的私下交流以及项目论证与鉴定等。

我们从三个方面叙述发展阶段的具体内容：

①抽取知识资源。创新组织成员对照创新目标和比较自身知识优势，从知识存量中抽取对创新组织具有互补特点的知识，拟用于下一步知识交流。

②将知识投入交流活动。创新组织成员依据契约和责任将已经抽取出的知识投入知识交流过程，汇聚成为创新组织的资源优势。

③知识吸收和消化。在合作各方将个体知识汇聚到组织内，形成知识资源优势，同时各成员要开展相应的知识吸收和消化工作，通过消化使接受的知识增加到自身知识存量中，填补自身的知识短板。整个过程的知识是动态增长和变化的。

（3）协同创新网络完善阶段

在协同创新网络完善阶段，主要是知识创造，并实现知识价值增值的过程。具体来说，创新组织员工融合交互知识后，在应用场景中开发出新知识，并将新知识转化为新的产品或应用起来，实现知识的价值增益。这个升华的过程虽然是复杂和抽象的，但它是协同创新的最重要的过程。协同创新活动不断重复着知识势差、知识流动、知识协同、知识创造这个循环，在依次递进变化中实现知识增长和价值增益的目标。在协同创新成熟阶段，知识是被凝练和升华的。各创新主体将学习吸收到的知识结合自身的实践活动，升华为新知识。创新过程中产生的新知识属于创新组织总体收益的一部分。这些新知识经由成果转化为新产品并形成产业利润也属于总体收益的一部分。创新组织成员依照契约精神和既定的分配比例合理分配这些收益。分配到的新知识、新技术会累加到成员自身的知识量中，提升组织成员的综合竞争力。

在前两个阶段的基础上，协同创新活动加速知识的凝练与升华，并将产生的成果转化应用到商业活动或产品中。这个阶段注重协同效应产生后的创新行为。成果的分配依赖于契约的约束机制。整个协同创新活动是循环反复的提升过程，参与创新的成员在合作机制和长远发展的战略眼光作用下，较大概率排除个体破坏契约精神，选择干一锤子买卖的机会主义行为。因此在组织成员间相互协调，有序促进协同创新进程动态稳定发展的条件下，成员间的短期利益、企业文化、成本差异等方面的矛盾冲突大概率能够被协调和消除，从而保障协同创新活动导向良性循环。

我们将协同创新网络完善阶段的内容进一步描述为以下三点：

①知识融合。创新组织的知识资源优势需要与创新实践场景、条件反复融合，只有充分考虑了新的应用环境和要求，才能使知识融入创新实践中。

②知识创造。在知识协同的前提下，充分考虑了新的实践要求，在原有知识基础上寻求解决问题的新方案，不断改变和尝试，才能创造新的知

识，使知识得到升华。

③创新成果应用。产生的新知识是创新活动的成果之一。把新知识应用到商业活动和实际生产中是产业的要求，只有从市场环境中得到企业的利润才真正体现新知识的价值。

3.5.3 协同创新网络中交互学习的知识互动形式

本节对应企业协同创新过程的阶段划分，进一步梳理不同阶段的协同主体之间基于交互学习的知识互动表现方式。在协同创新过程中，总是需要创新主体之间通过不断的沟通协调，增加信任，并采用有效的激励机制促使参与各方达到协同，这样才能进行有效创新。这个过程需要反复的交互学习和知识流动。知识流动一般指知识的传播和扩散，即知识从势能高的源头向势能低的合作伙伴传递和转移的过程。而互动是更多表达主体间相互作用的行为。协同创新的两个基本认识：一是协同创新是多个主体间互动的结果；二是交互学习和流动的内容就是知识。任何企业从研发、制造、品牌推广和销售，每个环节都有相应的知识内容。协同创新过程不断发生着这些知识在组织间的传播和扩散，更主要的是知识的交汇和融合，最后实现对原有知识的提升。

因此，仅仅用流动不够表达其内涵。介于交互学习的知识互动能够更全面地体现主体间的能动性。我们认为，交互学习的知识互动是指参与各方的交互学习后知识交流活动的总称，其过程包含了对知识的寻找与匹配、知识转移、知识共享及知识创造和应用。在不同的阶段中因为协同创新内容侧重点不同，使其交互学习的知识互动表现形式各不相同。我们认为在协同创新交互学习中存在着知识寻找与匹配、知识转移与共享、知识整合、知识创新与应用四种知识互动的表现形式。

（1）初建阶段交互学习中的知识寻找与匹配

在协同创新的初建阶段，各方主体通过自身的社会途径去寻找可以合作的对象。这个过程是以知识咨询与交流的形式来展开寻找的。在拥有适合知识条件的对象中还会依据是否能达成共同的创新目标来确定合作的可能性。具体来说，在政府优惠政策推动和引导下，来自企业外部的市场竞争和企业内部的创新需求共同作用，企业参与协同创新的积极性提高，相互寻找的意愿增强。企业在这样的意识导向作用下，选择组织或参与协同创新的联盟。这个阶段需要寻找的信息包括政府政策、潜在合作伙伴、技术前沿等信息。寻找信息和评估信息是分不开的。对寻找的信息进行评估属于匹配的过程。潜在合作伙伴的优势资源条件、知识互补性、创新能力、创新意愿、知识分享意愿与能力、信任程度等都是评估指标。通过市场交易理论和组织行为学理论等规律指导，企业总是选择指标最为合适的伙伴。知识匹配不仅仅局限于协同创新伙伴的选择，也包括协同创新目标的定位。只有选择适合协同创新联盟自身条件和合理的战略目标，才能依据联盟条件最大化地实现协同创新。因此这个阶段知识互动的一个重要结果就是制定共同的战略目标，并确立各协同创新主体的地位与关系。

（2）发展阶段交互学习中的知识共享和整合

协同创新的发展阶段的主要工作是开展知识协同、资源协同，依据二者协同的情况评价是否完成。在协同创新活动中，行为主体将掌握的互补知识投入协同创新活动，达到创新需求的知识量，形成知识协同。它是知识资源被优化和整合的过程，需要经过知识输出、接收、吸收、消化、整合、重建、再创造和应用的环节，使得创新组织内部知识由混乱到协调、分散到统一，知识表象也会经过显性知识到隐性知识再到显性知识的转化，伴随着知识协调统一产生出整体的协同作用，实现螺旋式上升的知识增值。而反映此过程中参与主体的知识交流关系和状态就成为知识协同。因此需要在参与主体间展开知识共享和知识整合。

这个阶段的知识交流活动是在创新联盟内各主体间进行的。知识共享

的途径多样化，各主体间的技术转移、人才借调、专门培训、专利转让等方式能够直接和快速地进行知识交互；而市场调研分析、不同主体员工的非正式交流、项目论证等方式也能间接和持续地产生知识转移和共享的效果。知识转移和知识共享都描述了知识在主体之间的传递，二者在概念上有许多的重合，双向的知识转移与知识共享更是一致。因此笔者认为用知识共享表示这一阶段的知识互动形式更贴切。

笔者认为这个阶段知识互动的细节是先进行知识分解，再进行分享，最后进行整合的过程。参与协同创新的主体具有独立的单位特征，其自身的知识量并不一定是协同创新全部需要的。按照协同创新的总体战略目标的需要，选择各主体之间利于目标实现的知识，开展知识的转移与共享。对于知识输出的主体，依据所输出知识的价值，可以通过契约的方式约定将来的收益预期。这些输出的"优势资源"，通过整合，汇聚成为创新活动所需的资源池，实现"资源协同"和"知识协同"。另一方面，知识的接收主体也会将知识整合到自己的知识库中，保持个体知识的增值过程，这也是知识整合的一个侧面表现。

（3）完善阶段的知识创新与应用

协同创新的完善阶段的前提是形成了交互学习中的知识协同。知识协同使协同创新组织的知识总量和质量上升，形成创新优势，创新组织内的知识流动通过协同效应产生跳跃变迁的递增变化，实现知识增益。学者吴悦指出参与主体与创新知识的交互活动存在一一对应的关系，随着投入知识量的增长和创新进程的深入，它们之间的关联性会逐步演化为知识协同关系。具体表现为，参与创新的主体与交互学习中知识流动的关系因协同度变化产生动态调整，创新过程的协调机制根据创新需求发挥作用，指导主体完成投入知识量的节奏和行为。反过来，参与主体的主观能动性会不断观测创新战略和创新进程的契合情况，围绕知识互动的质量调节互动行为。在不断反馈与修正过程中保障创新主体与知识协同度之间的信息传递，提升创新合作的质量。知识协同就是在这种主客体之间相互联系又相互微调的动态变化中得到加强的。

因此，结合 SECI 知识转化的模型（该模型将在后文进行详细介绍），笔者认为这个阶段的知识互动，主要表现为结合实际的生产实践，在原有知识协同的基础上，产生新的知识。这里的新知识不仅包括科学知识理论的开拓与归纳，更主要的是技术的革新与进步、产品的开发与改进、服务模式或管理手段等。一切能够为协同创新绩效服务的知识创新结果都属于这个知识交互的范畴。在协同创新的成熟阶段，实现的创新也可以进一步划分为以下五个维度：知识创新、技术创新、产品创新、服务创新、管理创新。学术界也有将这五个方面进一步归纳为三个体系的说法。这种说法认为创新分为科技创新体系下以科学研究为先导的知识创新、以标准化为轴心的技术创新和以信息化为载体的现代科技引领的管理创新三大体系。笔者认为不管是五大维度还是三大体系，其中的内容都属于知识，这些知识的更新与进步都属于大范畴知识的创新与应用。

对于企业而言，产生协同创新的绩效是最终的目标。知识的应用和保护还具体表现为新的技术专利的产生、新产品的制造。能带给企业引领市场或占据市场主导地位的技术优势或先进产品，是企业在创新活动中最期望得到的结果。相应地，这个阶段知识互动的内容还包括对这些技术优势或新产品的知识保护，最为直接的手段是通过专利的方式和相应的法律来保护。

3.5.4　基于 SECI 的交互学习知识互动模型

知识转化模型 SECI 是由野中郁次郎（Ikujiro Nonaka）和竹内弘高（Hirotaka Takeuchi）于 1995 年在他们合作的《创新求胜》（The Knowledge－Creating Company）一书中提出的。野中郁次郎认为知识可分为显性和隐性，隐性知识和显性知识之间可以相互转化，并提出了 SECI 知识转化模型，如图 3-4 所示，该模型提出了四种知识转化方式：①社会化（Socialization）是将共享经验转化为隐性知识的方式，是隐性知识转化为隐性知识的方法。在这一方式中个体通过观察和对话交流，直接从他人那里获取新知识。由于组织的隐性知识难以分享，如果组织能够实现员工之间的隐性知识转化，收益将十分明显。②外化（Externalization）是将隐性知识表达为概念或图表之类的显性知识的方式，通常使用隐喻、类比或草图来表达。外化方式是知识产生的最直接和最有效的途径。通过外化方式可以将个人的隐性知识显性化，从而形成知识成果。③组合化/融合（Combination）是将新的和现有的显性知识组装成系统性知识的方式，如文件或者数据库中的知识。组合化是显性知识转化为显性知识的方法。组织的知识共享主要从组合化开始，这一方式比较容易实现。④内化（Internalization）是将显式知识体现为隐性操作知识（例如专有技术）的方式。例如个人在实践中学习知识，将从文本等载体中获取的显性知识转

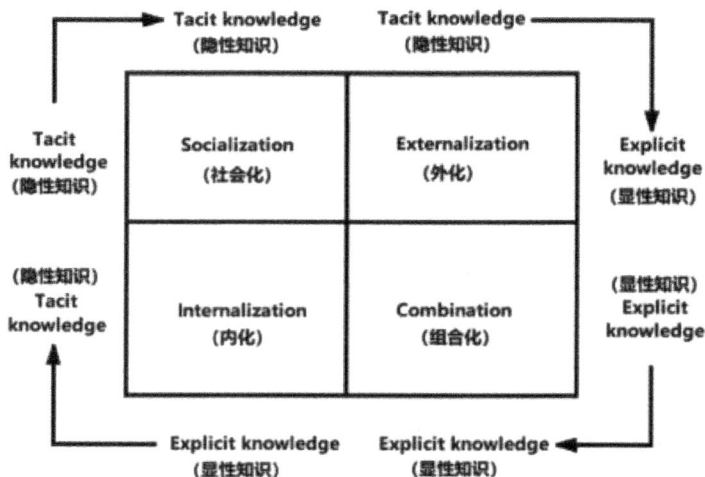

图 3-4　野中郁次郎的 SECI 知识转化模型

化为个人的亲身体验，并最终成为自己的隐性知识。内化方式作为知识持续发展的基础，在整个知识转化方式中发挥着重要的作用。

　　结合协同创新的阶段划分，知识互动在不同的阶段有不同的主要表现形式。这些行为存在一定的次序性和反馈机制。在协同创新初建阶段更多的是知识寻找与匹配，其结果是创新主体接洽和达成战略意向的依据。在协同创新发展阶段，主要按照契约有序开展组织间的知识转移、共享、吸收和整合。这个过程存在修正和反馈。当创新组织需要增加新的知识源，可以通过协商，随时再开展知识寻找，以增加必要的新成员。各创新主体间的知识经过转移、吸收、消化和整合后，会针对创新目标开展知识内化和再创造的过程。在协同创新的成熟阶段，需要将再创造产生的新知识应用于产品或市场，才能产生协同创新的绩效。这些新知识一样存在显性或隐性的特征。对于隐性存在于实践之中的知识，创新组织需要将其外化，以专利的形式保护起来。具体过程如图 3-5 所示。

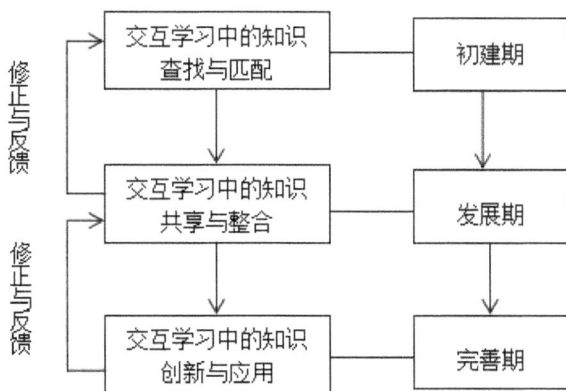

图 3-5　协同创新过程交互学习中的知识互动动态模型

　　上文已经分析了协同创新过程中知识互动的动态过程，但在这个过程中不同阶段的知识互动为达成阶段目标有何特殊性，还需要具体分析。即在构建阶段的知识搜寻与匹配过程中如何实现战略协同，需要针对性分析；

在发展阶段的知识转移和共享中，主体的知识输出能力和知识吸收能力有何特殊性，需要具体分析；在成熟阶段知识创新和应用中，知识内化和知识利用能力的特性也要一一分析。下面就这三个方面展开讨论。

（1）初建阶段的交互学习知识互动特性

在构建阶段，知识搜寻的目标是找到适合共同创新的多方主体；而知识匹配的作用是通过筛选，在知识互补的前提下，找到能够形成战略协同的合作伙伴来建立协同创新联盟。笔者认为，此阶段的知识互动特性在于以下三个方面。

①需要互补的知识。

企业的知识可以分为外部和内部两部分。根据数据来源不同可以将企业外部数据分为购买的商业数据和免费的网络数据两种。二者的区别是购买的商业数据具有完整性、严谨性、专业性的特点，如咨询报告、销售数据集、同行的全面信息等，而免费的网络资源具有涉及面广博、错综复杂的特点，上到国家政策，下到黎民百姓生活的新闻一应俱全。企业从网络获得的信息通常需要进行整理和加工，形成系统的或有专业指向的数据才能被使用。知识管理领域将企业内部信息表述为显性和隐性两种知识。显性知识是成文化的，可以通过文件的方式被展示、转移和存储。隐性知识是企业知识员工留存在大脑中关于具体实施步骤、细节的知识或技术，它内化在员工的工作过程中，是企业核心竞争力的重要部分。

企业实施创新活动可以通过自主创新获取新知识，也可以通过合作创新获取外部知识。企业通过自身能量发展创新需要的时间成本和物质成本都难以承受，单位时间内的知识或技术增长也难以满足企业在激烈竞争中的知识需求。因此，开展协同创新成为企业创新的可行选择，通过协同创新实现从外部成员处吸收所需知识，具有互惠互利的可操作性。

企业的知识类型多样、包罗万象，创新团队需从中筛选出需要的知识。

不同的知识存在获取难度、专业性、系统性的差异，易获取的、公开的知识价值低，专业性强、原理复杂的知识价值高。刘忠诚用五个层次对创新知识进行分层，按 1 到 5 的顺序体现了这些层次知识从公开到私密，从免费到付费的差异。图 3-6 显示了创新知识的层次。图中第 5 层对应的知识复杂性高，具有的创新价值最高。

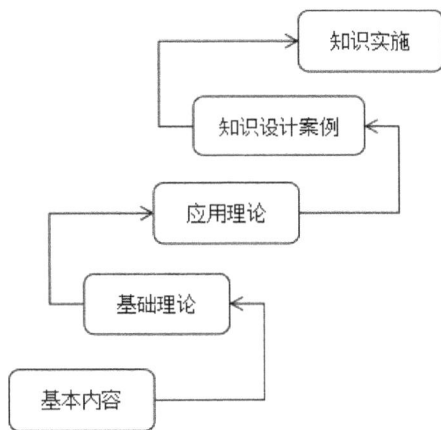

图 3-6　创新知识递进式关系

协同创新的不同主体因为知识互补性的需求凝聚在创新系统中。既要实现知识的交流，又要做到知识保护，尤其是具有专利技术的专门知识需要保密使用。现代云计算技术为知识分门别类和供专人使用提供了技术支持。科研机构注重以文献方式存储数据资源；企业累积丰富的实践经验、案例实施、产品设计等具体解决问题的办法；档案馆等信息服务机构详细备案有社会综合信息。通过私有云方式建立面向不同用户和不同类别的云空间存储对应知识，由知识生产机构或所有权机构自行管理，授权才能访问，如图 3-7 所示。采用存储无地域限制的云服务便于不同主体参加协同创新活动时随时随地抽取创新所需知识供组织内专人学习，既兼顾了知识保护的专有性又便于从互补的角度抽取出知识为创新服务。

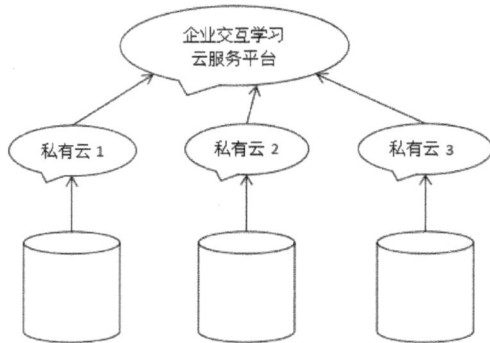

图3-7 企业交互学习云服务平台架构

综上所述，企业协同创新的前提是参与主体间互补的知识结构，参与的组织成员在保证统一的创新战略大目标下保留各自的需求差异，达成合作意愿。协同创新活动核心要点是协同作用，实践过程中因项目差异有的资源协同要求高一些，有的知识协同要求高一些。围绕笔者关键词知识互动，因此更多的是探讨创新项目中对知识复杂度、专业性和知识广度要求较高的情况，这种情况下，单个组织成员难以提供创新项目所需全部知识，大多只能支撑局部的知识量，因此需要组织成员积极提供创新领域所需的互补知识。组织间知识互动性较高的前提下，单个组织的话语权越大。这种情况下的知识互动交流是双向的交换，达成创新联盟团体后开展的将是共同创新模式。同时，对于各主体自身知识库的保护，可以建立一个知识云服务平台，只有协同创新中一定权限的用户才可以访问彼此的知识库。做到各主体的知识既便于参与共同创新，又额外给予无须参与创新的知识更多的保护。

②战略一致性。

知识匹配过程其实是在知识互补的基础上与能形成战略协同的伙伴成立协同创新联盟。这要做好两个方面的协同：良好的信任关系、风险共担利益共享的协同。

　　首先要有信任的基础。知识的匹配和达成一致的战略目标都需要创新组织成员间有良好的信任关系。组织成员能够依据自身优势和知识投入量准确判断自己在组织中的定位和作用，才能够形成稳定的信任关系。当组织成员对协同创新项目收益预期超越自身投入比例，容易引发其他成员的反对，破坏彼此间的信任关系，也会削弱其他成员持续参与创新活动的积极性。因此，不论协同创新项目采取何种方式实施，都要求组织成员清楚认识并保持自身的角色定位，只有全体一致都按照既定的部署完成相应的分工合作内容，才能实现跨组织的知识链接，实现产业资源和学科资源的有效结合。创新活动的持续有效开展又会促进信任关系的强化和提升。个体责任引发创新进程的阻滞也会影响其他成员对责任个体的猜疑。

　　也可以说，信任关系是创新活动的晴雨表，良好的信任促进创新，薄弱的信任阻碍创新。沟通是有效改善信任关系的手段，它能增强成员间相互了解。准确使用信息交流工具和采用多种手段进行沟通对增强互信、解决问题都有裨益。合作各方坚定贯彻双赢多赢的思想，相互了解越深入、矛盾解决越快，就越有利于项目顺利实施，增加创新经验和增强信任。这是一个良性的循环促进机制。

　　其次是承担风险和收益分配要达成一致认识。协同创新活动是多方参与的创新，必然存在依赖他方资源或协作的过程，具有不完全可控性和潜在风险。Bruneel认为企业协同创新过程的潜在障碍有两方面，一是因参与主体的目标导向差异引发创新冲突，二是因创新成果价值、利益分配比例、产权归属而引发冲突。这两种冲突都会阻碍协同创新项目的知识交流活动继续开展。协同创新初期的预期收益一致性会随着项目进行而分化。技术实现的难度、创新风险、组织管理的成本、机会成本等因素出现超预期变化都会影响和改变参与成员对最终权益或承担风险的再分配预期，矛盾也会随之而来，甚至会导致整个协同创新项目搁浅或失败。因此，有必要从战略高度设计可调的利益分配机制，在项目实施过程中依据承担风险和投入成本的变化，不断微调成员间的利益分配办法，从最大限度提高成员参与的积极性。

因此，战略一致性要注重夯实参与各方的信任基础，建立可调的风险共担和收益共享的合理分配制度，设立有效的创新组织架构来维护战略一致性，管理创新项目进程和维护参与成员长期、可靠的共赢共生关系。归纳起来，在协同创新的构建阶段，知识互动的内容上要注重建立和维护参与各方的信任关系和建立风险利益共担的联盟关系。只有合作各方形成了共同的利益基础，能够更好地构建共同的战略愿景，协同创新才能顺利开展。要掌握不同资源类型的组织机构（企业和研究机构）在风险承担和收益分配合理有效的条件下快速接洽和重组，建立共赢的协同创新联盟。

③组织的差异性影响知识互动的效果。

组织的差异性是多方面的。主要指组织的文化差异、组织结构差异、社会影响力差异或信誉差异、参与动因差异等。这些差异都会影响参与主体在协同创新中的地位和话语权，也会影响彼此的信任关系和融合，从而影响知识互动的效果。

企业协同创新的深度合作需要战略协同，它包含了参与各方在价值观方面需要的协同。因为参与成员价值取向的差异会导致成员间对收益的评估、创新投入的预判和合作路径做出不一致的选择。协同创新参与各方因行业和角色定位不同，拥有的资源质量也不一样，养成了自身特有的文化和需求导向。例如，产学研的创新活动中，企业更偏爱市场效益和产品竞争力；研发组织和高校偏爱于知识提升和创造，是科学研究导向。事实上通过两种价值取向的相互认同，追求科学研究导向和企业利润导向是可以并存和相容的。

从交易成本角度考虑，协同创新联盟的形成，首先是可能满足各方的预期收益。尽管预期收益的体现不尽相同。这些利益主要有经济收益、社会利益、知识增加或技术能力增强、市场地位提高。经济收益包括，获得的知识价值远高于成员投入的成本（或远高于单独创新的额外利益），获得更多的经费支持；社会利益是指参与创新的主体能够获得社会的影响或好的口碑及社会认可等效益；知识增加是指参与的主体意在通过协同创新获得他方知识或创新的知识与技术；市场地位提高是指参与的主体通过知识交换，获得进入其他主体的市场资格或共同开发市场。参与各方的预期收益不同造成参与的动因差异。彼此能够包容，在不排斥的前提下容纳在整体的协同创新大愿景中各取所需，是彼此合作的优选结果。通过建立创新联盟组织或委员会，参与各方都可以派遣代表作为成员，既起到维护个体利益，又起到沟通协调作用。

基于上述观点，笔者认为在构建阶段的知识互动要注重组织的机构协同，要建立新的组织架构来管理协同创新活动，采用网络化的组织运作方式增强组织的联系。对于社会影响负面的个体，组建新架构时应尽量避免。协同创新活动不是简单的跨组织交流，需要知识和资源在组织间实现协同。多方参与和个体没有全程话语权的特点是实现知识协同的组织弊端，因此，需要设立具有绝对控制权的组织架构来统一管理、调度和配置资源。通过新的组织架构设计实现创新活动的统一调度和管理，就是要保障知识在成员间有效地跨组织交流互动。利用计算机网络的技术支持，加强网络化的协同创新组织运作。合理、高效使用网络工具和手段辅助创新组织开展知识交流活动，有利于创新组织实现多个主体的并行交流与反馈，加快协同进程，改变以往高校、科研院所与企业按部就班的知识转化过程。

（2）发展阶段的交互学习知识互动特性

在发展阶段的知识互动行为具体表现是知识共享及知识整合。这些行为是否顺利开展，首先取决于协同创新联盟的成立和战略目标的一致性。已经达成战略一致的各方主体都渴望协同创新项目的有效实施，能明确表达参与知识交互活动的积极意愿。其次，参与知识互动的主体的知识操作能力影响着知识协同的效率，输出企业的知识输出能力与接受企业的知识吸收能力在其中发挥关键作用。

①知识输出能力。

知识交流互动有效进行的前提是知识输出方顺利把知识输出给接收方，尤其是创新所需的隐性知识，因此知识输出能力在知识互动过程中的重要作用不言而喻。Martin 和 Salomon 指出知识输出能力是企业的综合素质的重要指标，它要求知识输出企业正确评估需要参与互动的知识量，并准确从自身知识库中抽取恰当内容，用最经济且有效的方式将知识输出给对方。

首先，有选择地输出知识是第一项要求。知识是企业财产的一部分。知识输出企业的知识存量通常高于接收方，没有必要也不能将多余的知识也投入知识交流活动，出于企业自身权益考虑，容易散失知识优势。输出企业通常会依据协同创新所需的知识内容，有选择地将知识发送给接收方。其次，输出知识的难度因知识类型的差异而不同，知识输出企业准确有效地表达传递的知识至关重要。显性知识具有成文化特征，更容易进行转移和共享。而隐性知识蕴含在知识员工大脑中，具有模糊性特征，难于描述和直接转移。

Szulanski、张磊和王延章等人研究知识交流互动都聚焦于隐性知识的难以表达的特征。他们都指出知识互动的效果受到知识输出能力的影响，与隐性知识的可描述性的难度相关。知识输出企业要综合考虑对方的吸收能力，以恰当的编码方式传递知识，通常需要知识输出企业将隐性知识成文化，转变为显性知识，便于输出。这对输出企业的能力提出更高要求。对于确难成文展现的知识，接收企业在知识互动过程通过反复沟通和学习，以默会性的方式获得隐性知识。

通过以上分析，可以看出知识输出能力涵盖了 4 点要求：准确估计和评价对方的知识需求；正确抽取自身知识；对知识进行恰当编码和有效包装；选择合适途径将知识输出。

②知识吸收能力。

国内外学者对企业的知识吸收能力进行了深入的研究，对知识吸收能力的概念、组成、获取和提高都有探讨。Cohen 指出知识吸收能力的主要内容是企业获取和消化外部知识并将它转化和利用到生产实践和商业活动中。Lane 用三个方面系统性描述了组织的知识吸收能力。这三个方面分别是发现外部知识的能力、获取和消化外部知识的能力、用开发性思维升华和创造知识并使用知识的能力。整理这些学者观点并结合本课题的研究需要，将企业知识吸收能力分解为两个部分，一个是对知识的学习和消化能力，另一个是用创新思维实现知识创造和应用的能力。协同创新发展阶段的知识交互过程中，主要讨论学习能力、消化能力和整合能力的作用。而知识吸收能力中的创造能力和利用能力将在协同创新的成熟阶段探讨。

可见，代表知识被完全吸收的判断标准是吸收来的知识能否在接受企业内部再传播，以及整合后是否达到知识内化的要求。从这两点看，要求企业的知识吸收能实现对知识学习消化、整合这样一个比较完整的知识接受过程。本小节从企业的学习能力特征和整合能力特征进一步描述企业的知识吸收能力。

a. 学习能力特征。

企业要理解消化新的知识，需要事先消化具备较多的新的理论基础，与企业原有知识相比差别很大，对创新的要求也更强，这样会使企业花费大量的人力、物力、精力来学习，学习的工作量会比较大。

参与创新合作的企业为了避免自身独立承担过多的研究成本和风险，通过共享创新合作的研究资源，处理应对创新中面临的新情况。创新研发项目的研究开发阶段比较依赖实验室阶段的成果，需要企业采用"干前学"的方法和措施。在这一学习方法和措施下，企业采用先参与前期

阶段的实验研究的方式，参加到创新过程的初期流程中，收获并掌握了新产品研发应具备的理论，还可以提早领会和明晰未来新科技转化商业运作必备的条件。

企业在理解消化新知识时，还要避免路径依赖性和认知惯性，建立起灵活的学习机制。创新知识首先从实验室或科研机构中产生，原则上是不能直接运用于商业用途的，企业要充分整合消化，才适合转化为实践运用。所以，企业在学习新知识新理论时，难免出现"理论、实用"等误解。除了在研发过程中通过"干前学"的方法和措施，来避免因不理解而造成的误解、对商业化价值估算失误，在参与环节还可以通过咨询专业人士、加强培训辅导、互派人员等多途径多方式互动交流来防范错失机会的风险。

因此，基于协同创新的知识互动，需要企业投入较大的学习力度、"干前学"的方法，以及多种多样的学习机制，还需要企业持续加大对人力、物力、财力的投入。在科研创新中产生的新知识、新研究成果一般不易直接创造价值，投入产出率不一定高，但会促进企业消化吸纳越来越多的知识，增强灵活性，更好地促进企业增强吸收转化能力。

b. 整合能力特征。

消化吸纳能力表现为企业对于知识的吸纳整合能力，企业把新知识与原有的经验知识相结合，把原存在于内部、零散的知识重新组合，最后加以应用。企业可以利用来自协同各方的知识帮助自身进行系统化整合，把原来已存在实践流程中的不明显、零散的知识以规则、文件等多种方式整理出来，不仅有利于预测未来的实践及效果，还有利于发现创新过程中的不足，形成更具长远眼光的战略性方案，并对现有流程不断改进优化。

企业把理论性知识与实践性知识相结合，促进企业的知识系统日趋完善，提升了企业对知识的归纳整理能力，从而提高企业吸纳利用知识的效能，使学习目的更明确，加深企业对问题的认识，降低理解和应用的失误，有助于尽快实现目标。由于系统化能力的提高，企业学习过程更加精准化，从而进一步缩小必学范围，也降低了吸收知识的灵活性。

企业在协同创新过程中采用"干前学"的方法和措施，需要具备更强的沟通协同能力。因为"干前学"需要各方较早地进行沟通，且新品种的研发也面临着较多的不确定性，从管理角度也存在着较多的不确定性情况，不确定性又增加了合作各方沟通协同的成本。参与创新的企业间交流沟通也会面临较多问题，如：机构文化存在差异，机构目标不同，院校的官僚主义尚存，知识产权保护政策不完善，偏离实际的研究成果，等等。

此外，由于各主体在协同创新中存在各自的目的差异，导致其对于知识的披露政策会有所不同。例如，科研单位会尽快实施披露政策，企业却基于保护无形资产价值的目的，通过申请专利获得保护，其合作在某种程度上会出现不一致的意见，降低了知识消化吸纳的灵活性。所以，在创新过程中实现高度的社会化整合难度系数较大，从而降低了企业知识消化吸纳的水平。

综上所述，企业在实施知识转化过程中，其知识利用能力会对知识互动的效果产生较大影响，因此，在分析企业间协同创新过程的知识互动影响因素中应对其重点考察，体现该因素的特性。

（3）成熟阶段的知识互动特性

①知识的内化的基础是企业自身实践。

依据野中郁次郎的 SECI 知识创造模型，参与协同创新的各方主体的知识通过转移、共享，在整个组织内部进行传播。企业吸收和整合这些知识只是汇总组合的显性知识。只有实现知识的内部升华，才能转化为企业的隐性知识。这就需要结合创新活动的具体商业实践。在协同创新的实践中，知识的内化包含以下内容：

a. 必须把显性知识转化为具体措施及实际行动。把显性知识转化为具体措施及实际行动时，可以在策略、方案、创新或改进等方面，提出贴合实际的计划或实施措施。通过内部或外部培训可加深学员对组织和其他学员的认识和理解，一起讨论贴合实际的思路和计划。

b.用演练和实验等方法，帮助学员通过模拟演练来学习新知识或新方法，并对效果进行检验。通过反复演练、论证，可以帮助学员尽快吸收转化新知识。

②知识创造受到知识吸收能力的制约。

在知识创新与应用阶段，企业同样受到自身知识的吸收能力的影响。知识消化吸纳能力包括：转化能力和利用能力。转换能力，即企业对已有知识进行消化吸纳并归纳转化为新知识的能力。企业从外获取的新知识，与其自身原有的知识比较，通常存在较大的差异。因此，企业的认知结构应当进行转化才更适合于外部的新趋势。对知识的转化还可以防范企业产生对知识的路径依赖风险，促进其不断进行自身调整优化。

企业通过知识转化能力，把外部获取的知识进行转化形成新的知识，将新知识与已有知识结构相融合，从而实现创新，还可以针对同一知识进行不同角度理解和应用以实现创新。所以，转化能力越强的企业，促进创新的效果就越显著。

利用能力，即企业把自身现有的知识与从外获得的新知识融合应用于企业的实践，掌握经营机遇，促进创造和实现商业化价值的能力。Van 和 Volbetda 认为，企业具有较好的知识利用能力，在经营中获得整合知识的能力，为企业持续利用知识创造了良性循环的机制。

在协同创新的最后阶段，知识的创造和应用与创新联盟中各成员对知识的转化和利用能力有关，受到这个方面的制约，是一种正相关关系。换言之，笔者认为知识吸收能力在这两个方面影响着知识的内化和应用。

③内化的新知识是创新组织核心能力的重要组成。

协同创新活动得到的新知识，尤其是其中的隐性知识是创新组织新的竞争力。从两个方面可以看出内化的隐性知识对创新组织核心能力的重要性。一方面，内化的隐性知识作为企业核心能力的重要内容，影响着核心能力的发展趋势；另一方面，通过对隐性知识的管理，促进企业创新能力和持续学习能力的提高，进一步提升企业核心能力。

隐性知识难复制、难取代、难交易等特点，造成企业的隐性知识为企业所独有，一旦转化成竞争力就成为其独特的优势。企业以原有的知识水平为基础，通过消化吸纳他人的知识才能形成核心能力。企业只有在经营过程中持续积累、消化资源、归纳总结新的知识，才能持续发展。

企业的核心竞争力体现在知识创新能力方面。企业文化建设、知识管理是维持创新能力的原动力和提升竞争力的关键。知识管理作为知识创新的保证措施，激发企业内部的知识潜能，使员工原有的隐性知识得到有利转化、分享。知识是知识型企业最重要的流动性资源，是保持持续优势的前提。所以，企业应成为一个学习型组织，在持续完善提炼过程中增强自身的特有优势、难以被复制的信息等。协同创新组织全体员工持续地学习，有助于提升组织整体的创造力。综上所述，企业必须拥有比对手更快速的群体学习创造能力，才能维持长期的竞争力。

④知识的应用效果受环境的制约。

协同创新成熟阶段，对内化产生的新知识进行价值套现，转变为协同创新绩效，主要有两大方面。一种是直接将专利知识转让获得直接收益。另一种是市场化应用获得长期的产品收益或服务收益。这里只讨论第二种方式。已经内化的隐性知识要完全应用和产出协同创新效益，还受到市场应用成本和企业市场开发能力的制约。因为知识应用需要付出成本，主要包含投入的人力、物力、时间、金钱等成本。假设投入没有得到良好的收益预期，企业就缺乏开发广泛市场的动力。这种应用成本也称为市场开发的风险成本。另一方面，企业的市场开发能力也是决定知识应用的成败的重要因素之一。企业自身的社会渠道与资源以及对这些渠道资源的关系强度都变现为企业对市场的把握能力。一个好的产品也是需要在市场中经过"企业引导——客户正反馈和传播"的推广模式才能快速地占领市场。因此，企业与客户的互动关系和反馈机制都直接决定着客户的忠诚度，也影响着产品的推广。

3.6 本章小结

本章首先分析了企业协同创新中知识互动的动机，从根源上剖析企业的动力；接着按先总体后细节的顺序对企业协同创新过程进行阶段划分，目的是在每个阶段找出知识互动对应的表现形式；并建立整个协同创新过程的知识互动动态模型；最后进一步剖析每个阶段知识互动的特性。具体的小结内容包括：

①企业协同创新过程中知识互动的外部动因是社会经济压力与社会资本作用；而内部动因是追求协同创新组织内部的协同效应。

②企业协同创新过程分为构建阶段、发展阶段和成熟阶段三个部分。构建阶段的完成标志是达成战略协同；发展阶段主要围绕知识协同和资源协同进行；而成熟阶段是知识的应用，让知识价值在市场中变现产生协同创新效益。因此，对应三个阶段的知识互动行为分别是知识搜寻和匹配为战略协同服务；知识转移、知识共享和整合为知识协同和资源协同服务；知识的应用为创新绩效服务。分析了三种知识互动的表现形式，按照先后顺序可以构建整个知识互动的动态模型。

③分析各阶段知识互动的特殊性，为下一步研究奠定了理论基础。分别论述了知识搜寻与匹配中知识互补性、战略一致性、组织差异性三个方面存在的特殊性；知识交流互动的意愿、知识吸收能力和输出能力的特殊性；知识转化能力和应用能力的特殊性。这些分析都是为了下一步研究进行的铺垫。

第二部分

协同创新网络—交互学习—探索式创新

该部分融会贯通协同创新网络理论、交互学习理论和探索式创新理论，以中小型企业的网络化行为为起始点，围绕「企业如何通过与集群内创新合作伙伴结成协同创新网络并进行交互学习来提高其探索式创新绩效」这个明确的核心主题，阐述了协同创新网络与企业探索式创新之间的基本原理，确认协同创新网络三个不同特征与探索式创新模式的基本体制，并讨论了在控制变量的影响下，协同创新不同特征对企业探索式创新是否有显著性差异影响。以此，引入交互学习作为中介变量，探讨交互学习在协同创新网络与探索式创新之间的中介作用。

4 / 相关理论综述

4.1 协同创新理论

协同学理论是协同创新的理论渊源。Haken 教授系统性地提出了协同学理论 。他指出在人类社会和自然界的各种系统中都存在协同。尽管这些系统作用于不同领域，存在功能差异，但从系统构成上看，它具有某些结构共性，即都可以进一步细分成多个子系统，而构成每个子系统的要素也是丰富和多样的。Haken 教授认为，正是这些要素之间、子系统之间以协同的方式相互作用促使系统有序运行和演化发展。这种协同方式产生的效应大于个体要素价值的线性累加，对系统稳定运行和有序演变起到主要作用。他也指出，这种协同关系属于系统内部，不代表、不阻碍系统与外部的联系。这与 Chesbrough 教授主张的系统开放式创新并不矛盾。每个系统的演化发展都离不开系统与外部环境的联系与交流，以开放的姿态不断与外部开展信息和能量等方面的交互并不妨碍系统内部的自组织的协同关系。二者描述的是不同层面的关系，不会相互矛盾。Haken 教授进一步指出，系统具有这样的自组织运行共性与系统类型无关，这种协同作用普遍存在于系统内部子系统之间、构成要素之间。以 Haken 教授为代表的协同学理论研究，又称为哈肯学派，它与复杂自适应系统理论、耗散结构理论共同构成了复杂性理论的三大支柱。

4.1.1 协同创新网络内涵

协同存在的意义在于促使人类社会的进步和发展，如果没有协同，生产效率就会停滞不前无法发展。一直以来我们对协同的概念可能仅限于几个不同的资源和个体，协同起来共同策划、组织、完成某一个共同的目标。康德曾经指出，协同的参与主体应该是主动方和被动方之间交互影响的互动作用。Tim Hindle 对于企业如何实现协同总结出了一些新的看法，他认为企业之间分享工艺技术、分担决策风险、分享各类资源、进行战略商讨，以及与相关供应商的合作与联合都是很好的可以达到企业协同的举措。Ansoff 认为，企业想要实现创新管理，应该充分利用企业协同的作用，一方面能给企业带来利益增值，另一方面也能为企业实现创新做出贡献。综上所述，企业协同强调企业和其他组织形成的网络关系，企业和其他组织的相互关系的总和，而不是单纯的单个企业的职能作用，也就是说它是企业和组织之间的交换、合作、交流、整顿等方式和过程，同时也是交换、合作、交流、整顿形成的结果。

许多学者认为协同创新概念，是指企业和其他创新合作同伴之间在实现企业创新达到增益的共同目标下，利用现代信息技术展开合作与交流等方式，实现多方位的协作。也有人认为协同创新不仅是企业创新的基本，其真正意义在于通过汇聚各类创新资源和条件，打破原有的企业创新的障碍，从而完全释放企业和其创新合作同伴之间的资源、资本、新知识、新技术等要素，达到真正意义上的合作。在协同创新实践层次上，不管是国外还是国内都有不少成功的案例可以参考和学习，比如，以产、学、研为三大核心特征的"联合创新网络"给美国硅谷带来了巨大的收益，还有以三角科技园为典型代表的北卡罗来纳州，以及利用技术研究组合和产学研结合的方式走出困境的日韩联合，Finland and Sweden 也纷纷建立了创新网络联盟，中国也不例外，有了"中关村协同创新计划"相关内容。综合以上所述的创新实践案例，尽管形势大同小异，但可以看出就精髓和实质而言，是把知识链作为构建企业标准和联盟标准，把与高新技术类似的集群作为技术联盟和产业联盟，引导和支持企业和其他创新合作同伴展开协同创新活动。

协同创新本质是：企业、政府、知识、大学、研究机构、中介机构和金融机构等以取得一定的科技和学术创新从而形成的跨区域的组织。在国家政策体制机制的推动激励下得以产生，协同创新成为组织和高校等中介发挥各自的优势的集成功能相互帮助的资源的桥梁，加快技术的推广应用、产业合作，是当今科技创新的新范式。企业和其合作的其他创新同伴，可以充分利用网内丰富的异质性资源和技术条件来减少投资风险和不确定因素，亦可以充分利用网内关系建立跨本地网络关系以建立更加可靠的合作关系，还可以充分发挥网内关系提前洞悉市场环境和需求为企业收益增效带来裨益。总之，协同创新有助于企业和其创新合作同伴减少全球化带来的不确定的环境因素，有助于企业技术创新进步。

总结已有文献，给出企业协同创新网络的定义：在相对来说较确定的地域内，集群内的企业与其创新合作同伴（高校、研究机构、地方政府、金融中介等机构）在相互作用中建立起来的能提高创新绩效，且比较稳定的，许多正式的和非正式的关联，本地植入性和黏性较强的，联系的集合。譬如，穆拉德认为，企业协同创新网络是由企业和客户、供应商、中介机构等通过形成垂直或水平的关联节点所构成的。此外，Pekkarinen和Harmaakorpi也认为，企业协同创新网络的联盟包含了企业、相关企业（竞争者、供应商等）、高校、科研机构、中介机构和金融机构等成员。Doloreux以加拿大渥太华53家中小相关企业为基础进行实证分析得出，中小型企业的探索式创新很大程度上取决于其供应商和竞争者组合起来的联盟网络。也有学者表示反对，Cooke指出，很多小型的企业与高校、研究机构、地方政府、金融中介等机构建立联盟协同网络的概率较小。有学者认为企业在进行探索式或利用式创新动态运行中，和竞争者企业、供应链企业、其他有关系的企业、学校科研团体、金融中介及机关等创新合作同伴，通过相互影响和协同学习等方式形成新技术链和新知识链，从而发展成为长期合作的稳定关系，持有聚拢优势及海量知识满出、工艺技术转移和交互学习的不封闭的协同创新网络。综合以上概念，同其他平常的创新网络相比，企业协同创新网络的优势在于：①着重体现创新合作同伴之间的知识交互学习和交换与技术交互学习和利用转换；②着重体现机关和体制这些不确定环境因素在协调同步中的影响；③更注重创新表现和探索式、利用式创新的协同效果。以此得出组织协同创新网络模型，如图 4-1所示。

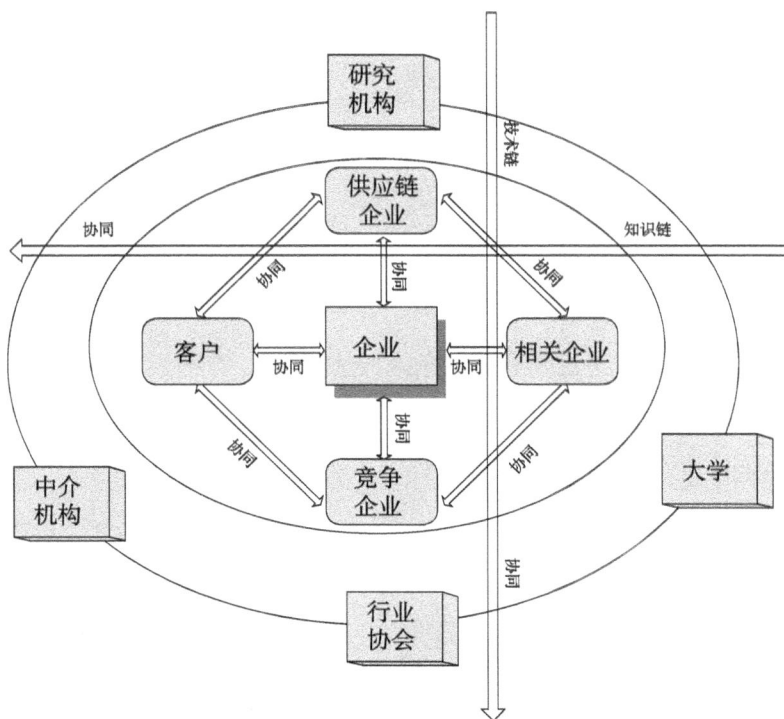

图 4-1 中小企业协同创新网络概念模型

4.1.2 协同创新网络研究现状

已经有很多学者对企业的协同创新网络及其对企业探索式、利用式创新的影响进行了研究和讨论。一部分学术研究得出，协同创新网络和企业探索式及利用式创新影响是正相关的关系。譬如，Nieto 和 Santamaría 对西班牙制造业行业中小型企业的资料进行实证分析总结，提出协同创新网络的协调同步性和企业探索式创新有明显的促进关系。相反，有的数据则显示，协同创新网络和企业的探索式和开发式创新相关系数不大，也就是没有正相关的影响作用。譬如，Larsson 和 Malmberg 通过资料收集和数据分析得出，如果数据来源是瑞典机械类中小型企业的话，结果显示我们所关注的网络和企业的技术创新绩效并不存在促进关系。在创新网络结构的探索进行到一定程度以后，接踵而来的是另外一批学者讨论的不同协同网络范式和企业相关创新的作用。也有一部分学者认为，不同的网络所对应的创新的影响是相互对应的，也就是说不能折合其作用是正向关系还是反向关系；基于此，Nieto 和 Santamaría 还指出，差异化的协调同步联盟成员也会带来不同结构和不层次的企业探索式创新，但是具体会带来强深度还是浅层次的影响并没有进一步的深入研究。除以上学者的看法之外，有人认为，企业和其客户及供应商、竞争者交流学习所结成的垂直分布的网络结构对企业的新产品、新工艺技术创新有着积极作用。差异化的协调同步网络对于企业和其协同创新合作同伴之间的知识分享有裨益，但也有可能提高一些投资风险和市场策略风险。是以，积极的、有意义的协同创新网络是与创新企业所占有的有形的和无形的资源互补形成优势的网络的。

在开放式创新布景下，生产方式的种类越多就越能说明"企业和相关企业""企业和相关中介机构"和"企业和高校机构"等不同的差异化的网络模式对企业技术创新的积极促进作用。

总体看，过去学者的研究成果给本书的理论基础做了很好的铺垫，以此本书可以对中小型企业的协同创新网络进行进一步的探究。从前学者在研究和讨论协同创新网络模式的时候，多半是从企业及其协同创新合作同伴两两结伴形成的关系进行探究的，也从一定意义上分析得出其对组织协同创新的影响。创新网络所具有的特征有哪些？不同的特征结合协同创新网络对企业探索式创新和开放式创新有哪些作用？是否存在显著差异？哪个协同创新网络的特征更能直观有效地直接作用于企业探索式和开放式革新绩效的提高？已有文献还是比较缺少的，也就是说完善的系统的讨论还是比较少的，所以笔者带着这些问题着手进行研究和讨论。

4.1.3　协同创新网络特征

结合上一部分综述，不难发现学者们从几个差异化的角度提出相关假设并且探究了企业协同创新网络所具有的一些特质和特点，即使学者们基本上是基于企业创新网络所体现的一些本质，却缺乏满意的标本和系数等描绘观测数据进行一些原理的讨论，本书主要是在参考已有文献内容的基础上，对中小型企业创新网络所具有的特点和特征做出了较为合理并且被以前大多数学者提出过或者认可的划分，力求做到学术的严谨、严肃、一致性，对中小型企业的协同创新网络相关特性进行研究，力争做到面面俱到。参考已有注明的结论和过程，笔者从以下几个差异化的方面来看协同创新的特点依据：①在选择相关特性考究变量的时候，充分考虑已有文献的成熟结论，以此为基础对本研究所要探索的内容进行丰富和拓展；②考量本地集群和外地集群之间的差异和同伴的属性及创新网络结构特征综合在一起的情况，特性变量的选择要适应三个不同层级的分析，第一充分反映了创新网络的整体层面，第二反映了企业个体层面，第三反映了网络结构的层面；③作为参考变量的几个特征应该对交互学习两个维度（正式交互学习、非正式交互学习）的影响具有显著差异。

根据本书提出的三个原则，再参考学者们一般思路即"网络—结构—中心度"的解析方式，找到了可以比较全面代表协同创新网络基本概念的三个特征，以便考究差异化层次集群中小型企业创新网络特征与交互学习及探索式创新的联系。把网络规模、网络异质性、网络开放性作为中小型企业协同创新网络特征，这三个特征都通过交互学习中介作用来影响集群中一部分企业的创新行为及成果。

（1）网络规模

网络规模（Network Size）作为测量维度的代表在协同创新网络中的地位举足轻重。学者一般界定为企业在协同创新网络中进行探索式、利用式、开发式等全部集合体面积体积大小；也可以认定为上述过程中与其合作有多少相关企业、高校机构、金融中介机构等（Burt，1983；Marsden，1990）。网络规模深刻影响着企业获取创新的、异质性的资源（新知识、新工艺、新技术、新技能）（Allen，2000；Boase，Wellman，2004），究其原因，网络层次是网络资源的负载部分，其自身就包含丰富的资源汇总，所以其数量的多寡，能从侧面反映出企业所持有的创新资源的多寡。一旦网络内的个体在现有的网络模式中获得了资源和优势，这种所得将会正向强化企业对现有网络关系和结构的依赖，同时，企业在寻求新的合作者的时候也会按照已有的固定模式去搜索新的个体，从而进一步提高企业所占有的社会资本。Shan（1990）是研究网络规模对企业创新影响的早期学者之一，他通过研究处于发展初期阶段的生物医药行业发现，企业建立的合作伙伴数量愈多，企业所表现出来的探索式、利用式、开放式创新的绩效越高。

类似的，Deeds 和 Hill（1996）通过对 132 家生物技术创业公司的实证研究发现，在企业加入的联盟数量与新产品数量之间存在倒"U"形关系。Ahuja（2002）通过对 97 家化学制品公司的实证研究发现，企业在网络中的直接联系和间接联系都有利于企业专利数量的增加。Ouimet 等（2004）通过对光学和光子领域的一个小产业集群的探究分析，发现网络规模与企业的激进性创新具有密切积极促进的关系。而网络外的企业要想融入网络内，其必须接受已有的标准和规范，才有利于其融入网络内。所以社会资本理论的网络生成模式就是靠这种规范的传播来不断地复制已有的模式，从而扩展网络的。而在网络结构中，具有较高中心度的企业就是这种规范和标准的传播者，其他企业要与高中心度企业建立联系就必须接受其已有的标准。是以，很多学者把它纳入一个考量的方向。协同创新网络规模对企业创新，从初创期转为上升期有着不可或缺的重要意义，特别是对于初创型的企业来说，企业探索式、利用式、开发式创新的能力和协同创新网络特征里的网络规模成正比关系，笔者认为企业节点和本地组织或者非本地企业的交流合作以及节点中所有的其他机构的数量的总和叫作网络规模。综上，本书考量众多学者的研究及其成果，将网络规模纳入考察企业技术创新的一个指标。

（2）网络开放性

总的来说，协同创新网络开放性有两个非常明显特点：它并不是封锁的而是一个易于各个创新主体之间相互协同作用的开放式的系统，同时它没有规定的条条框框的边界，企业及其协同创新合作同伴不仅可以在网络层面进行合作还可以从其他各个层面的交互作用达成协同。从一定角度来剖析，企业协同创新网络由于其本身的特殊性（有企业及其或同伴组成的每时每刻都在变化的动态性），其在不停地更新自己的知识以便自己进行突破创新，走出困境，那么协同创新网络必然与各个层级方面都有着千丝万缕的联系。此外，协同创新网络内部的企业及其实现创新的合作同伴之间实现创新所需的新知识、新技术本身就有赖于他们之间长期的正式或非正式实交互学习的总量。伴着效益全球化大背景大趋势的不断推进，企

业的服务对象非本土化、国家化的趋势也愈演愈烈。

　　一方面通过探索式创新开发新产品和新服务，开辟新市场，同时也需要利用式创新来改进产品，改进工艺和分销渠道，通过利用式创新来进一步弥补企业前期对探索式创新的成本投入。如果说探索式创新是开发一个新产品，那么利用式创新就是把这个产品做得更适合消费者。Eisingerich（2009）等认为网络开放性和组织标新立异有着非常重要的积极作用，且受到各种不确定因素的调节或者各种控制变量的作用，网络开放性对企业技术创新活动的实现有着非常重要的积极作用。利用式创新有利于提高企业的短期绩效水平，成本较低，探索式创新有利于企业的长期发展，投资的风险较高，两者统一于企业利润导向的实质。

　　Markusen（1997）验证出有些制造业行业中跨层级跨区域的集群关系有利于集群探索式绩效的研究，集群外企业联系程度形成的函数、资源的丰富性和网络伙伴等要素保证了网络开放性的一种持续不断的价值来源（McFadyen & Cennalla，2004）。网络开放度展现了网络本身的开放性和网络同伴数量的庞大以及风度。Laursen 和 Masciarelli（2008）强调外部知识资源的能力可以很好地解析企业技术创新的才能性，他指出一个企业不拘泥于自己本身的资源，能够对外大度地展现其资源，其实反过来而言自己也更容易获得别的创新同伴的知识和资源，这是双赢互利的一件事情。环境不确定性，是政策、行业的背景资料、技术和市场变化、企业的规模多重要素相互作用的结果。其精髓是市场交易环境变化的不可预测性，折射出了企业所处环境相对不简单。盛亚（2011）曾经指出网络开放性能积极促进企业探索式、利用式创新的提高，但是环境变动程度不一致，网络开放性对探索式、开放式、利用式创新的影响也会随之改变。Bell 等（2010）针对企业协同创新的关联度、开放性与企业探索式、利用式创新之间的平衡作用和影响做了大量分析工作，证明集群企业很多因素的不确定对于其本身的开放度和探索式、利用式创新都有影响。

企业的同伴金融中介机构其实分散在世界的各个角落，企业自身与网络外成员及组织有着密切的资源流通关系。网络开放度展现了网络本身的开放性和网络同伴数量的庞大以及风度。网络开放度展现了网络本身的开放性和网络同伴数量的庞大。同时它没有规定的条条框框的边界，企业及其协同创新的合作同伴不仅可以在网络侧面进行合作，还可以通过其他各个层面的交互作用达成协同。从一定角度来剖析，企业协同创新网络由于其本身的特殊性（有企业及其同伴组成的每时每刻都在变化的动态性），对资源及工艺的流动大有裨益，从而更加促进企业实现探索式创新，因此，本书把网络开放性作为考量研究的一个特征。

（3）网络异质性

近年来，学者们开始关注创新网络资源对企业创新绩效的影响，其中网络异质性对创新绩效的影响引起了学者们的高度关注。但纵观已有研究，学者们关于网络异质性对创新绩效代表性的观点主要有：网络异质性增加了网络中信息的多样性，从而提升了企业的创新绩效。这一观点以 Phelps 的研究最具代表性。知识是创新的关键资源。网络环境下创新的本质是知识和技术等的重组，而重组的前提在于异质知识和技术等的获取。网络异质性给企业带来种类丰富的或非冗余性知识，为企业提供更多种创新要素组合的机会，从而提高其创新绩效。

Burt 指出任何一个网络结构都从属于两种基本的网络结构形式，其中之一就是网络内的任何两个节点之间都存在联系，任何两个结点之间都不存在关系间断的情况，如果从网络的整体来看，这样的网络就是一个没有空洞的密集的结构，然而这样的网络结构形式对网络内的每个个体都要求其与任何一个其他个体保持联系，一般只能在网络范围较小的群体之中才有可能存在。另外一种网络结构类别就是网络内的个体之间并不是两两之间保持联系，或至少存在一组个体，它们之间不存在联系，那么在这两个个体之间就存在联系的间断，随着没有直接联系的个体数量在网络内所占比重的增加，网络从整体来看就像是存在许多联系中断所形成的洞穴，这些洞穴的位置就是结构洞。在网络中不仅有网络结构和网络关系，丰富的资源（知识、技术、工艺、战略、文化等）也是网络所蕴含的，这些有形的或无形的资源是组织想要突破创新源泉枯竭这个难题，走出一条起步型企业创新的新型模式。这些有形的或者无形的网络资源就是我们定义的网络的异质性资源。网络的异质化愈明显，组织愈能察觉到自身和其他创新合作同伴之间的差距，是以不断提高组织之间交流的积极性，这样就会实现双方知识的流动，更能合理配置组织的资源，最终使企业获取在初创型时期、成熟期、成长期等各个阶段所需的资源，以达到创新的终极目标。

由此，本书将网络异质性界定为整体的社会组织网络中的所有参与对象在一定的社会结构特性的分布情况。考虑到在研究协同创新网络时，异质性是非常有代表意义且具有很典型的特性，因此将网络异质性纳入考量协同创新网络的指标。

4.2　交互学习

4.2.1　交互学习的概念

初次提出交互学习（Interactive Learning）观点和看法的Lulldwall总结，于企业而言，其与其他组织之间的交流和合作引起的企业创新可以被作为交互式学习。有学者认为地方型创新体制的政策主要以交互学习为最大比重，利用企业及其创新合作同伴之间的交互学习达到知识的转移、知识的利用、知识的更新，将知识转化为创新行为和活动，以此形成可观的独家优势。

也有部分学者充分利用知识根基、协同网络技巧和交互学习的组成结构视角，整理完善了关于区域经济创新的全部文献框架内容，得出了其在区域经济创新中交互学习行为方式的构成和内容，并在此基础上做了大量的定性和定量探究，最终完成了对交互学习的构成和内容的实证检讨，这些理论为区域经济创新中对交互学习行为的一定探究提供了理论证据和实践证据。Doloreux 提出交互学习的概念或者定义指向企业及其协同创新同伴在共同参与一些改进产品和技术等的活动中体现出来的学习关系和氛围及其整体进程，也就是说是不同组织之间知识产出、转移和利用的进程。

譬如林忠礼、张喜刚指出以往旧模式下的企业联盟一起学习的方式对于联盟的稳固性是没有好处的。如果企业要保证联盟的稳固性，那么企业所处的联盟也就需要有规定的学习方式，就是交互式学习方式。有学者指出，交互学习内容包含合作同伴联合生产知识和合作或挑战进行资源的拓展两方面，以此达到协同合作和良性竞争。张艳、吕冬梅深入研究和探查了组织内部创新的进程，得出了交互学习、知识创造和共担、相邻性和社会植入性四个内里创新的作用点，并分析了内部机制作用的机理。张艳、吕冬梅表示知识动态形成及转移的进程即是交互式学习，显然，其所指的进程由企业及其协同创新同伴来把握、来创造、来实现，而且他们一定存在于同一个机构要素中。王梓蓉、施宏伟采用知识链节点的行为内容描述组织之间学习的动态进程，解析出企业学习对于知识异质性以及企业探索式、利用式创新点的关键要素。在企业学习异质性知识和企业探索式创新的根基上，描述互交互式学习进程的异质性知识产生新知识的动能关系，再进行全方面平衡的解析，考察企业探索式创新的持续发展可能性及政府可以出台的相关政策。

对于协同创新网络，企业及其协同创新同伴一直保持交互学习，获取工艺、方法、战略，再加以吸纳，将新谋略与原来的旧谋略相互修容、改进，

过程末端化解成为组织独有的知识领域和谋略，以此走出企业停滞不前的困境，真正意义上完成企业的探索式创新。在协同创新网络中包括以下几个组织之间的交互式学习：企业及其供应链相关的协同创新合作同伴，譬如我们时常说的企业的比赛对手、供应商和客户等采取一系列的合作联系和学习过程；还譬如，企业及其集群对外的一些机构采取一系列的合作联系和学习过程（包含机关单位、科研政策机构等）。以上说的两个类型的交互学习过程，基本上是全方面综合融会贯通企业及其协同创新合作同伴成员，体现了其对企业探索式、利用式和开发式创新的极其有意义的方方面面。收集里伴随的交互学习，调动和汇集了协同网络中所有相关的企业需要得到的新的技术工艺等资源的总和，还会在企业探索式和开发式创新的进程中发挥黑马的作用，让人刮目相看。综上所述，交互学习可以融合企业及其协同创新同伴在寻求突破探索式创新的几个差异化阶段和层次，使其彼此相连、彼此赞同，从而表现出整体一致性，有利于企业实现创新，也有利于集群进行转型升级。

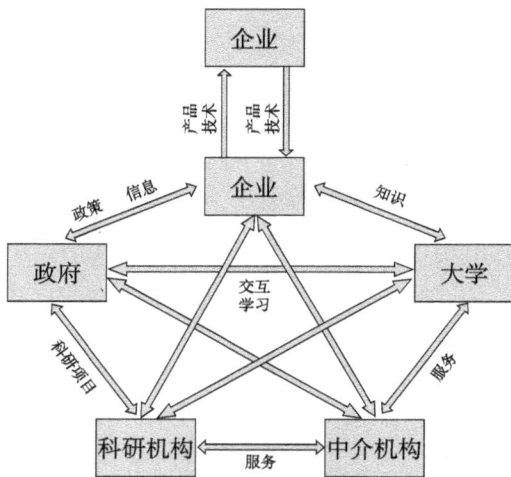

图 4-2 交互学习观点模型图

交互学习立足于企业及其协同创新同伴的两两影响之间，但是我们说的两两影响关系包括企业主体和另一个组织主体。本书所定义的交互学习的几个核心参与者包含企业、高校科研机构、中介机构和金融机构等，其互动学习时，形成以知识创造为导向的交互学习的开放的稳定结成协同网络的关系。

4.2.2　正式交互学习和非正式交互学习

关于企业网络与组织间学习相互关系的论述，现有文献研究两者关系时主要有两种观点，已有的学术成果概括出了相当典型的可以接受的观点。第一种看法是如何构成企业协同创新网络的过程和缘由，因交互学习才有了协同创新收集，简而言之就是交互学习是引发协同创新收集的导火线；另外一个看法是反过来从已经构成的协同创新收集发挥的作用和意义着眼，提出协同创新收集为企业之间或者企业和其协同创新收集同伴之间的学习提供了有意义、有价值的手段和方式。Walter 及相关学者指出，协同创新收集和企业及其协同创新同伴间的交互学习是不可分割的一个整体因素，如果我们只研究协同创新收集的话，就不能很好地研究真正意义上的交互学习；同理，如果我们只研究交互式学习的能力和企业探索式创新的关系，那我们的网络就黯然失色，没有了意义。

集群企业之间以及集群企业与群外企业机构间结成的正式战略性网络关系对于当前竞争环境下集群企业的创新具有尤为重要的作用。例如，Lorenzoni（2010）借鉴 Gulati 等（2000）人的研究，提出集群企业应致力于构建包含战略联盟、合作经营、长期供应链伙伴关系等具体类型的"战略网络"，这些不同于传统地方嵌入性关系的网络由于能够促进网络成员在各司其职的战略安排上保持资源异质性，从而更有利于企业间形成协同，激发知识创造并获取创新所需的长期性战略资源。Huggins 等（2012）提出了与之类似的观点，他们将集群网络分为联盟网络（alliance networks）

和联系网络（contact networks）两类，并指出前者能更有效地促进企业的创新绩效。在国内研究方面，邬爱其（2009）提出了包括异地同产业学习、异地跨产业学习和本地跨产业学习的超集群学习模式，并指出这种超越了传统地方网络知识渠道的学习模式是集群企业开展探索性创新和实现业务、战略转型的迫切要求和必然趋势。

多数研究认为各类网络对于集群企业的创新和知识学习主要发挥积极作用。在这其中，相对较早的研究主要聚焦于集群地方网络的作用。例如，Maskel 和 Malmberg（1999）、Asheim（1999）等研究者提出的地方化学习理论认为，地理邻近性和社会邻近性能够通过促进地方网络关系的构建来有效促进集群内行动者之间的交互学习，从而推动集群内知识的创造、扩散和维持，最终推动集群组织创新并形成持续竞争力。Keeble 和 Wilkinson（1999）等研究者总结的集体学习理论则认为，集群组织可通过供应链关系、组织彼此合作、人员流动、企业衍生、企业与知识型机构联系等五种网络交互机制来促进相互间的知识共享和知识创造。

从图 4-3 中可以看出，正式交互学习主要在企业与相关企业（供应商、竞争者、顾客等）、大学、科研机构、中介机构之间进行，这种学习更多的是以正式交流与合作的形式实现的。目前，许多高科技行业的先进技术都是企业通过与大学或者科研机构相互合作而创造出来的。所以协同创新网络使得企业与其他行为主体相互邻近，企业与外部所结成的交互学习关系网络，通过频繁往复的接触与交流，更增强了主体之间的协作与信任，进行产品交易、知识信息交换等互动活动。而非正式交互学习主要在技术创新网络中的企业家、科技人员、技术中介人、政府官员、投资者等之间进行，这种学习更多的是以非正式、私下的形式进行的。比较典型的是喝茶、朋友聚会、举办各种 party 等。通过相关学者的调查发现，企业中的新思维、新知识，很多都是通过非正式交流途径，相关人员或多或少地会把重组后的观念和创新的点子带回企业中，从而被企业吸收并利用。研究发现，对于一些相对成熟的高科技行业而言，员工之间私下的非正式交互学习是一个重要的内在特征，大多是企业鼓励并支持自己的员工在工作之余参与这些非正式组织，与其他人员进行沟通、互相学习。

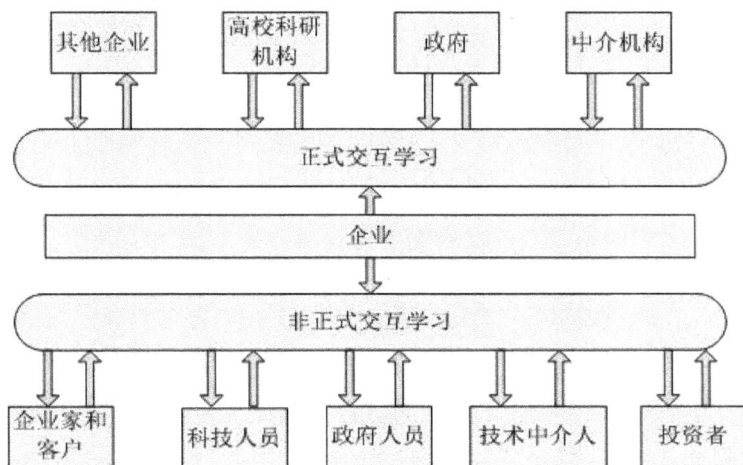

图 4-3　正式交互学习与非正式交互学习模型图

4.2.3　交互学习对企业协同创新的影响

企业绩效的提高是企业不断提升自身的要求，影响企业绩效的因素很多，如何提升绩效的对策也很多，国内外学者对企业绩效的研究已经相当深入。目前，已经有较多的研究刻画了交互学习与企业创新绩效之间的正向作用关系。Argyris（1978）认为交互学习有助于提升企业的变通能力及创新能力。Uzzi（1997）认为网络是学习的潜在源泉，能促进企业间的知识和信息的有效转移。Powell 等也认为企业网络是产生新思想和新信息的重要来源地，企业经过网络交互学习可以获得并利用网络内合作伙伴的知识，从而提升企业的创新绩效。Hult 等（2003） 认为从企业的创新初始阶段到执行阶段都会受到交互学习能力的影响。Stata（1989）认为创新是交互学习的结果，同时也是企业保持竞争优势的关键，企业只有进行创新才能得到提升。McKee（1992）研究发现组织学习对组织的产品创新存在正向关系。

正如前面所述，企业探索式创新是一个动态的相互关联和学习的过程，企业技术创新网络中的交互学习就是企业与其他主体之间相互影响，相互启发、协调和作用的一系列活动，从而有利于企业获取创新路径，找到解决创新问题的方法。在协同创新网络中的所有参与者相互之间合作、交流和学习，正如"头脑风暴法"，可以激发更多创造性的知识和技术，提出更好的解决问题的方法等。因此，协同创新网络中的交互学习可以调整和影响各个主要创新要素，同时有利于集成各个要素的专有知识，将科研、技术、产业等方面的创新力量整合到一起，逐渐促进企业的探索式创新。

本研究参考狄德曼革新共同生存模式，解析交互学习是企业及其协同创新同伴在探索式和利用式创新的进程中促进企业创新的不可或缺的一员。企业举行探索式、利用式创新的进程中，每一个项目都会和企业之外的组织有一些交互学习和合作。譬如企业在平时的生产或者工艺流程中，都必须时刻关注市场动向及企业主体客户的需求，学习交流清楚他们的主要需求以后，就可以把所了解和整理到的信息进行分享总结，反馈到各个相关职能部门，同时相关职能部门会根据得到的技术或者工艺要求的反馈进行修正和完善。是以，以企业的创新行为和活动为例的一个完整的进程，起点是制造业、技术发展、企业管理、营销等所有的相关的环节，都有断断续续的彼此关照合作、相互学习和改善行为，再而促进聚集技术、创新实力的政治、文化、经济等层面的革新，解决问题，找到创新的新模式。

在协同创新网络中，企业与其他参与者之间进行交互学习，获得新知识、新技能、新技巧，并进行吸收，将新知识与自身的旧知识相互整合、改进，最终成为企业自身的核心知识，从而解决企业创新过程中的问题，并推进企业的创新活动，提高企业的创造能力。协同创新网络中各要素之间的互动学习有：企业与外部其他相关组织，如产业链中的供应商、顾客、竞争对手等进行互动联系和学习交流；企业与地方政府、中介机构和金融机构的互动联系和学习交流；等等。这些交互学习活动，整合了网络内各个要素，从而对技术创新的成功实现起到重要作用。网络中的交互学习，集成和动员了网络内各方面的知识资源和关系，并且在具体创新活动中被激活和发挥出更大的作用。这些交互学习，将网络内技术创新相关组织、人员紧密地联结起来，融合成为一体，积聚力量，使得创新不再是单个企业在推进，而是变为一种网络整体推进的状况。交互学习让不同层次、不同阶段的创新行为相互关联、相互支持，体现出创新的整体相关性，产生由众多创新行为主体及其互动构成的网络系统来推动创新的状况，从而形成最有利于创新实现的机制和非线性模式。虽然研究视角不同，所运用的方法也不尽相同，但学者们一致认为交互学习对企业探索式创新有一定的正向关系。

4.3　本章小结

由上述文献综述可知，网络被视为企业知识、资源的重要来源，网络对企业技术创新的重要性不言而喻，有关网络与创新之间的研究也已得到了长足的发展，丰富的研究成果也为本研究提供了较多的启示。随着创新范式的网络化，只有有效整合利用网络伙伴的新思想、新见解和新技能的企业，才能在全球竞争中保持良好的柔性和比较优势。目前，众多学者对创新网络、交互学习和创新绩效之间的关系展开了相关研究，虽然取得了一定成果，但是仍处于初始发展阶段，而且，针对处于全球化背景中的集群企业创新网络与创新绩效的理论与实证研究也是相当匮乏，因此有必要对现有相关文献所解释的网络现象和效果做进一步的拓展、延伸与深化。

5 / 模型构建与研究假设

5.1 模型概念构建

通过前文的文献综述可得，企业为兼顾现有收益和未来发展，必须进行利用性创新或探索性创新，而随着技术创新的日益复杂化，企业内部的知识资源已无法满足创新的需求，企业必须跨越组织边界以获取外部知识，而企业协同创新网络正是企业获取外部知识的载体。研究结果表明，网络规模对企业成长具有重要作用，尤其是对新建企业而言，企业创新绩效随着网络规模的扩大而增加，适当的网络规模是企业创新绩效的一个重要保障。其次，研究发现，网络异质程度越高，企业间的资源、知识交流频次越高，并将直接或间接地影响企业间的合作关系，从而影响企业的创新绩效。

罗志恒等基于我国中小企业的现状，对网络、资源获取和中小企业绩效关系进行了实证研究，结果显示网络开放性与资源获取能力之间有显著的正相关关系，且随着资源获取能力的增强，企业创新绩效也明显提高。Huggins 等（2012）提出了与之类似的观点，他们将集群网络分为联盟网络（alliance networks）和联系网络（contact networks）两类，并指出前者能更有效地促进企业的创新绩效。在国内研究方面，邬爱其（2009）提出了包括异地同产业学习、异地跨产业学习和本地跨产业学习的超集群学习模式，并指出这种超越了传统地方网络知识渠道的学习模式是集群企业开展探索性创新和实现业务、战略转型的迫切要求和必然趋势。另外，有的学者们将网络关系中资源的范围或最丰富和最贫乏的有价值资源之间的距离定义为网络位差（李煌，2001），来间接测度网络的异质性。网络位差也可以体现出网络成员的异质性程度或网络的非冗余度（Network nonredundancy）（Marsden，1990；Burt，1992）。在国内的一些实证研究中（郧爱其，2004；马刚，2006；等等），在测度方法上主要采用网络中同一类型的合作伙伴之间的规模差距来衡量，差距越大代表异质性越高。

因此本书将协同创新网络的规模、异质性和开放性三个特征纳入研究模型之中。集群企业在独特的集群情境下，企业网络虽然为企业提供了资源，但网络内的知识如何作用于企业内部的探索式创新，这需要企业采取一种战略行为——交互学习，交互学习是对网络内知识的寻找、获取、整合与利用的过程，因而交互学习在企业网络与探索式创新之间具有中介作用。基于此，本书提出了所要研究的概念模型，如图5-1所示。

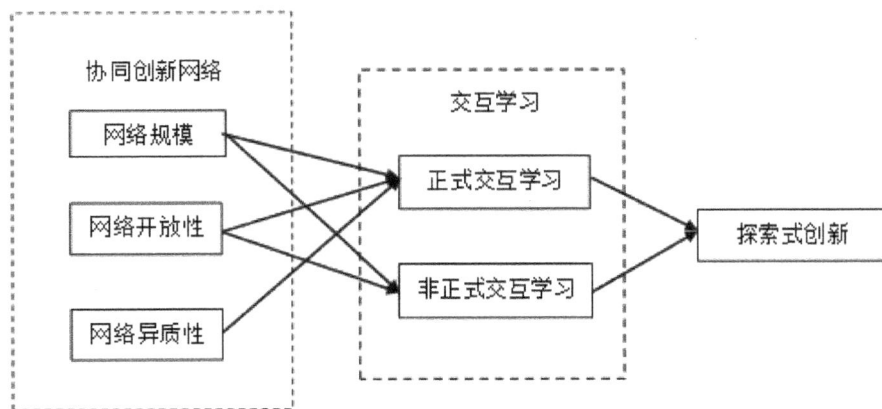

图 5-1 概念模型图

5.2 研究假设

5.2.1 协同创新网络对探索式创新的影响

近几年，国内外学者越来越把注意力投身于协同创新和组织创新的关系研究。从有关综述发现，组织收集规模与合作伙伴和外部资源获取渠道密切相关。企业网络规模越大，越容易接触市场动态和行业变化，则企业探索式、利用式创新能力越强。此外，高强度的网络联系与企业创新绩效也是正相关的关系。网络联系的强度越高，越能保障产品创新和流程创新的成功。谢洪明和刘少川的研究表明，网络强度正向影响企业学习新技术、开发新产品和实现资源共享的能力。王晓娟对知识网络与企业集群企业技术创新的关系进行实证研究，发现网络开放性通过影响企业与外部交流合作机会，来及时准确地把握市场需求，获取最新技术变化信息。综上所述，企业协同创新网络的规模、强度、开放性等特征与资源配置正相关，资源配置有助于企业开发新产品，提升创新绩效。由此，提出以下假设：

H1：协同创新网络特征（网络规模、网络开放性、网络异质性）对企业的探索式创新有正向促进作用。

H1a：协同网络规模与企业探索式创新呈正相关关系。

H1b：协同网络开放性与企业探索式创新呈正相关关系。

H1c：协同网络异质性与企业探索式创新成呈正相关关系。

5.2.2 协同创新网络对交互学习的影响

协同模式是跨区域协同创新网络内部主体之间互动合作的方式。郑勇军和汤筱晓根据产业集群发展的联结模式，提出集群跨区域整合的四种模式，即供应链互补型整合模式（"供应商用户"的纵向配套关系）、资源共享型整合模式（群体企业共用相同的资源、共享共性技术以及共占相同市场）、优势互补型整合模式（各地区之间产品结构的异构互补和产业梯度传递）和蛛网辐射型整合模式（以主导产业或大企业为核心，吸附和发展周围联合配套产业集群从而形成一种网络状的关联拓展关系）。从合作研发、许可证、技术援助、各种正式和非正式的信息交流以及人才引进等方面阐述大学和企业间产学研协同模式。在协调创新网络模式中，各个协同创新网络特征和交互学习是否存在一定的关系，笔者提出以下假设：

H2：协同创新网络与交互学习呈正相关关系。

H2a：协同创新网络与正式交互学习呈正相关关系。

H2b：协同创新网络与非正式交互学习呈正相关关系。

5.2.3　交互学习对探索式创新的影响

依据已有的文献成果和笔者文献阐明，笔者整理出交互学习和探索式创新的双面关系。从全国文献数据库来看，交互学习有利于企业探索式创新活动的展开，也有利于企业提升组织内部的活跃性和积极性。Levitt 和 March（1988）认为网络联系的强度越高，越能保障产品创新和流程创新的成功。谢洪明和刘少川研究表明，网络强度正向影响企业学习新技术、开发新产品和实现资源共享的能力。王晓娟对知识网络与企业集群企业技术创新的关系进行实证研究，发现网络开放性通过影响企业与外部交流合作机会，来及时准确地把握市场需求，获取最新技术变化信息。通过正式交互学习和非正式交互学习，交换企业和组织分别享有的异质性资源，使资源在双方之间进行转移和流通，在整个运动过程中合作双方都能有技术或技能的进步，最终实现企业的创新。（彭新敏，2011）

（1）正式交互学习与企业探索式创新

当下正处于经济快速发展的时代，企业如果还是奉承一成不变的发展理念，势必会在发展的大潮流中迷失方向，这些旧资源旧知识会增加企业寻求新知识的难度，从而导致企业的整体应变能力和解决问题的灵活性都逐渐降低。组织学会合理对资源进行配置和变革，这样才能适应集群变革的新环境。企业在协同创新网络联盟中进行创新活动时，和竞争者、供应商、高校政府等建立起正式的合作和共同研发项目所进行的交互学习，我们认为是正式交互学习。正式交互学习通过合作交流的方式，获得相关行业或者跨行业的新知识、新技能，这个获得异质性知识的过程使企业不断提高其探索式创新的能力。纵然，正式交互学习过程中企业和其同伴可能会研发失败，合作项目需要持续推进也有很高的成本和风险，但是正式交互学习依然可以显著提高企业的创新绩效水平（Levine，Long & Carroll，1999）。

（2）非正式交互学习与企业探索式创新

非正式交互学习通过私下交流等形式，在企业和其合作同伴多次座谈会、头脑风暴等信息和知识的大幅度、快节奏的交互分享中对旧知识旧技能进行革新换代。Rothaermel 和 Deeds（2004）指出，从非正式交互学习对于企业发展的长远角度来看，不仅增加企业与组织之间的交流次数，也加深了他们的交流深度和合作深度，于企业而言，可以增加其市场竞争力。市场的占有率决定着企业的发展机遇，可以说非正式学习为企业的探索式创新打开了一扇门。纵然非正式交互学习从交流学习的途径上来说和正式交互学习相比更显其随意性、不确定性及针对性，但是非正式交互学习依然在交互学习与企业的探索式创新活动中有不可或缺的重要作用（Lewin，1999）。窦红宾和王正斌（2011）认为非正式交互学习获得与自身领域息息相关的技术和知识，并对其不断进行挖掘，创造新的知识，有利于扩大企业的市场并加快企业的成长。

一个企业要立足于市场，在不确定的环境中和其发展阶段、发展规模等因素影响下，必然要求其跳出自己的圈子去寻找新的资源来增强自己的市场竞争力。若企业只是进行一般的学习，比如说通过企业员工的技能培训，或者提高企业中高层领导的管理水平，以及公司引进新的技术设备或者新的工艺机器等方式进行，这些都不能很好地促进企业进行探索式的创新。这些关键因素组成的网络关系也就是协同网络的概念，交互学习正向促进企业和组织构成协同创新网络，正向促进企业进行创新活动，从而有助于其探索式创新能力的提高。由此，笔者提出了以下假设：

H3：交互学习与企业探索式创新呈正相关关系。

H3a：正式交互学习对企业探索式创新呈正相关关系。

H3b：非正式交互学习对企业探索式创新呈正相关关系。

5.2.4 交互学习的中介作用

本书以正式交互学习和非正式交互学习这两类组织学习模式为中间解释机制来探究组织学习在企业网络中对创新绩效的影响。协同网络成为一个平台，来帮助企业和组织展开交互学习。Uzzi（1997）指出协同网络是知识的海洋，有益于改革技术和知识的有效扩散及转移。马汀·奇达夫和蔡文彬（2007）强调对创新学习的知识和技术进行有效的资源配置，对于企业学习和创新有很好的帮助。

（1）交互学习在网络规模与企业探索式创新之间的中介效应

企业在网络中所拥有的网络规模不同，则其在网络中所处的位置也有所区别，交互学习模式及能力也会不同。Koka 和 Prescott（2008）以正式交互学习和非正式交互学习为中介变量，探究了不同的网络规模对企业绩效的影响，发现有较大协同创新网络规模的企业可以通过网络获得大量的异质性技术和知识等资源，有利于企业的正式交互学习，从而促进企业的创新。处于网络位置中心的企业拥有丰富的资源，并且能够不断从内外部获取新的知识和信息，这些资源既包含了冗余性或重复性的信息，也包含了与现有知识有所区别的异质性信息，而这些资源都有助于推动企业进行利用式和探索式学习。

（2）交互学习在网络开放性与企业探索式创新之间的中介效应

企业的网络开放度越高，则其在网络中所拥有或控制的联结情况也有所区别。网络联结强度的区别能为企业提供不一样的知识流动渠道，由此企业开展不同模式的学习，会对企业创新绩效产生不同的影响。强联结能够提升合作双方之间的信任并促进双方进行更深入的合作，有利于企业通过利用性学习深度挖掘已有的技术或市场领域；弱联结由于企业间联系不多，时间也不长，因此降低了企业维持关系的成本，有助于企业大范围搜索异质性信息，促进企业探索性学习和探索性创新。Dyer和Nobeoka（2000）以丰田知识共享网络为研究对象，研究发现丰田与供应商之间的网络联结强度比较高，有利于隐性知识的有效转移以及丰田内部生产知识诀窍和供应商多样化技术的利用性学习，进而提高丰田的创新绩效。钱绍清等（2011）通过实证与案例分析，证实交互学习在网络开放性与企业创新绩效之间起到了一定的中介效应。

（3）交互学习在网络异质性与企业探索式创新之间的中介效应

协同创新网络中的企业由于每个企业都有独立性，它们所拥有的组织架构、理论文化、工艺技能水平、知识丰富水平或者新技术掌握情况都是不一样的，这也造成了企业的探索式创新和开发式创新能力和水平的不一致，具有个体性。在企业资源异质性存在的基础上，企业如果要进行创新活动和项目则需充分利用协同创新网络的负载作用，通过与其他个体的交互学习，搜索异质性知识，理解异质性知识，转换异质性知识，利用和创造异质性知识，使其成为自己创新道路上的帮助。因此，本书提出以下假设：

H4：交互学习在协同创新网络与企业探索式创新之间起中介效应。

H4a：网络规模在影响企业探索式创新的进程中，正式交互学习发挥了其中介作用。

H4b：网络异质性在影响企业探索式创新的进程中，正式交互学习发挥了其中介作用。

H4c：网络开放性在影响企业探索式创新的进程中，正式交互学习发挥了其中介作用。

H4d：网络规模在影响企业探索式创新的进程中，非正式交互学习发挥了其中介作用。

H4e：网络异质性在影响企业探索式创新的进程中，非正式交互学习发挥了其中介作用。

H4f：网络开放性在影响企业探索式创新的进程中，非正式交互学习发挥了其中介作用。

5.3 本章小结

本章在已有理论的基础上，综合运用协同创新网络理论、交互学习理论和探索式创新理论，围绕"协同创新网络与企业探索式创新"这个主要核心问题，阐述了协同创新网络和企业探索式创新两者之间彼此影响和作用的原理，通过对各类文献综述和研究结论的归纳整理，把交互学习纳入考量中介对象，分析协同创新网络在影响企业探索式创新的进程中，交互学习是否发挥了其中介作用。以此，在理论模型的基础上综合归纳了13个假设作为本书研究的主要方向。

表 5-1 本书研究假设

假设类型	含义
H1a	网络规模与企业探索式创新呈正相关关系
H1b	网络开放性与企业探索式创新呈正相关关系
H1c	网络异质性与企业探索式创新呈正相关关系

假设类型	含义
H2a	协同创新网络与正式交互学习呈正相关关系
H2b	协同创新网络与非正式交互学习呈正相关关系
H3a	正式交互学习对企业探索式创新的提高呈正相关关系
H3b	非正式交互学习对企业探索式创新的提高呈正相关关系
H4a	正式交互学习在网络规模与企业探索式创新之间起中介效应
H4b	正式交互学习在网络异质性与企业探索式创新之间起中介效应
H4c	正式交互学习在网络开放性与企业探索式创新之间起中介效应
H4d	非正式交互学习在网络规模与企业探索式创新之间起中介效应
H4e	非正式交互学习在网络异质性与企业探索式创新之间起中介效应
H4f	非正式交互学习在网络开放性与企业探索式创新之间起中介效应

6 ／ 研究方法设计

6.1　问卷设计

鉴于本书的研究是基于集群企业网络与企业创新的研究，无法找到合适的二手数据资料，为此，本研究以问卷发放为主，通过成熟量表来刻画所要研究的题项，同时结合对集群企业的实地调研访谈，收集被调查者关于问卷所提的建议，确保数据来源的真实可靠。在问卷设计中涉及的方法主要有如下三种。

第一，通过大量的文献阅读，厘清社会网络的发展历史和企业创新的概念内涵及两者之间的关系。其次，在国内外学者研究的基础之上，不断比较各学者对各个变量的测度及采用该测度所考虑的环境、产业等因素的影响。最后，结合本研究的研究背景和目的，形成问卷的初步设计。

第二，通过预调研，形成关于问卷的修改意见。本论文与导师的自然科学基金项目相结合，通过跟随基金的研究团队走访附近的产业集群并进行实地调研考察，通过对企业高层的访谈，得到设计该研究问卷的宝贵意见。

第三，本论文作为自然科学基金项目的一个子研究，积极参加每次课题研讨会，而在论文的写作阶段也恰值基金项目的问卷设计与发放阶段。笔者通过这样的契机，一方面认真聆听各位专家对问卷设计的看法，另一方面也参与到问卷的讨论当中，在课题组各位专家的建议之下，进一步完善本书的问卷设计。

6.2 变量测量

集群企业的探索式创新、组织之间的交互学习、企业的协同创新网络（网络规模、网络异质性、网络开放性）以及控制企业年龄和企业规模等变量。

6.2.1 因变量：探索式创新

Jansen 等（2006）从技术与市场两方面对探索性创新和利用性创新进行了量表开发，共采用七个题项进行测量。Alexiev 等（2010）以此为基础，修正了上述提到的量表内容，采用五个题项对探索性创新进行重新测量，同时使用客观二手数据交叉考证的方法对量表的科学性进行了考证。Phelps（2010）则只采用了客观测量法，使用专利的新引用数除以总引用数来测量探索性创新，并采用另外一种客观测量法来进一步交叉验证，就是选择在过去这段日期中的某一个时间点作为分水岭，然后开始考察在这个分水岭过去 3 年，也可以是 5 年或者 7 年中企业有多少专利发明等创新性行为和活动。笔者对于企业探索式创新的考察主要是根据 Jansen 等（2006）和 Alexiev 等（2010）的量表。

表 6-1　因变量测量——探索式创新

变量	题项	测量依据
探索性创新	我们公司最近找到了有发展前景的新技术	Jansen, Bosch&Volberda（2006）；Alexiev, Jansen, Bosch & Volberda（2010）
	我们公司最近开发了新的产品和服务	
	我们公司尝试推出了新的产品和服务	
	我们公司特别看重开发或应用新领域的技术	
	我们公司能利用新市场中的新机遇	

6.2.2 自变量：协同创新网络

已有文献研究表明，网络的规模、异质性和开放性三个特征对企业创新绩效具有重要的影响。Inkpen 和 Beamish（1997）指出集群企业在本地（集群内）的网络规模越大，则其与越多的集群内主体存在网络连带关系，进而可以建立更多的联系渠道，得到更多的资金与资源，获得更多潜在的客户与供应商，汲取更多的技术知识与管理经验等。譬如，网络复制演进模式更突出企业之间信任合作机制的重要性，这有利于企业之间隐性知识的传递，对于企业完善现有技术和产品是至关重要的。而网络重构演进模式则强调企业之间异质性的重要性，这种差异知识有利于拓展企业在技术和产品上的视野，对于企业突破固有思路，颠覆现有的产品和市场发展模式是有利的。两种模式同时存在于集群企业的发展当中，而新入企业具体采用哪种网络发展模式进入网络就需要考虑其所属的环境以及自身的战略制定。

表 6-2 自变量测量——协同创新网络

变量	测量指标	测量依据
网络规模	我们公司创新合作同伴中企业的数量	陈学光（2007）；Lechner，Leyronas（2007）；解学梅等（2013）；Mitchell（1969）；Eisingerich，et al.（2010）；罗志恒等（2009）；邬爱其（2006）
	我们公司创新合作同伴中政府机构的数量	
	我们公司创新合作同伴中大学科研机构的数量	
	我们公司创新合作同伴中金融、中介机构的数量	
网络开放性	我们公司能够与不同区域的创新合作同伴进行广泛联系	
	我们公司能够与不同行业的创新合作同伴进行广泛联系	
	我们公司能够与不同规模的创新合作同伴进行广泛联系	
	我们公司能够与不同技术水平的创新合作同伴进行广泛联系	

续表

变量	测量指标	测量依据
网络异质性	我们公司与创新合作同伴的技术有很大差异性	陈学光（2007）；邬爱其（2006）；Eisingerich, et al.（2010）；唐国华（2010）
	我们公司与主要创新合作同伴不分享市场	
	我们公司与创新合作同伴的文化有很大差异性	
	我们公司与创新合作同伴的产品有很大差异性	

6.2.3　中介变量：交互学习

初次提出交互学习的观点和看法的 Lulldwall 总结，于企业而言，其与其他组织之间的交流和合作引起的探索式创新可以被当作交互式学习。

Doloreux 提出，交互学习的概念或者定义指向企业及其协同创新同伴在共同参与一些改进产品和技术等的活动中体现出来的学习关系和氛围及其整体进程，也就是说是不同组织之间知识产出、转移和利用的进程。林忠礼、张喜刚指出，以往旧模式下的企业联盟一起学习的方式对于联盟本身的稳固性是没有好处的，这也决定了联盟的好与坏。如果企业要保证联盟的稳固性，那么企业所处的联盟需要一种规定的学习方式，即交互式学习方式。

Powell 指出，交互学习内容包含合作同伴联合生产知识，以及合作或挑战进行资源的拓展两方面，既可以达到协同合作又可以实现良性竞争。张艳、吕冬梅深入研究和探查了组织内部创新的进程，得出了交互学习、知识创造和共担、相邻性和社会植入性四个内里创新的作用点，并分析了内部机制作用的机理。张艳、吕冬梅表示知识动态形成及转移的进程即交互式学习，其进程由企业及其协同创新同伴来把握、来创造、来实现，并且他们一定存在于同一个机构要素中。

笔者充分考量自身研究的目标和内容，以此为基础参考了 March（1991）、He 和 Wong（2004）、彭新敏（2009）等学者的测量量表，主要使用李克特 7 级量表、共 6 个题项来测量正式交互学习和非正式交互学习，具体题项如表 6-3 所示。

表 6-3　中介变量测量——交互学习

变量	测量题项	测量依据
正式 交互学习	我们公司与创新合作同伴经常接触以共享资源与信息	March（1991）； He & Wong （2004）； 钱绍青（2013）； 彭新敏（2009）
	我们公司与创新合作同伴经常进行技术合作和交流	
	我们公司与创新合作同伴经常共同解决问题	
非正式 交互学习	我们公司技术人员等经常与大学、科研机构交流学习	曲乃霞（2013）
	我们公司经常参与中介、政府组织的会议或交流座谈会	
	我们公司经常参与行业的相关金融投资研究会议	

6.2.4　控制变量：企业规模、企业年龄

（1）企业规模

企业规模的大小对企业的资源配置、知识获取、战略制定以及创新都会产生影响。一般来说，大规模企业具有更多的合作伙伴，在资源获取上更具多样性和便利性，能够提高企业的创新能力和绩效。而小规模企业的知识获取以及吸收学习能力都较差，一般通过仿制或者市场集中战略来生存。考虑到不同规模企业的网络化能力以及创新行为上的差异，本书将企业规模作为控制变量。

（2）企业年龄

企业在初创期获取资源进行创新活动的方式与在成长发展期的创新行为、成熟期阶段进行探索式创新是不同的，企业成立之初，由于是市场新进入者，本身有着极强的攻击性和占有欲，企业会全身心地投入和竞争者

的角逐中，为了生存获得利益就必须持续地进行探索式或者利用式创新；相反，一个企业到了成熟期或者衰退期，也就是成立 20 年左右或以上，其往往会考虑整体大局或者眼下的利益收入水平，很难再做出突破性的创新来改变企业的现状。由此可以看出，企业年龄和企业探索式、突破式创新的关系密切（Zander et al., 2000）。不过，企业成立在 10 到 20 年的时候，虽然其突破性的能力或意愿有所降低，但是其在长期维持和运营的现状中积累了丰厚的有利于企业发展和创新的资源（He & Wong, 2004）。所以，笔者把企业的年龄纳入控制变量之中，服务于论文的数据分析、验证工作。

6.3　数据收集

本研究作为导师自然科学基金课题的一个子课题，主要研究对象为浙江地区的中小集群企业。

第一，通过导师国家自然基金项目企业调研的机会进行问卷的发放。本课题的研究与国家自然基金项目同步进行，利用企业调研的机会向企业管理人员发放问卷，这种方式主要是在课题团队老师访谈企业前后发放、收回问卷，因此问卷的收回率较高，并且获得的数据也较准确。共发放问卷 50 份，收回问卷 45 份，有效问卷 44 份，收回率为 90%，有效率为 97%。

第二，由于导师在杭州电子科技大学 MBA 担任授课教师，本人在担任助教及访谈过程中向学员发放问卷。MBA 学员中有部分学员是省内各集群企业中不同企业的高管人员，因此选择这些学员作为问卷调查的对象较为科学。共发放问卷 67 份，收回问卷 60 份，问卷回收率为 89%，其中有效问卷为 55 份，有效问卷回收率为 91%。

第三，通过在上海 LERPARK 服饰有限公司实习，得到中高层管理的回收问卷和帮助，以邮件的形式向上述几个集群企业的管理者发放问卷，问卷的发放量较大，回收效果较为理想，总共发放 129 份，回收 85 份，问卷回收率为 65%，有效问卷 58 份，有效率为 68%。

本研究主要通过以上三种方式发放调查问卷，总共发放 246 份，回收 190 份，回收率达到 77%，其中有效问卷 157 份，有效率为 82%，问卷收集有一定难度。

表 6-4　问卷发放与回收情况汇总表

问卷发放与回收的方式	发放问卷（份）	回收问卷（份）	问卷回收率（%）	有效问卷（份）	问卷有效率（%）
课题团队	50	45	90	44	97
MBA 中心	67	60	89	55	91
实习和网络	129	85	65	58	68
合计	246	190	77	157	82

6.4　本章小结

本章主要介绍了研究方法的整个过程，包括问卷的设计、变量的测量以及数据收集三个环节。其中问卷设计经过多次调研访谈、收集专家意见之后修改而成。变量测量当中的网络规模、网络异质性、网络开放性、探索式创新、企业年龄、企业规模都是在已有学者研究的基础之上，同时结合自身的研究目的设计而成的。数据收集环节则主要依靠导师课题组老师以及实习的时候领导和同事的帮助，得到的数据有效性强。

7 / 实证研究结果与分析

7.1 描述性统计分析

本书通过 SPSS19.0 对所收集到的数据进行描述性统计分析，具体分析结果如下表所示。首先从被调查者对企业的了解程度入手，剔除所收集的数据中对问题非常不了解和不太了解的问卷，保证了问卷填写的有效性。本次问卷的填写者需要了解企业的整体情况和基本信息，以保证获取数据的有效性。

表 7-1 问卷填写者基本情况

问卷特征	类别	频次	所占百分比（%）
在该企业的工作年限	1—2 年	54	34
	3—5 年	71	45
	6—10 年	20	13
	10 年以上	12	8
所在部门	管理部门	56	36
	技术部门	37	24
	销售部门	47	30
	生产部门	17	10

续表

问卷特征	类别	频次	所占百分比（%）
职务	高层管理人员	45	28%
	中层管理人员	65	42%
	基层管理人员	47	30%

表 7-2　企业基本信息汇总表

企业特征	类别	频次	累计百分比（%）
企业年龄	1—5 年	25	16
	6—10 年	33	37
	11—20 年	74	84
	20 年以上	25	100
企业规模	100 人以下	11	7
	100—500 人	50	39
	501—1000 人	45	68
	1001—3000 人	34	89
	3000 人以上	17	100
发展阶段	起步阶段	8	5
	成长阶段	67	48
	成熟阶段	65	89
	衰退阶段	17	100
近三年研发占比	1% 以下	5	3
	1%—2.9%	35	25
	3%—4.9%	49	57
	5%—10%	59	94
	10% 以上	9	100

7.2 信度与效度检验

7.2.1 效度检验

为了验证本研究所采用的问卷具有科学性，首先进行效度分析。效度分析包括内容效度和构思效度两个部分。内容效度即指量表的适切性，本研究在参考已有经典文献的基础之上，结合业内专家的意见并修改，具有较好的内容效度。构思效度是指量表反映所测量概念的能力，因子分析则是构建效度检验的常用方法，可以很好地验证研究中所采用的变量是否具有一套正确、可操作的测度。而对于题项是否可以进行因子分析，一般都通过 KMO 值来进行检验。KMO 介于 0 和 1 之间，值越大越适合做因子分析，如果 KMO 值小于 0.5，则表明测量题项未能较好地反映测量指标，不适合做因子分析。在通过 KMO 检验之后，可以利用主成分分析方法，同时进一步采用最大正交旋转来提取共同因子，分别对各测量题项进行检验。

（1）探索式创新的因子分析

首先进行 KMO 和 Bartlett 的球形度检验，判断本书的被解释变量企业创新是否适宜做因子分析，结果如表 7-3 所示。Bartlett 检验值的显著性为0.000，KMO 值为 0.803，根据 Kaiser 给出的 KMO 度量标准可知企业创新满足了做因子分析的条件。从表 7-4 中所有变量的共同度数据中可以看出，在指定特征值大于 1 的提取条件下，企业创新度量量表的绝大部分信息都可以被因子解释。由表 7-5 可以看出，所提取的变量总方差的 72.108%，因子分析的整体效果较理想，表明本书所采用的探索式创新量表具有较好的构建效度。

表 7-3 企业探索式创新的 KMO 和 Bartlett 检验

检验项目	数值
取样足够度的 Kaiser-Meyer-Olkin 度量	0.803
Bartlett 的球形度检验 近似卡方	246.306
df	10.000
Sig.	0.000

表 7-4 企业探索式创新的公因子方差

题项		初始	提取
探索性创新	F1	1.000	0.476
	F2	1.000	0.655
	F3	1.000	0.655
	F4	1.000	0.695
	F5	1.000	0.575

提取方法：主成分分析。

表 7-5 企业探索式创新解释的总方差

成分	初始特征值			提取平方和载入		
	合计	方差的 %	累积 %	合计	方差的 %	累积 %
1	4.738	72.108	72.108	4.738	72.108	72.108
2	0.560	13.545	75.543			
3	0.504	12.163	85.231			

续表

成分	初始特征值			提取平方和载入		
	合计	方差的 %	累积 %	合计	方差的 %	累积 %
4	0.335	7.801	95.342			
5	0.298	6.152	100.000			

提取方法：主成分分析。

（2）企业协同创新网络的因子分析

对协同创新网络的 12 个题项进行 KMO 和 Bartlett 的球形度检验，结果如 7-6 所示。Bartlett 检验值的显著性为 0.000，KMO 值为 0.890，根据 Kaiser 给出的 KMO 度量标准可知协同创新网络满足了做因子分析的条件。从表 7-7 中所有变量的共同度数据中可以看出，在指定特征值大于 1 的提取条件下，协同创新量表的大部分信息都可以被因子解释。由表 7-8 可以看出，所提取的共同因子解释了原有变量总方差的 73.587%，因子分析的整体效果较理想，即协同创新网络的量表设置具有较好的构建效度。

表 7-6　企业协同创新网络的 KMO 和 Bartlett 检验

检验项目	数值
取样足够度的 Kaiser-Meyer-Olkin 度量	0.890
Bartlett 的球形度检验　近似卡方	1006.356
df	66
Sig.	0.000

表 7-7　旋转后的企业协同创新网络特征因子载荷

题项		共同因子		
		1	2	3
网络异质性	C3	0.873		
	C4	0.861		
	C2	0.716		
	C1	0.693		
网络规模	A3		0.811	
	A1		0.775	
	A4		0.759	
	A2		0.744	
网络开放性	B1			0.840
	B2			0.819
	B4			0.657
	B3			0.626

提取方法：主成分分析。

表 7-8　企业协同创新网络解释的总方差

成分	初始特征值			提取平方和载入			旋转平方和载入		
	合计	方差的%	累积%	合计	方差的%	累积%	合计	方差的%	累积%
1	6.557	54.642	54.642	6.557	54.642	54.642	3.143	26.193	26.193
2	1.222	10.182	64.823	1.222	10.182	64.823	2.984	24.866	51.059
3	1.052	8.764	73.587	1.052	8.764	73.587	2.703	22.528	73.587
4	0.686	5.715	79.303						
5	0.512	4.263	83.566						
6	0.460	3.836	87.402						
7	0.348	2.903	90.305						
8	0.313	2.612	92.916						
9	0.271	2.259	95.175						

成分	初始特征值			提取平方和载入			旋转平方和载入		
	合计	方差的%	累积%	合计	方差的%	累积%	合计	方差的%	累积%
10	0.225	1.879	97.054						
11	0.186	1.552	98.606						
12	0.167	1.394	100.000						

提取方法：主成分分析。

（3）交互学习的因子分析

由于交互学习的频率在每年的情况不属于同一范畴，虽然在问卷中涉及该项，但是问卷信息录入中并不会涉及联系频率是每年的情况，因此联系频率项就存在缺失值。对交互学习的 6 个题项首先进行 KMO 和 Bartlett 的球形度检验，结果如表 7-9 所示。Bartlett 检验值的显著性为 0.000，KMO 值为 0.858，根据 Kaiser 给出的 KMO 度量标准可知交互学习满足了做因子分析的条件。从表 7-10 中的所有变量的共同度数据中可以看出，在指定特征值大于 1 的提取条件下，交互学习量表的大部分信息都可以被因子解释。由表 7-11 可以看出，所提取的共同因子解释了原有变量总方差的76.058%，因子分析的整体效果较理想，即协同创新网络的量表设置具有较好的构建效度。

表 7-9 交互学习的 KMO 和 Bartlett 检验

检验项目	数值
取样足够度的 Kaiser-Meyer-Olkin 度量	0.858
Bartlett 的球形度检验 近似卡方	391.370
df	15.000
Sig.	0.000

表 7-10　旋转后的交互学习因子载荷

题项		共同因子	
		1	2
正式交互学习	D1	0.876	
	D2	0.856	
	D3	0.841	
非正式交互学习	E2		0.874
	E1		0.786
	E3		0.741

提取方法：主成分分析。

表 7-11　交互学习解释的总方差

成分	初始特征值			提取平方和载入			旋转平方和载入		
	合计	方差的 %	累积 %	合计	方差的 %	累积 %	合计	方差的 %	累积 %
1	3.533	58.883	58.883	3.533	58.883	58.883	2.421	40.350	40.350
2	1.030	17.175	76.058	1.030	17.175	76.058	2.142	35.708	76.058
3	0.495	8.250	84.308						
4	0.443	7.389	91.697						
5	0.275	4.585	96.283						
6	0.223	3.717	100.000						

提取方法：主成分分析。

7.2.2 信度检验

信度检验是指测验或量表所测结果一致性或稳定性的程度。学者多采用内部一致性 α 系数即 Cronbach's α 系数以及题项间的相关系数来判别一致性程度。DeVellis（1991）等学者认为 Cronbach's α 系数可接受的最小信度值为 0.7，同时，题项间的相关系数（Item-Total）应大于 0.35，只有满足这些条件，才能表明量表所测得的数据具有较好的稳定性。

本书对网络规模、网络开放性、网络异质性、正式交互学习、非正式交互学习、探索式创新的测量题项进行信度分析，整理结果如表 7-12 所示。由表中可知，网络规模的 α 系数为 0.871，网络开放性维度的 α 系数为 0.848，网络异质性维度的 α 系数为 0.897，正式交互学习维度的 α 系数为 0.879，非正式交互学习维度的 α 系数为 0.792，探索式创新的 α 系数为 0.839，所有的 α 系数都大于 0.7，而且测量题项的 Item-Total 相关系数都在 0.35 以上，说明网络规模、网络开放性、网络异质性、正式交互学习、非正式交互学习、探索式创新的测量题项都具有较好的内部一致性，符合信度要求，满足了做多元线性回归的基本要求。

表 7-12　各变量的信度分析

变量	变量维度	测量题项编号	Item-Total 相关系数	Cronbach's α 系数
协同创新网络	网络规模	A1	0.707	0.871
		A2	0.741	
		A3	0.714	
		A4	0.735	
	网络开放性	B1	0.687	0.848
		B2	0.717	
		B3	0.656	
		B4	0.684	

变量	变量维度	测量题项编号	Item-Total 相关系数	Cronbach's α 系数
协同创新网络	网络异质性	C1	0.721	0.897
		C2	0.781	
		C3	0.810	
		C4	0.767	
交互式学习	正式交互学习	D1	0.723	0.879
		D2	0.792	
		D3	0.786	
	非正式交互学习	E1	0.637	0.792
		E2	0.643	
		E3	0.619	
探索式创新		F1	0.537	0.839
		F2	0.677	
		F3	0.669	
		F4	0.704	
		F5	0.612	

7.3　相关分析与回归分析

7.3.1　相关分析

在协同创新网络、交互学习和探索式创新进行回归分析之前，首先进行相关分析，初步判断变量之间是否存在相互作用，再由相关系数的大小来决定回归分析的可行性。笔者借鉴 Pearson 的相关分析法对协同创新网络规模、协同创新网络开放性、协同创新网络异质性、交互学习以及探索式创新进行相关分析，变量两两之间的相关系数如表 7-13 所示。

从表 7-13 可知，被解释变量及解释变量在 $P<0.01$ 的水平上存在显著的相关关系。企业协同创新网络的测量变量网络规模、网络开放性、网络异质性与企业探索式创新都存在显著的相关关系；交互学习的测量变量正

式交互学习和非正式交互学习与探索式创新也存在显著的相关性；而企业的网络规模、网络开放性、网络异质性与正式交互学习、非正式交互学习的相关关系也均显著。但是，相关关系只能验证变量之间存在关联，却不可以验证各变量间存在怎样的因果关系，因此需要进行多元线性回归分析做更精确的检验来确定变量间的关系。

表 7-13　各变量的描述性统计和相关分析（N=157）

变量	均值	标准差	1	2	3	4	5	6
1：网络规模	5.36	0.93	1					
2：网络开放性	5.52	0.75	0.462**	1				
3：网络异质性	5.41	0.95	0.453**	0.491**	1			
4：正式交互学习	5.27	0.97	0.471**	0.538**	0.579**	1		
5：非正式交互学习	5.99	0.70	0.456**	0.554**	0.452**	0.487**	1	
6：探索式创新	5.40	0.82	0.446**	0.496**	0.475**	0.529**	0.514**	1

注：** 在 0.01 水平（双侧）上显著相关，均为双尾检验值。

7.3.2　回归分析

本书第一步检验了研究构建模型的准确性及其可靠性，在这个基础上即检验模型是否存在多重共线性、序列相关性和异方差性等三大基本问题。本书的数据分析得出并不存在如上三个问题，由此进行以下的回归分析，得出科学的结论（马庆国，2002）。回归分析用于考察变量之间的数量变化关系，应用十分广泛。与相关分析不同，变量之间出现了因变量和自变量之间的区别。接下来，本小节将对被解释变量、解释变量之间的关系进行回归分析，以此检验相关假设的合格性。

（1）协同创新网络特征对探索式创新的影响

以协同创新网络为自变量、探索式创新为因变量构建回归模型，检验协同创新网络对探索式创新的影响。其中表 7-14 是协同创新网络特征与探索式创新的回归分析。模型 1 中解释变量只有控制变量，分析企业年龄、企业规模对企业探索式创新是否有显著影响。模型 2 在控制变量的基础之上，分析协同创新网络特征对企业探索式创新的影响。

从模型 1 中可以看出，企业规模对企业的探索式创新在 P<0.001 的水平上存在显著的正向影响。也就是说企业的规模越大，越有利于企业的探索式创新。而企业的年龄即企业所属的发展阶段对企业的探索式创新具有负向影响，即在起步、成长、成熟以及衰退四个阶段中，企业的发展阶段越靠后，企业的探索式创新越弱。

从模型 2 中我们得出网络规模、网络异质性、网络开放性对企业探索式创新具有显著的正向影响。通过回归方程可知，网络规模对探索式创新的回归系数是 0.184，在 p<0.05 的水平下达到显著；网络异质性对探索式创新的回归系数是 0.294，在 p< 0.001 的水平下达到显著；网络开放性对探索式创新的回归系数是 0.219，在 p< 0.01 的水平下达到显著。由此可得，网络规模、网络异质性、网络开放性对企业探索式创新具有显著的正向影响，假设 H1a、H1b、H1c 成立。

因此，企业可以通过扩大网络的规模、加强网络异质性、提高网络强度等方式来实现企业创新绩效的提升。然而，实证结果表明，网络规模的作用相对较小。其可能的原因是：在我国现有的宏观经济体系和市场机制下，基于产学研的部分断层，研究机构、中介机构在企业创新过程中的作用没有得到实质性发挥。网络异质性在网络规模、网络异质性、网络开放

性中的数值最大，说明它在影响探索式创新的主体中作用最明显。网络规模对探索式创新的系数相对最小，可能是因为企业规模本身和网络规模的作用相似，企业规模从实质上也可以影响企业探索式创新的强弱。因此，我们建议集群企业在构建协同创新网络时，要尽可能多地吸纳新成员的加入，并且与其他组织分享异质性知识，扩大协同创新网络的规模，以此来增强企业探索式创新能力；中小型集群企业同时也可以增强网络间联系的多寡，建立相互信任的网络关系，以此增强网络的开放性，进而促进企业创新能力的提升。

表 7-14　协同创新网络特征与探索式创新的回归系数

变量	因子	模型 1	模型 2
控制变量	企业年龄	-0.077	-0.184*
	企业规模	0.415***	0.200*
自变量	网络规模	-	0.184*
	网络异质性	-	0.294***
	网络开放性	-	0.219**
模型统计量	R^2	0.146	0.383
	调整 R^2	0.132	0.357
	F 值	10.774***	15.241***

注：***$p < 0.001$，**$p < 0.01$，*$p < 0.05$；表中的系数为标准化系数；因变量为探索式性创新。

（2）协同创新网络特征对交互学习的影响

本书先以协同创新网络为自变量、正式交互学习为因变量构建回归模型，检验协同创新网络对正式交互学习的影响。其中模型 3 中解释变量只有控制变量，分析企业年龄以及企业规模对正式交互学习是否有显著影响。模型 4 在模型 3 的基础之上分析自变量协同创新网络对正式交互学习的影响。

如表 7-15 所示，协同创新网络对正式交互学习具有显著的正向作用，其中网络规模对正式交互学习的回归系数是 0.147，在 $p < 0.01$ 的水平下达到显著；网络异质性对正式交互学习的回归系数是 0.272，在 $p < 0.01$ 的水平下达到显著；网络开放性对正式交互学习的回归系数是 0.333，在 $p < 0.001$ 的水平下达到显著。由此可得，协同创新网络对正式交互学习有着正向影响，假设 H2a 成立。

表 7-15 协同创新网络特征与正式交互学习的回归系数

变量	因子	模型 3	模型 4
控制变量	企业年龄	-0.013	-0.119
	企业规模	0.438***	0.203**
自变量	网络规模	-	0.147**
	网络异质性	-	0.272**
	网络开放性	-	0.333***
模型统计量	R^2	0.186	0.471
	调整 R^2	0.173	0.450
	F 值	14.435***	21.935***

注：***$p < 0.001$，**$p < 0.01$，*$p < 0.05$；表中系数均为标准化回归系数。

接着以协同创新网络为自变量、非正式交互学习为因变量构建回归模型，检验协同创新网络对非正式交互学习的影响。其中模型 5 中解释变量只有控制变量，分析企业年龄以及企业规模对非正式交互学习是否有显著影响。模型 6 在模型 5 的基础之上分析自变量协同创新网络对非正式交互学习的影响。

如表7-16所示，协同创新网络对非正式交互学习具有显著的正向作用，其中网络规模对非正式交互学习的回归系数是0.186，在p<0.01的水平下达到显著；网络异质性对非正式交互学习的回归系数是0.342，在p<0.001的水平下达到显著；网络开放性对非正式交互学习的回归系数是0.168，在p<0.01的水平下达到显著。由此可得，协同创新网络对非正式交互学习有着正向影响，假设H2b成立。

表7-16 协同创新网络特征与非正式交互学习的回归系数

变量	因子	模型5	模型6
控制变量	企业年龄	0.212**	0.097
	企业规模	0.232**	0.020
自变量	网络规模	-	0.186**
	网络异质性	-	0.342***
	网络开放性	-	0.168**
模型统计量	R^2	0.149	0.389
	调整 R^2	0.135	0.364
	F 值	11.016***	15.671***

注：***$p < 0.001$，**$p < 0.01$，*$p < 0.05$；表中系数均为标准化回归系数。

（3）交互学习对探索式创新的影响

以交互学习为自变量、探索式创新为因变量构建回归模型，检验交互学习对探索式创新的影响。如表7-17所示，交互学习对探索式创新具有显著的正向作用，其中，正式交互学习对探索式创新的回归系数是0.305，在p<0.001的水平下达到显著；非正式交互学习对探索式创新的回归系数是0.345，在p<0.001的水平下达到显著。由此可得，正式交互学习及非正式交互学习对企业探索式创新具有显著的正向影响，假设H3a、H3b成立。

正式交互学习和非正式交互学习对企业探索式创新具有显著的正向影响，但通过回归方程可知，其中非正式交互学习的影响最为显著（β= 0.345），而正式交互学习的影响较弱（β= 0.305）。因此，企业可以积极开展与创新合作同伴的非正式交流，以获得企业所需的知识和技术，从而实现企业转型和集群升级；同时再和创新合作同伴保持正式交流，从而提高技术水平。

表 7-17　交互学习与探索式创新的回归系数

变量	因子	模型 7	模型 8
控制变量	企业年龄	-0.077	-0.146
	企业规模	0.415***	0.202*
中介变量	正式交互学习	-	0.305***
	非正式交互学习	-	0.345***
模型统计量	R2	0.146	0.395
	调整 R2	0.132	0.375
	F 值	10.774***	20.221***

注：***$p < 0.001$，**$p < 0.01$，*$p < 0.05$；表中系数均为标准化回归系数。

（4）正式和非正式交互学习的中介作用

本书首先对"协同创新网络—探索式创新"之间正式交互学习的中介作用进行检验。由模型 9 可得，协同创新网络对探索式创新具有显著的正向作用，在模型 9 的基础上加入中介变量正式交互学习，即得到模型 10。由表 7-18 可知，网络规模对探索式创新的影响由原来的 0.184（p=0.034）下降到 0.154（p=0.076），可见正式交互学习在"网络规模—探索式创新"之间起着完全中介的作用，则假设 H4a 成立；与此同时，网络异质性对探索式创新的影响也由原来的 0.294（p=0.001）下降到 0.238（p=0.010），所以正式交互学习在"网络异质性—探索式创新"之间起着部分中介的作用，则假设 H4b 部分成立；最后网络开放性对探索式创新的影响也由原来的 0.219（p=0.012）下降到 0.150（p=0.101），可见正式交互学习在"网络开放性—探索式创新"之间起着完全中介的作用，假设 H4c 成立。因此，正式交互学习在协同创新网络和探索式创新之间起着部分中介的作用。

接下来对"协同创新网络—探索式创新"之间非正式交互学习的中介作用进行检验。由模型 9 可得，协同创新网络对探索式创新具有显著的正向作用，在模型 9 的基础上加入中介变量非正式交互学习，即得到模型11。由表 7-18 可知，网络规模对探索式创新的影响由原来的 0.184（p=0.034）下降到 0.135（p=0.114），可见非正式交互学习在"网络规模—探索式创新"之间起着完全中介的作用，则假设 H4d 成立；与此同时，网络异质性对探索式创新的影响也由原来的 0.294（p=0.001）下降到 0.204（p=0.027），所以非正式交互学习在"网络异质性—探索式创新"之间起着部分中介的作用，则假设 H4e 部分成立；最后，网络开放性对探索式创新的影响也由原来的 0.219（p=0.012）下降到 0.174（p=0.042），可见非正式交互学习在"网络开放性—探索式创新"之间起着部分中介的作用，假设 H4f 也是部分成立。综合可得，非正式交互学习在协同创新网络和探索式创新之间起着部分中介的作用。

表 7-18　协同创新网络特征、正式和非正式交互学习、探索式创新的回归系数

变量	模型 9	模型 10	模型 11
企业年龄	-0.184*	-0.159	-0.210*
企业规模	0.200*	0.158	0.195*

续表

变量	模型 9	模型 10	模型 11
网络规模	0.184*	0.154	0.135
网络异质性	0.294**	0.238*	0.204*
网络开放性	0.219*	0.150	0.174*
正式交互学习	-	0.207*	-
非正式交互学习	-	-	0.263**
R^2	0.383	0.405	0.425
调整 R^2	0.357	0.376	0.397
F 值	15.241***	13.857***	15.019***

注：N=143；***$p < 0.001$，**$p < 0.01$，*$p < 0.05$；表中的系数为标准化系数。

7.4 结果分析与讨论

综合上一小节的回归分析结果和讨论，本书第三章所提出的研究假设的验证情况如表 7-19 所示。从表中的验证情况可以看出，大部分的结论都与本书所提出的研究假设一致，但是也有部分研究结论与研究假设存在出入。

表 7-19 假设检验结果

假设序号	假设内容	结果
H1a	网络规模与探索式创新呈正相关关系	成立
H1b	网络强度与探索式创新呈正相关关系	成立
H1c	网络异质性与探索式创新呈正相关关系	成立
H2a	协同创新网络与正式交互学习呈正相关关系	成立
H2b	协同创新网络与非正式交互学习呈正相关关系	成立
H3a	正式交互学习对探索式创新的提高呈正相关关系	成立

假设序号	假设内容	结果
H3b	非正式交互学习对探索式创新的提高呈正相关关系	成立
H4a	正式交互学习在网络规模与探索式创新之间起中介效应	成立
H4b	正式交互学习在网络异质性与探索式创新之间起中介效应	部分成立
H4c	正式交互学习在网络开放性与探索式创新之间起中介效应	成立
H4d	非正式交互学习在网络规模与探索式创新之间起中介效应	成立
H4e	非正式交互学习在网络异质性与探索式创新之间起中介效应	部分成立
H4f	非正式交互学习在网络开放性与探索式创新之间起中介效应	部分成立

7.4.1 协同创新网络特征与探索式创新

从控制变量与企业创新之间的关系可以看出，网络规模越大，企业的探索式创新越强。因为规模大的企业往往在集群内存在的年限较久，合作伙伴较多，强联系丰富，在网络内的位置也较中心化，而这些都有利于企业开展探索式的创新。其次，企业的发展阶段越靠前，企业的探索式创新越强，发展阶段越靠后，探索式创新绩效就越弱。这是因为企业还处于初创或发展阶段，其规模较小，管理机制灵活多变，能够快速精准地抓住市场的变化，开展驱动市场型的探索式创新活动；而对于成熟或衰退的企业，企业的市场规模大，达到规模效益，开展风险更小的利用式创新对企业的效益比高风险性的探索式创新更好，企业也不愿意开展探索式创新来摧毁通过自身努力建立起来的市场，所以发展阶段靠后的企业往往存在于一个即将衰退、急需变革的行业中。

7.4.2 交互学习中介作用

本书的实证分析结果首先验证了协同创新网络对企业探索式创新的提高存在显著的正向关系，同时也验证了交互学习对提高企业创新绩效具有显著的正向关系，这一结果为交互学习的中介检验奠定了基础，同时也表明了交互学习水平的提高有利于企业创新绩效的提升。根据交互学习的中介效应检验的回归分析结果可知，交互学习在协同创新网络特征与探索式创新之间有部分的中介效应。

正式交互学习在网络规模和探索式创新之间起到了完全中介效应，网络规模能够直接对企业的创新绩效产生影响，同时也会通过正式交互学习进而影响企业的创新绩效。正式交互学习在网络异质性和探索式创新之间起到了部分中介作用，网络异质性不仅会在一定限度内影响探索式创新，同时也会通过企业和创新伙伴之间的正式交互学习对企业创新绩效产生影响。拥有较强的正式交互学习能力能够有效提高网络规模和网络异质性对企业创新绩效的正向促进作用。正式交互学习在网络开放性和探索式创新之间起到了完全中介作用。这主要是因为协同创新网络的开放性特征越明显，就越有利于企业和其相关企业、政府、大学科研机构、中介等创新合作伙伴之间进行正式交互学习；企业通过正式交互学习能将网络中丰富且宝贵的资源转化为个别企业技术创新的源泉，再进一步促进企业创新活动的实现。

非正式交互学习在协同创新网络的网络异质性与企业探索式创新之间都起到了部分中介作用，也就是说，网络异质性一定程度上在企业和其他创新合作伙伴之间呈正向影响的作用。非正式交互学习的网络规模和网络开放性对企业探索式创新起到了完全中介作用。这表明，网络规模越大，企业在网络中所拥有的全部资源，包括技术链和知识链等资源就越庞大，可获取的资源也越多，将这些相对来说从外部获取的资源进行整合利用，并转化为企业的内部知识，有利于提升企业的探索式创新能力。网络开放性越高，合作企业间相互接触的可能就越大，则越有利于企业管理人员与其他人员以非正式交互学习的方式将隐性知识进行共享与扩散，再将这些知识应用到现有的研究领域，有利于改进技术，改善产品质量，进而提高企业探索式创新。

8 / 结论与展望

8.1 研究结论

本书从"如何界定企业协同创新网络概念及其特征""不同的协同创新网络特征对集群企业的交互学习和探索式创新有何影响？""不同的交互学习模式在协同创新网络和企业探索式之间是否存在中介作用，若存在，是完全中介还是部分中介？"这三个问题出发，首先界定了企业协同创新网络及交互式学习的概念，并在分析其基本特征的基础上，分别探讨了协同网络创新和交互式学习对企业探索式创新的影响。本书依据钱绍青、解学梅等学者已有的研究成果，提出研究的相关假设并画出概念模型，采用线性回归分析浙江中小集群企业实例以检验模型的有效性，结论如下。

第一，在参考各学者相关理论文献的基础上，本书定义协同创新网络为：企业协同创新网络是指企业在创新过程中，同供应链企业、相关企业、研究机构、高校、中介和政府等创新行为主体，通过交互作用和协同效应构成技术链和知识链，以此形成长期稳定的协作关系，具有聚集优势和大量知识溢出、技术转移和学习特征的开放的创新网络。同时，将根据企业协同创新网络的概念，寻出具有代表性的显著特征，从网络规模、网络开放性和网络异质性三个维度，来研究其对集群企业探索式创新的影响。研究结果表明，协同创新网络对集群企业的探索式创新存在显著的正向影响作用。网络规模、网络开放性和网络异质性均对企业的探索式创新存在显著的积极促进作用，企业所占有的协同创新网络规模较庞大，或者网络开放性特征越显著，企业关系越开放，或者企业的协同网络异质性越多，即较于协同创新网络中其他创新合作同伴知识及技术资源差异性明显，则较有利于促进企业探索式创新的提高。

第二，交互式学习有助于企业的探索式创新。正式交互学习和非正式交互学习是企业缺一不可的交互学习模式，都起到了非常重要的作用。然而同时掌握这两种学习方式对于个体企业而言，需要承受的不仅是时间成本，还有经济上的双重负担。因此，企业间的协同创新网络为个体企业解决了这个难题，帮助其提高交互学习效率，增强其获取新知识、新技术的能力。企业的知识和创新通过企业家非正式交互学习的方式扩散开来，从而加深了企业家对于技术创新活动的理解与支持，也提高了自身的技术管理能力。目前，举办了很多企业家论坛，目的是为中国大陆及周边地区企业家提供一个沟通和交流的平台。近距离的交流学习，有利于各种思想的碰撞，便于分享成功的管理经验和技术知识，获取当前最新的产品和技术信息。例如，一些企业的转型和发展是企业的管理人员在与其他企业家聊天过程中，获得相关的投资信息或者当前热门的行业信息，于是将其带回公司并加以利用，使得企业在当今市场中获得一席之位。如温州俊尔高聚物有限公司便是公司董事长在一次与制鞋企业老板聊天的过程中获取市场信息，不仅促进了企业转型，还促进了温州鞋业的生产技术升级。这也可以说明，企业的非正式交互学习能力越高，越有利于企业的创新。

第三，交互式学习是协同创新网络和企业探索式创新的部分中介。对浙江集群企业的实例研究进行多元线性回归分析得出，正式交互学习主要是在网络规模、网络异质化以及探索式创新三部分中起到部分中介的作用；其中前两者既可以直接影响企业的创新绩效，也可以通过正式交互学习间接影响企业的创新绩效。非正式交互式学习对于协同创新网络与企业探索

式创新也起到了中介的作用，其在协同创新网络的网络异质性与探索式创新中起部分中介作用，在网络规模与网络开放性中起完全中介作用。这表明，网络规模越大，企业在网络中所拥有的全部资源，包括技术链和知识链等资源就越庞大，可获取的资源也就越多，越有利于提高企业探索式创新。因此，协同创新网络对企业探索式创新的提升有明显正向促进作用时，与正式交互学习和非正式交互学习的中介作用无法分割。

因此，协同创新网络对企业探索式创新的提升产生影响时，离不开正式交互学习和非正式交互学习。企业形成了协同创新网络联盟，在网络中容易构建良好的信任氛围，可以增强企业与其他创新合作伙伴之间的信任，这对于企业增强交互学习的强度起到很大的作用。同时，鼓励更多的创新合作伙伴加入其中，从研究结果可以看出，企业交互学习能力越强，对企业知识技术获取影响越大，从而促进企业的探索式创新。另外，各创新主体相对聚集，则参与主体间的互动和沟通程度会比较高，有利于企业增强交互学习，从而促进企业获取更多的知识。在良好的信任氛围中，各创新主体间形成畅通的信息沟通渠道及信息共享平台，这有利于各行为主体将各自部分的隐性知识进行非正式交互学习，从而成为网络中的共有知识，这有助于不同组织间进行交互学习和相互理解。

8.2　研究创新点

（1）解析了集群企业协同创新网络特征如何作用于企业探索式创新的本质过程

本书从协同创新网络的角度来探究企业的创新升级问题，认为协同创新网络中的网络规模、网络异质性和网络开放性等特点不仅可以完善地表述其概念和机制，而且对于企业探索式创新有着不可或缺的重要意义。企业在一定层面上实现探索式创新或者利用式创新，进而实现企业的升级。

（2）揭示了交互学习在企业协同创新网络中运作的深刻内涵与重要作用

以往学者从企业的组织学习角度出发，以此作为中间变量考察网络和创新的研究屡见不鲜，这样的研究偏重的是企业内部的学习，比如企业员工的培训和锻炼，新技术的引入学习，新设备和机械的引入，还有新专利和发明等内容。本书在组织学习的基础上，认为交互学习对企业协同创新网络和企业探索式创新有正向影响和促进作用。

8.3　研究不足与展望

笔者虽然在大量文献阅读、专家课题组讨论的基础之上提出了需要研究的问题，构建理论模型，并通过实证研究获得了一些有意义的研究结论。但是研究中还存在许多不足的地方。其中主要的两点不足如下：

第一，样本数量及范围的局限。本书的研究对象是集群企业，中国是产业集群聚集的国家，特别是长三角、珠三角等地区的产业集群对推动地区经济发展起到了关键作用，但本书在研究过程中由于受时间、地域等的限制，问卷的发放目前仅面向江浙沪的产业集群，共收集有效问卷157份。由于不同地区、不同类型的集群企业在技术创新和网络构建等方面均有所差异，因此未来研究对问卷的发放应选择不同地区、不同类型的集群企业，以增加研究结论的普适性，同时还应增加样本量，以提高数据的可靠性。

第二，模型变量选择有待进一步完善。本书构建"协同创新网络—交互学习—企业探索式创新"的理论框架并对相关问题进行研究，在多元回归模型中将企业年龄和企业规模作为控制变量在实证分析中加以控制，以减少研究的异质性，但除此之外对影响集群企业创新与网络构建的其他因素，如企业所处生命周期、企业内部战略，以及企业所处的环境（市场环境、技术环境和制度环境）等未加以控制，因此未来研究在理论模型的构建上应考虑更多影响结果变量的因素，从而使研究结论更加可靠。

针对上述的研究不足，笔者认为未来的研究方向可以从两个方面进行：

第一，结合多案例研究，考察动态视角下，协同创新网络、交互学习与探索式创新三者的演化机理与演化轨迹。案例研究是构建理论的有效方法，多案例分析有助于提高研究结论的有效性。选取多个典型的集群企业为研究对象，从时间维度上对特定研究对象进行纵向分析，总结不同时间段集群企业协同创新网络、交互学习和探索式创新的特征，从而揭示三者之间的演化机制和内在作用机理。

第二，将交互学习能力划分为正式交互学习和非正式交互学习两个维度，可以更加全面细致地探究分析企业与其他创新合作伙伴的不同学习模式，并以此分析其对企业创新的影响。不仅可以按照本书的研究模型考虑交互学习如何影响企业的探索式创新绩效，还可以从二元创新的角度出发，考虑正式交互学习和非正式交互学习与二元创新之间的关系，因此，未来研究可以把利用式创新考虑在内，探讨两者的平衡以及其对集群转型升级的影响。

第三部分

网络能力—组织学习—企业创新

该部分将网络、学习与创新结合在一起，从网络能力、组织学习的视角来研究如何提高集群企业的创新绩效。首先，根据国内外现有研究，对网络能力、组织学习和集群企业创新绩效的概念进行界定，并确定三者的测量维度，将网络能力分为位置中心性、联结强度和资源丰富度，将组织学习分为探索性学习和利用性学习，然后分别对三者进行相应的文献综述，得出相应的概念模型和研究假设。最后，通过问卷调查，对样本数据进行实证分析，通过信度、效度、相关性和多元线性回归分析，检验提出的模型及假设，并得出相应的结论。

9 / 相关理论综述

本章将对企业网络能力、组织学习和创新绩效相关理论进行系统、全面的分析，为界定网络能力的概念、厘清研究变量之间的作用关系提供理论基础。首先，对企业网络能力的内涵和相关研究进行分析，界定网络能力的概念及分析维度；其次，对组织学习进行相关研究分析，主要分为探索性学习和利用性学习这两个维度变量的研究综述；最后，对集群企业创新绩效的概念及测量指标进行研究综述。

9.1 网络能力理论

在竞争越来越激烈、产品升级换代越来越迅速的时代，企业想要从外部获取资源以实现创新活动，越来越依赖于由各种关系交织成的复杂的社会网络。创新是群体行为的结果，企业间的交互能够积极促进创新。由于地理空间上的优势，产业集群成为网络内企业进行学习交流的重要渠道。而信息的广度和有效程度在一定程度上决定了创新活动的效率，网络却能够影响集群企业之间信息广度与有效程度，因此网络对于集群企业的创新来说起到了非常重要的作用。产业集群网络有助于企业间新知识、新技术和新信息的流动与扩散。1998 年，Dyer 和 Singh 通过研究发现，企业间特殊的合作网络已成为企业取得竞争优势的某种重要资源，企业的重要资源或许能跨越企业边界，嵌入企业间的行为和过程。

随着网络的发展，越来越多的学者开始或已经关注到网络对产业集群的影响。现有文献对有关网络与企业创新之间关联机制的研究已有一定进展，其中既包括网络对创新积极影响的探讨，也包括对消极影响的探讨。但是大多研究都是从网络嵌入性、网络结构、网络位置、网络关系等方面分析其对企业创新绩效的影响，从网络能力的视角来进行的研究比较少，对网络能力的概念也未有较一致的界定。

9.1.1　网络能力的概念界定

"位势"来源于物理学和数学，原意指的是物体的位置和势能。英国人口统计学家 Ravenstain 是第一位将物理中的位势理论应用到社会科学研究的学者，他于 19 世纪 80 年代提出与万有引力公式相似的人口迁移模型。蔡西阳（2008）将位势理论应用到企业管理领域，提出企业位势的概念及理论体系，将企业位势定义为各类资源集聚并通过适当整合和改进后形成的势能。

网络能力的概念至今没有一致的界定，从国内外学者的研究中可以发现，网络能力的概念和网络嵌入性、网络位置的概念有所相似，但是又有所区别。网络嵌入性代表了企业在所处网络中的地位、位置以及与网络中其他企业之间的相互关系，这些特征决定了企业在所处网络中能够积聚、组合及配备的资源量，从而影响企业在网络中的行为决策。网络位置是集群企业间比较稳定的一种关系模式（White，1992），Tsai（2001）认为网络位置指的是企业在合作网络中所处的地位，它代表着企业获取知识的途径，反映了企业能够从合作伙伴那里获得收益的能力（Koka & Prescott，2008）。而关于网络能力的研究在国内外均比较少，但也有少数学者对其概念进行了界定。Lin（1982）从个体层面对网络能力概念进行了界定，他认为网络能力是指在个体所拥有的关系网络和企业中握有较高权力地位的个体的联结程度或施以影响的能力。刘闲月等（2012）认为企业的势能来源于自身的能力及控制或占有资源的质和量，而这取决于企业嵌入集群网络中的地位，该地位就是集群企业的网络能力。肖洪钧（2006）认为位势是组织在所处网络中占有的特殊的具有稀缺性的资产，即声誉资产、辅助资产及隐性知识，也包含了消费者和供货商的关系资产。

Kram（1985）认为个人的网络能力高，则更容易接触更多处于掌握权力的高层人员，也就更能够获得低位势人员所不能获得的资源。从企业个体层面看，网络能力能够促使企业获取非冗余知识，在信任与互惠基础上，影响知识共享与获取（Reinholt & Pedersen, 2011）。另外，网络能力与知识的多样性和知识创造间存在相关性，网络能力与知识创造存在倒"U"形关系，而知识多样性能积极调节网络能力与知识质量之间的关系，消极调节网络能力与知识数量之间的关系（Chen & Liu, 2012）。从集群层面看，网络能力能够影响整个集群企业的知识扩散，也能够影响到单个企业在知识扩散过程中对知识的获取能力和配置权力，具体表现为企业占有的网络关系以及在关系结构中占据的网络位置对知识扩散过程的影响（刘闲月等，2012）。聂会平等（2013）基于社会网络的视角，探讨网络嵌入对职员心理契约违背的作用，指出网络能力负向影响职员的心理契约违背，说明与领导建立关系能够获得组织中的最新信息，并能够提高组织对员工个人的重视程度，从而减少双方的预期差距，降低心理契约违背。郭宇钊（2013）认为优异的网络能力有助于企业预测市场需求动态，能为焦点企业提供高质量的合作关系以及较强的讨价议价能力。王志涛（2009）认为在网络中，网络能力越高，越能够实现国际新创企业间的知识传递。任何集群网络中都拥有焦点企业，占据高位势的企业更有可能成为某一单一网络链条上的核心，能够拥有更多的资源，能够更容易地实现知识的扩散和转移。现有文献表明，高位势对企业的成长及创新绩效的提高存在正向的影响。保持高位势的企业一般是产业集群内的领导者，这能够使企业更容易被潜在的资源提供者所认识以及信任。这种位势可以称之为市场棱镜（prisms of market），即给市场内其他企业传递了一个信号，具有高位势的企业代表其地位受信任，拥有高回报，是值得与其合作的。因此，市场内其他企业更乐意对其提供资源和帮助。不断累积的网络关系为企业寻求可靠的合作伙伴及获得有价值的信息奠定了基础（Powell 等，1996）。Gulati（2000）认为，企业在集群网络中所处的地位和所占据的网络关系已成为企业能够依靠的资源，在网络中所占有的关系不同，企业资源的扩散情况以及企业对这些资源的控制能力也存在差异，这些因素必定会对企业创新能力产生影响。

根据现有的关于网络能力的相关理论以及刘闲月等学者对网络能力概念的界定，本书将企业网络能力定义为：企业由于自身能力及占用或控制的资源数量和质量而嵌入集群企业网络中的地位，具体表现为企业在关系网络中拥有的资源禀赋、所处的位置及其与网络内其他企业间的网络关系。

9.1.2　网络能力对集群企业创新绩效的相关研究

通过阅读大量文献，发现关于集群企业网络能力、网络嵌入性、网络位置与企业创新绩效的研究中，绝大多数学者是单独从网络结构或关系结构，或是结合这两个方面来进行研究的，而从网络结构、关系结构以及网络节点这三者对企业创新影响进行的研究比较少。

（1）网络结构的相关研究

Yamawaki（2002）强调产业集群的网络结构能够显著提升企业的创新能力；Britton（2003）对多伦多电子行业数据进行研究，结果证明产业集群的网络结构在提高企业的创新绩效方面占优势。Bartjargal 和 Liu 的研究结果表明社会网络有助于知识和信息的获取从而减少不确定性，降低交易成本和经营风险，进而提高企业的创新绩效。有些学者认为企业网络中心

性、合作关系数量以及网络成员间的较强联系能提高企业创新能力和创新绩效。与网络中其他企业相比，占据更高中心性的企业往往占有更多的网络关系，从而占据网络的中心位置。占据中心性位置的企业较网络中其他企业更容易实现更高的企业创新绩效。企业与其他企业之间的间接接触路径越短，以及在密集的产业联盟网络中的位置越中心化，则对企业的探索性创新会产生积极影响，但这种影响是曲线型的（Karamanos，2012）。

范群林等以成都家具制造产业集群为研究对象，并分别从结构洞、节点度和中介中心度来测量网络位置，研究其对创新绩效的影响，结果表明节点度和中介中心性能够正向提升企业的创新绩效。柴吉孟（2012）从中心性、网络规模和结构洞三个维度对慈溪家电产业集群企业的网络位置与创新绩效之间的影响进行了研究，发现中心性、网络规模对企业的创新绩效存在显著的正向影响。彭伟等（2012）从中心性、结构洞这两个维度探究广州市海味干果专业市场 75 家中小企业的网络位置对企业绩效的影响，发现企业占据网络中心性并占有丰富的结构洞能够正向影响企业绩效。

综上，关于网络结构的研究，大部分学者选择从企业在网络中的位置中心性、企业所拥有的结构洞数量、企业的网络规模等方面来研究网络对企业创新的影响。

（2）网络关系的相关研究

大多学者认为通过企业间网络关系获取信息是企业获得生存和发展的必要资源以及实现创新活动的重要途径。不断累积的集群网络关系是企业获得有价值信息和可靠合作组织的基础（Powell，1996）。王晓娟（2008）认为因为企业的创新行为往往是特定企业为解决问题而逐渐积累学习的成果，创新路径往往受制于企业间的技术相关性以及企业的活动类型，同时，网络节点成员间的频繁交互有助于创新思想的产生。A．Kaufman（2000）指出与供应商、客户等发展优质的合作关系有利于从外部获取创新行为所需的资源。Dyer 和 Singh（1998）指出较好的企业关系，有利于企业挖掘潜在合作伙伴，及时获取准确且真实的信息。王长峰（2011）指出在集群企业网络中，若某个企业与网络中的其他组织建立了比较持续稳定的联结，则其创新绩效通常会比较高。Simsek（2003）也认为企业与网络中其他组织的认知相似程度以及采纳不同程度的技术创新意愿都会受到网络关系的影响。关于网络关系的研究，学者们对企业间形成多大程度的联结强度能对企业创新产生影响并未达成共识。Larson 等指出强联结有利于信息搜索者更好地了解和利用新知识，进而更加有效地提高企业的技术创新绩效（Larson，1992；Hansen，1999）。与此相反，Granovetter（1985）却认为企业之间维持弱联结反而越有利于新知识和异质性信息的扩散，而这些知识信息越有助于提高企业的技术创新绩效。

彭新敏（2009）从联结主体、联结强度、联结数量、联结范围、联结动机、联结久度、联结多重性、联结对称性这几个维度来阐述企业网络联结的测量。Gemunden 等（1996）依据企业与集群网络中合作伙伴的自身特征和联结的不同强度将网络结构分成七种模式，实证分析了网络结构模式的不同对企业的创新影响也不同。Yamawak（2002）通过实证研究证实了日本产业集群内的节点成员的关系确实是以网络的形式存在的，相对于区域联系和国际交易，集群内部的网络联结更有利于提升企业的创新能力。Britton（2003）对加拿大产业集群的实证研究也获得了类似的结果。

综上，关于网络关系的研究，大多学者选择从网络中企业间的联结强度、联结质量、联结久度等方面研究网络关系对集群企业创新的影响。

（3）网络结构和网络关系相结合的相关研究

对网络结构和网络关系两个概念同时进行研究的文献也有不少。Nooteboom 等对不同产业集群中的技术联盟进行了研究，结果表明网络结构中的网络密度和网络中心度等变量会影响企业的创新绩效。王长峰

（2011）将企业的外部网络拓扑结构作为中介变量，包括网络密度、网络中心性和网络联结强度三个维度，探究外部知识属性、企业外部网络拓扑结构对企业创新绩效的影响。任胜钢（2011）通过实证分析得到联结强度、网络密度和网络位置都对渐进性创新存在正向关系，对突变型创新存在负向关系，网络异质性对渐进性创新存在负向关系，但对突变性创新存在正向关系。董芳（2011）从网络联结强度、网络位置中心性这两个维度对我国家纺产业集群企业的创新绩效进行了研究，发现网络外部联结强度对企业的创新绩效有显著的正向关系，网络内外部的位置中心度对企业的创新绩效都存在显著的正向关系。张晓婧（2012）从关系嵌入和结构嵌入维度来测量网络嵌入，并以长春高新区集群企业为实证研究背景，探究了企业网络嵌入对创新绩效的作用机理，发现网络中心性、网络密度、信息共享、信任程度、共同解决问题对企业创新绩效都存在显著的正向促进作用。

（4）从多维度来探讨企业网络的相关研究

Galaskiewicz 和 Zaheer（1999）认为网络应该从三个不同层次的维度来分析：①网络结构维度，指的是企业所嵌入网络中的整体关系形式，主要分析整体网络结构，具体测量内容包括网络中心性、网络密度、结构洞等；②网络成员维度，指的是网络的组成部分，包括核心企业及网络中其他成员的身份、地位、资源等特点；③网络关系维度，是用来整治网络中侵犯行为的制度及规范的集合，主要包括联结性质、联结强度等。Johnston 也认为，因为产业集群具备了构成网络的三个基本要素——活动、资源和活动主体，所以能被视为一个网络。

集群网络中，企业作为网络中的成员，其自身的身份、地位、资源禀赋对其所处网络中的位势也是有一定影响的。许登峰（2010）认为集群网络中各成员的知识存量不一，知识存量较少的企业为了实现企业的持续发展，必须努力加强与知识存量较高的企业间的联结，并努力加强组织学习能力，从网络中获得新的知识；知识存量较高的组织，应该不断地向网络中的其他组织输出信息、知识等资源，来维持自身在网络的中心地位，从而获得更多的信息及知识。因此，不论是知识存量高还是知识存量低的企业，在企业网络中的合作都能够促进信息和知识的扩散与分享，提升企业的组织学习能力和创新。而企业的知识存量就是其资源禀赋的一种体现。李志刚等（2007）对集群企业网络的成员、结构、联系及功能等做了研究，探讨了网络结构对集群企业创新能力和绩效的影响，得出企业所嵌入集群的联系强度、网络密度、互惠性、持续性、中介性和资源丰富程度等因素都对企业创新绩效起到了促进作用。范群林（2012）重点从网络结构，其次从企业综合实力、领导者创新能力，对比研究了网络结构对企业内部因素间的影响。蔡玮（2010）指出中国工业园区数量较多，然而由于园区和企业内部的资源禀赋较为低下，企业需要更多借助外部网络来实现企业目标，依赖于获取外部的网络资源来提高企业绩效。郭宇钊（2013）从企业的资源禀赋、在网络中的位势优越性、联结广度和强度、网络密集型和稳定性这几个维度对价值网络结构对开放性创新绩效的作用机理进行了研究。

综上，影响企业从网络获得价值和实现创新的因素包括了结构、关系和节点三方面。虽然大多学者从网络结构和网络关系这两个维度来进行研究，但是每一个企业被抽象成为一个同质的点，这些学者的研究忽略了每个节点特征（方刚，2010）。姚小涛和席酉民（2008）也确切提出只有将网络结构、网络关系与网络节点本身的特点相结合，才能全面深入了解企业网络的价值。因此，本书将在网络结构维度和网络关系维度的基础之上，加入网络节点维度，以测量企业的网络能力。

9.1.3　网络能力的测量指标

根据上一节内容，本书将从网络结构、网络关系以及网络节点特征这三个维度来测量集群企业的网络能力。

（1）网络结构维度变量的选取

根据现有关于网络结构维度的研究以及利用社会网络法对企业网络进行分析的文献，网络中心性是考量行为个体在网络中重要性的概念工具，能够用来度量企业充当网络中心枢纽的程度。同时，网络中心性也说明了企业在网络中所处的地位、声望及其信息流动性。Tsai（2004）强调网络中心性考察的是企业在网络中的地位，若企业的中心性较高，则表示企业能接近网络中大部分其他节点成员，以及企业处于知识流动的有利位置。企业的网络中心性越高，则越容易接近丰富的资源，而在网络中拥有的多重信息源能为企业带来更多挖掘新信息的途径，企业又可凭借自身能力通过独特的方式对信息进行整合来实现创新。中心性高的企业占据信息优势和具有较强的学习能力，更能够促进企业对知识的整合利用，从而挖掘出新的知识以实现创新（Powell et al.，1996）。因此，企业在网络中的中心性的高低，能够从网络结构方面体现企业在集群网络中位势的高低。

目前，对网络中心性研究的方法较多，主要包括程度中心性（Degree Centrality）、接近中心性（Closeness Centrality）、中介中心性（Betweenness Centrality）等。程度中心性表征某网络节点的结点度或是网络关系的集中程度，也能够表示行为主体在网络中占据核心地位或较高位势的情况。个体行动者的程度中心性越大，说明其在网络中占据的地位也越高，与其存在联系或是合作的其他个体行动者也就越多。接近中心性是根据网络中各结点间的密切程度和距离来度量的中心度，主要是个体行动者与其他行动主体间的短程线距离之和。企业的接近中心性高，其关系距离就比较短，因此能够较快地获取知识和信息，能够避免或减弱信息扩散中的失真情况，获得优质的创新资源，从而可以有效提高企业的创新绩效。与程度中心度相比较，接近中心度考虑了网络中行动者之间的间接关系，这也是两者之间最大的区别。中介中心性度量的是行为主体能够在多大程度上对其他行为主体加以控制，这些行为主体也起到沟通桥梁的效果。Grant通过研究发现中介中心性能够为企业带来更多的机会，并且能够帮助企业有效提高效率。

同时，也有部分学者将这三者结合，从位置中心性的角度来表征企业在整体网络中的地位和位置。位置中心性是表征行为主体在企业网络中所占有或控制的"权力"以及在网络中的位势高低的量化指标。在集群企业网络中，处于位置中心性的企业通常是集群内的核心企业，起到了领导的作用，能够充分利用其中心性位置来协调集群内各企业之间的关系。例如，柳州汽车产业集群中五菱汽车、东风柳州汽车等公司属于集群中的龙头企业，在集群中占据了较高的中心性，集群内其他企业纷纷希望与其合作，促进自身发展，故核心企业较高的网络能力能够为企业自身的发展以及集群内其他企业的发展带来一定的联结优势及知识流动渠道，从而对企业个体乃至整个集群的创新绩效产生影响。因此，企业越处于位置中心，则其在网络中的位势越高，越容易获得优质的创新资源，越有助于企业提高对知识的利用学习能力和创新绩效。综上，选取位置中心性来测量网络能力中的结构维度，以表征企业在集群企业网络中的地位及"权力"。

（2）网络关系维度变量的选取

Wellman（1983）指出，在网络中占据高位势的网络节点起着联结网络内其他节点的作用，处于知识和信息等资源的集散位置，能够更方便、及时地获得资源优势。Skvoretz和Agneessens（2004）认为网络联结是一个有意识的过程，具有一定的偏好性，网络节点成员一般倾向于选择与能力强、社会声誉好、技术先进的节点建立联结，而这些节点往往为集群内占据较高位势的核心企业。因此，当一个企业占据高位势时，其可以获得大量的高质量的联结，不仅能够拥有更多机会获取知识，还有利于提高对知识的学习能力和吸收能力。

　　网络联结强度或联结频率是表征网络关系维度的重要测量指标。Johns 和 Demarche（1951）最先采用"强度"来对比组织间关系的程度。Granovetter（1985）把网络联结划分为强联结和弱联结，主要包括联结的持续时间、密切程度、互动频率和互惠合作，并指出强联结有助于提高网络内组织之间知识的传递与交流，提高知识转移和分享的概率，最终实现企业间信息和知识的精确扩散。Charles 也认为，经过与集群企业网络内其他企业的频繁性交互，占据强联结的企业能够有效提高其在网络中的位势，并能够有效促进两者隐性知识的传递，以及企业网络内技术的扩散。网络内企业之间的联结程度越强，则表示企业间占有的信息流动的途径就越多，传递速度就越快，越有利于创新的实现。Dyer 和 Nobeoka 通过对 Toyota 公司的实证研究发现，通过与供应商建立强联结关系能够快速地进行有价值知识及信息的交换和分享。但是，由于网络中各企业所拥有的资源及背景的异质性和多样性，弱联结才是接触新知识、获得新信息的有效途径，这样才能有效促进企业的学习及创新。Rhee 通过实证分析发现，弱联结强度增加了网络成员的异质性和多样性，使得成员能够不被特定的角色所牵制，提高进行探索式学习的可能性，更利于创新行为的实现。随着网络中企业间交互频率的增加，弱联结会导致知识收益逐渐递减，故集群企业需要持续不断地寻求新的异质知识，也就是发展更多的弱联结，在联结强度的不断变化中继续吸收知识并集成创新，这也体现了集群式创新的优势。蔡宁和潘松挺（2008）根据海正药业几十年来的经验进行实证研究，并通过社会网络理论探讨了集群网络中联结强度对企业技术创新模式的作用机理，得到强弱联结与技术创新模式之间存在着良好的耦合度，较低成本和较低的信息冗余是弱联结的两个特征，这有利于企业间传递异质性信息；占据强联结的企业间信任程度较高，有利于企业间对复杂知识的传递；联结强度的不断改变能够影响到企业的技术创新模式，然而企业在选择技术创新模式的同时也需要根据网络联结强度做出对应的改变。此外，Uzzi 指出联结强弱与企业的创新绩效并不是简单的直线关系，而是呈现为一种倒"U"形的相关关系，即网络联结处于中间状态最为理想，既不能太紧导致无法摆脱依赖，也不能太松而导致无法形成稳定的关系。

综上，不论是强联结还是弱联结，都能够对企业在所处网络的位势产生影响，进而作用于企业知识资源的获取和创新绩效的提高，故选取网络联结强度来测量网络能力中的网络关系维度。

（3）网络节点特征维度变量的选取

黄中伟和王宇露（2008）认为因占据良好网络能力而拥有的资源往往比企业个体所拥有的资源更为有用，这主要是因为网络能力所带来的资源是嵌入在企业网络中的，网络中的资源不随个体的变化而改变。知识、技术等资源存量一直被认为是导致企业创造创新能否取得成功的关键资源（Penrose，1959；Prahalad & Hamel，1990）。唐清泉和甄丽明（2009）认为知识是企业最关键的资源，也是企业取得竞争优势的基础。Cuervo-Cazurra 和 C. Annique Un（2010）也认为知识资源是影响企业进行 R&D（研究与开发）的关键因素。本书从资源丰富度来表征企业网络中各节点的特征，不同的资源丰富度会导致企业具备不同的网络能力。

Dyer 和 Singh（1998）以及 Gulati（1999）等学者拓展了传统的资源观，将企业资源的边界从企业内部扩展到企业间网络。网络资源（Network resources），首先由 Gulati（1999）正式提出，是指存在于企业网络之中的企业独特的历史经验，是企业有价值的信息源泉，他认为企业现有的联盟网络资源将影响企业是否进入下一个联盟的决策。石永贵（2009）认为企业网络为组织提供了获取生存与成长的关键资源的重要渠道，这些资源不仅存在于企业内部，同时也存在于企业所处的网络之中，统称为企业网络资源。石永贵对企业网络资源进行了细分，主要包括文化资源、智力资源、

实体资源和关系资源。文化资源、智力资源和实体资源是企业内部资源，而关系资源属于外部资源。关系资源是一种以网络为媒介，以网络内企业主体间的相互信任为基础的资源，指的是企业与竞争对手、供应商、顾客的社会关系。相对于网络中的其他组织，企业依赖网络关系可获得高信誉、高质量的资源和服务，且投入成本较低。但是，关系资源并不一定能够为企业网络成员提供竞争优势，只有网络成员共同维护和遵循某种制度，且在这种制度影响下，行为主体们经过网络关系资源才能得到异质性的资源，从而对企业的创新行为及创新绩效产生影响。

党建兵（2013）指出尽管不同的学者对合作网络中的资源定义有所差异，但这些定义有着共同的本质，即这些资源根植于跨组织联结的关系之中，只有将其纳入网络活动的背景下加以考虑，才能真正理解这些资源对企业创新的意义。在企业网络中，企业的竞争优势以及在网络中占据的位势不但取决于其自身所拥有的资源禀赋，而且会受其合作伙伴的资源禀赋的影响。姚瑞（2011）认为企业资源是企业从事某项技术创新项目之前占有的资源存量，包括企业拥有的内部知识和外部网络关系，即知识资源和关系资源。李宇（2012）认为对于在孵企业而言，网络资源主要来自孵化器，包括孵化器所拥有的能提供给在孵企业的资源，以及在孵企业之间存在的资源。

很多学者认为，在集群企业网络内，丰富的信息资源和隐性知识极大地促进了创新成果的迅速扩散和创新速度的不断提升，集群企业内部以及网络中所包含资源的丰富程度已经成为影响企业创新绩效的重要变量。由此可见，对企业的发展而言，企业自身所拥有的资源禀赋与企业通过网络能够从外部获得的资源均是不可或缺的重要资源。因此，本研究针对网络节点特征维度，选取节点企业的资源丰富度来测量企业的网络能力，本书所指的资源既包含企业内部的资源，也包含外部网络资源，即从知识资源和关系资源这两方面来测量。

9.2　组织学习理论

在日益变化的市场环境下，为满足消费者不断变化的需求，企业在扩大市场占有率、提高核心竞争力以及实现企业的战略目标时往往通过知识等资源做出行动，努力改善或重新规划自身来适应市场。因此，对企业的生存和成长而言，其组织学习能力显得颇为重要。同时，组织学习对于一个组织应对变化、提高创新能力有重要作用。然而，在集群企业网络这一特殊的环境中，组织学习对企业创新绩效同样起着非常关键的作用。

9.2.1　组织学习的概念

March（1958）等学者最早将组织学习用于对政府部门改革的探究，Agryris（1978）等正式提出了组织学习的概念，指出组织学习是组织发现错误，然后根据已有理论重新构建且加以改造的过程。然而，对于组织学习的认识一直没有达成共识，主要是因为不同的学者都是从不同的角度来进行研究的。

Hedberg（1981）认为，企业被动适应现实并利用知识努力推动企业对环境的适应性及操作性的交互，通过组织学习能够理解当前事件的相关原因。Huber（1991）认为，组织学习是由一系列相互作用的过程构成的，包括对知识的搜寻和获得、信息的分布和解释以及组织记忆的过程，以提高组织绩效。Gherardi 和 Nicolini（2000）从关系的角度出发，认为组织学习是在特定的社会文化环境下利用人际关系而进行学习的结果。Meyer（1992）认为组织学习是企业考察、估量事物，并采取应对措施的能力。Pilar、Jose 和 Ramon（2005）指出组织学习是一种对知识进行管理的能力，囊括对知识的创造、获取、转化及整合，并根据所掌握的最新资源进行相应的行为调整，从而提升组织的绩效。Chirico（2008）认为组织学习对组织获得新知识、新技术、新能力和竞争优势非常重要。国内学者陈国权和马萌（2000）认为，组织学习是为适应持续变化的环境，组织不断改善或重新规划自身以提高组织创新能力和绩效的过程。于海波等（2003）认为组织学习是指组织为适应环境变化和实现自身愿景，不断获得新知识、产生新行为，并对其进行解释、整合和规范化提升的社会互动过程。王国荣（2006）认为组织学习是一个创新的过程，通过所获取的信息资源改进自身。李萌萌（2012）将组织学习定义为组织挖掘利用已有知识和探索外部新知识的学习过程。姜劲和孙延明（2012）认为组织学习是企业创新的内在需要，其最终目标是为了实现组织知识的不断更新以及创新绩效的逐渐提升。虽然国内外学者从不同的视角、不同的层面对组织学习进行了定义，界定的含义有所区别，但从不同的视角诠释了组织学习的本质。

9.2.2　探索性学习和利用性学习

蔡彬清和陈国宏（2013）认为组织学习是为获取新知识而进行的信息获取及处理过程，它的目的在于创新。学者们定义了各种不同的组织学习模式，其中二元式组织学习模式（探索性学习与利用性学习）受到广泛认可。1991年，March首次提出利用性学习与探索性学习这两种完全不同的组织学习模式。根据March（1991）对组织学习的定义，探索性学习是指那些可以用"探索、探险、应变、尝试、发现、创新"等术语来形容的学习行为；而利用性学习是指那些可以用"精炼、筛选、生产、选择、实施、执行"等术语来形容的学习行为。朱廷柏（2006）根据相关文献也将组织学习划分为探索性学习和利用性学习，并指出探索性学习是组织持续不断地寻求和尝试新活动形式和过程，以提升组织的效率；利用性学习是组织学习如何提高和改善已有的组织活动和过程，以提高组织效率。蔡彬清和陈国宏（2013）认为探索性学习指的是组织对技术知识等新资源的搜寻和发现，

而利用性学习指的是组织对已有技术知识等资源的扩展和完善。Barkema
（2001）认为利用性学习是对企业内部知识的不断应用，而探索性学习是
对新知识的搜索。Benner 和 Tushman（2003）认为探索和利用都在学习、
改进和获得新知识，探索性学习是在不同的新的轨迹上学习，利用性学习
却是在原有的轨迹上学习。朱朝晖和陈劲（2007）认为，对企业而言，既
要深度优化和升级已有的技术和业绩以保持如今的收益，又要寻求新的技
术和市场领域来获得未来的利润，所以面对持续变化的环境，企业同时需
要利用性学习和探索性学习。

目前有学者根据企业网络的不同特征研究组织学习的作用机理，并将
探索性学习和利用性学习这两种组织学习模式作为企业网络与创新绩效的
中介变量，虽然目前已有一些研究结果，但是进一步探讨探索性学习和利
用性学习的作用路径等仍具有一定的研究意义。对于探索性学习和利用
性学习的概念，国内外学者并没有较为统一的界定。本书主要参考 March
（1991）以及蔡彬清和陈国宏（2013）对探索利用性学习的界定，将探索
性学习定义为组织对新领域的技术、知识等的搜索和挖掘，而利用性学习
则是指组织对已有知识技术等的扩展和完善。

9.2.3　组织学习对企业创新绩效的影响

企业绩效的提高是企业不断提升自身的内在要求，影响企业绩效的因
素很多，如何提升绩效的对策也很多，国内外学者对企业绩效的研究已经
相当深入。目前，已经有较多的研究刻画了组织学习与企业创新绩效之间
的正向作用关系。Argyris（1978）认为组织学习有助于提升企业的变通能
力及创新能力。Uzzi（1997）认为网络是学习的潜在源泉，能促进企业间
知识和信息的有效转移。Powell 等也认为企业网络是产生新思想和新信息
的重要来源地，企业经过组织学习可以获得并利用网络内合作伙伴的知识，
从而提升企业的创新绩效。Hult 等（2004）认为企业从创新初始阶段到执

行阶段都会受到组织学习能力的影响。Stata（1989）认为创新是组织学习的结果，同时也是企业保持竞争优势的关键，企业只有进行创新才能得到提升。McKee（1992）研究发现组织学习与组织的产品创新存在正向关系。

此外，也有学者通过实证分析的方法探讨了组织学习对创新的影响。谢洪明和韩子天（2005）经过对我国华南地区企业的调查，研究组织学习怎样对组织的绩效产生影响，研究结果表明组织学习对企业创新存在显著的直接影响。曾德明等（2010）以我国125家企业为研究对象，实证研究得到组织创新在组织学习和企业绩效间存在部分中介效应。Rowley、Behrens 和 Krackhardr（2000）以制造业、高新技术企业为例，将探索性和利用性学习作为调节变量，实证研究了联结强度在不同产业集群下对组织绩效的影响。王雁飞和朱瑜（2009）对我国珠三角地区217家企业开展了实证研究，运用层次分析法得到组织学习对组织创新与组织绩效有显著的调节作用。Baker 和 Sinkula 以美国411家企业为样本，通过实证研究得到企业只有具备很强的组织学习能力时，才能明显提高企业的绩效。张婧（2013）以珠三角地区的传统产业及高新产业为例，通过实证研究得到探索性学习和利用性学习在外部知识来源与新产品开发项目绩效间均起到部分中介效应，但两者的作用机制却不尽相同。蒋天颖和王俊江（2009）对浙江省78家企业内员工进行问卷调查，实证研究表明组织学习在结构资本、关系资本方面对企业创新绩效存在中介作用。许诺（2013）指出组织学习就是通过改变企业的组织结构、运营模式、生产技术、思想理念，通过调节作用、中介作用或者综合作用提升企业绩效。有些学者将组织学习作为自变量来进行对企业创新绩效的研究；有些学者则将组织学习作为调节变量或中介变量，来研究组织学习对企业创新绩效的关系效应。虽然研究视角不同，所运用的方法也不尽相同，但学者们一致认为组织学习对企业创新绩效有一定的正向作用。

9.3　企业创新能力相关综述

9.3.1　企业创新能力概念界定

"创新"的提出最早可以追溯到 1912 年奥地利经济学家熊彼特的著作《经济发展理论》。熊彼特第一次将"创新"与"发明"区分开来，他认为创新是一个经济概念，而非技术概念，并强调"创新"是一种企业内部行为，在经济体系中起着至关重要的作用。熊彼特认为创新主要包括以下几个方面：①新产品的引进；②新技术的引进；③新市场的开辟；④原材料新的供应来源；⑤实现企业的新组织。创新活动既复杂又广泛，学者们是如何度量企业创新的呢？从国内外有关企业创新的研究可以发现大多学者选择创新绩效（Innovative Performance）作为衡量企业创新的指标，主要是因为创新绩效能够反映企业创新活动的效果和效率。但是在现有的研究中，创新绩效的概念并没有得到一致的界定。

根据国内外文献，国外学者 Hagedoom 和 Cloodt（2003）比较系统地对企业创新绩效概念进行了界定，他们认为应该从广义和狭义两个层面来理解创新绩效。从广义上，创新绩效指的是企业从概念的产生直至将发明创造投放到市场的整个过程中获得的技术、发明和创新方面的成绩；从狭义上，创新绩效是对企业将发明创新投放到市场的程度进行测量的结果，Freeman 和 Soete（1997）指出可以从新产品、新流程或者新设备的引进比率来测量。从广义的创新绩效来看，它包括了企业从研发、专利获取、设计、生产以及最终新产品市场的各个阶段，主要关注的是创新的技术层面以及新产品进入市场的阶段，却缺少新产品能否为消费者所接受、能否在经济上获得收益等方面的考量。

9.3.2　企业创新能力的评价指标

由于创新活动的过程较复杂，且范围广泛，长期以来企业创新绩效的

测量十分困难，至今未有较为统一的测量标准。对企业的创新绩效进行研究时，大多学者从以下三个方面来测量企业创新绩效：

（1）用专利数量和新产品数量来测量创新绩效

Hagedoom 和 Cloodt（2003）用研发成本、申请专利数、引进专利数和开发新产品数量这四项指标来度量创新绩效；姜波、毛道维（2011）从申请专利数、开发新产品数量、新产品销售额占总销售额的比例、开发新产品的速度以及新产品的成功概率这五个题项测量企业的创新绩效。

（2）用对创新内容评价来测量创新绩效

Hung 等（2011）采用工艺创新、产品和服务创新和组织整体创新这三个指标来衡量创新绩效。王长峰（2009）从新产品成功率、工艺创新、产品销售、管理创新和市场创新这五个题项来度量创新绩效。

（3）用创新活动的成果来测量创新绩效

朱秀梅（2009）根据前人的研究，采用创新对企业净利润的影响程度、开拓市场程度、员工贡献程度这三个指标来测量企业创新绩效。Chiu（2009）采用研发效率的提高程度、成功开发新产品的数目增加量以及新产品投放市场的反应时间减小量这三个题项测量企业的产品创新绩效。Ritter 和 Gemuden（2003）采用新产品和新工艺的成功率来测量创新的结果。

然而，也有不少学者同时以上述三个方面或其中两个方面的内容来评价创新绩效。Alpkan、Bulut 等（2010）采用新产品占现有产品组合的比重、新产品与新服务项目的数量、领先竞争对手引入新产品或新服务的能力、工作流程的创新、引进的新产品或服务的品质这几个题项来测量创新绩效。方刚（2011）则从专利数、技术领先、产品领先、工艺一流以及创新成功率高这几方面来测量企业创新绩效。秦剑等（2010）采用新产品的发布数量、性能与质量、品牌形象、市场美誉度、满足顾客需求程度、生产设备、工艺流程、管理控制系统和运营有效性这些相关题项来进行测量。

10 ／ 概念模型与研究假设

在第二章理论综述的基础上，本章主要是对集群企业的网络能力、组织学习和企业创新绩效之间的关系进行理论分析，并提出本书研究的概念模型和研究假设。

10.1 概念模型的提出

根据现有研究以及前两章的分析，本书对集群企业网络能力的概念进行了界定，企业的网络能力指的是企业由于自身能力及占用或控制的资源数量和质量而嵌入集群企业网络中的地位，具体表现为企业在关系网络中拥有的资源禀赋、所处的位置以及与网络内其他企业间的网络关系。与此同时，借鉴 Galaskiewicz 和 Zaheer（1999）的研究，以及网络位置、网络嵌入性的测量指标并结合集群企业网络节点的特征来确定网络能力的测量维度。本书将从企业在集群企业网络中所处的位置中心性、企业在网络中与其他节点之间的联结强度以及企业自身的资源丰富度这三个维度来测量集群企业的网络能力。

李元旭和王宇露（2011）认为在各种网络位置中，网络的中心位置是一种关键位置。处于位置中心性的个体掌握了相对较多的信息渠道，对网络也有更为全面深入的理解，并且在网络中的可见度相对更高，拥有这种地位的成员更容易构建新的价值关系。企业在网络中所处位置中心性越高，企业在网络中的信誉越好，权力也越高，就越有利于企业间的组织学习和创新。Daskalakis 等强调企业间网络联结强度越强，则越有利于企业从网络中获得对自身有用的信息和知识等资源，进而能够不断提升其创新绩效。Charles 认为，经过与集群企业网络内其他企业的频繁性交互，占据强联结的企业能够有效提高其在网络中的位势，并能够有效促进两者隐性知识的传递，以及企业网络内技术的扩散。网络内企业之间的联结程度越强，则表示企业间占有的信息流动的途径就越多，传递速度就越快，越有利于创新的实现。对网络中每个成员而言，其网络联结是异质的，所以组织所拥有的网络资源具有异质性；其实组织的创新合作伙伴也是异质的，因为不同的组织拥有不同的资源禀赋和能力。在集群企业网络能力的研究中，结合网络节点企业的资源特征可以更好地说明处于高位势的企业往往拥有更多的内部资源及网络资源。许登峰（2010）认为集群网络中各行为主体的内部知识存量是不同的，知识存量较多的企业需要通过不断向网络内其他企业输出知识、信息等资源的手段来稳定其在网络的较高位势，进而获取更多资源来实现创新；知识存量较少的企业则需要加强与高位势企业的联结和组织学习能力，以更好地在网络中获取资源及实现自身的成长发展。

然而，组织学习对于一个组织应对变化、提高创新能力等方面起着重要作用。企业通过组织学习可以将从网络中获得的资源转变为企业的资源，尤其是异质性资源对企业的创新起着至关重要的作用。Stata（1989）提出创新是组织学习的结果，同时也是企业保持竞争优势的关键，企业只有进行创新才能得到提升。Hult 等（2004）也认为企业从创新初始阶段到执行阶段都会受到组织学习能力的影响。从前文的文献综述可知下文将从二元式组织学习模式（探索性学习和利用性学习）来探讨组织学习对企业创新绩效的影响。如果企业在网络中处于高位势，它的合作伙伴便比其他成员要多，该企业便拥有更多的资源渠道，其获得的异质性资源也就越丰富，越有助于提高探索性学习的学习效果。Rowley、Behrens 和 Krackhardt 认为，处于较高位势的企业与合作伙伴之间的多元联结能够促进双方的信任，进而提高伙伴间的交互频率和关系质量，有利于合作伙伴共同解决问题，提高了利用性学习的学习效果。

综上，本研究提出以下概念模型，如图 10-1 所示。

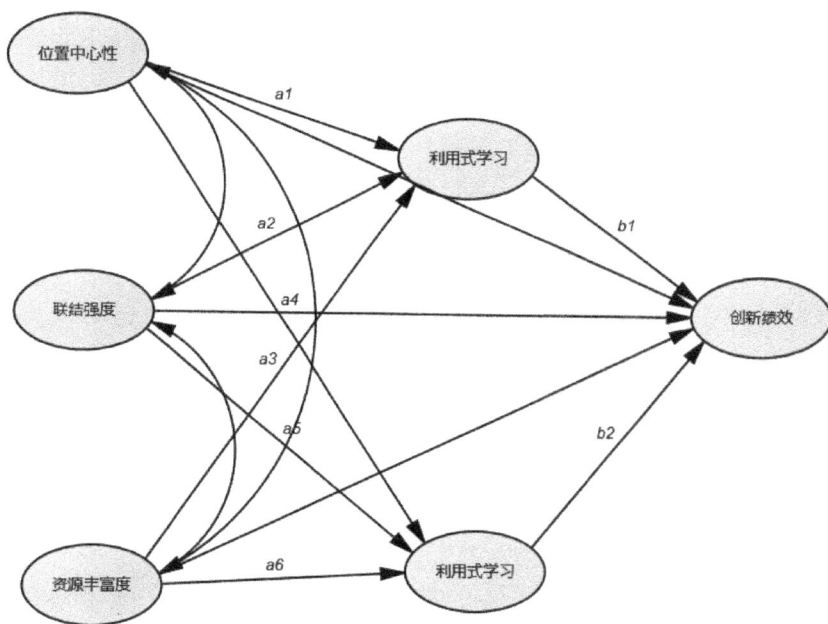

图 10-1 概念模型

10.2 研究假设的提出

10.2.1 网络能力与企业创新绩效

企业在网络中所处的不同位势为企业创造了获取不同创新资源的可能性，这些异质资源对企业的创新绩效是十分关键的。在集群中占据较高网络能力的企业，享受着网络能力所带来的好处，也能为集群带来优质的异

质性创新资源（刘闲月等，2012）。企业的网络能力来自其自身的资源能力、网络关系以及网络结构位势。占据较高位势的核心企业在网络中建立了多重联结，更易于得到丰富的资源传递渠道，能够拥有或控制更多的有利资源。相对于位势较低的企业，占据较高网络能力的企业在知识获取能力和吸收能力上越强，越有利于获得创新机会以实现创新活动。

（1）位置中心性与企业创新绩效

在集群企业网络中，企业若处在网络的中心位置，则该企业往往属于集群中的焦点企业，并担任了领袖的角色，能较好地调节集群中企业间的关系。Wasserman 和 Faust（1994）认为利用中心性来衡量企业在网络中所处地位的重要程度，是社会网络分析方法中的重要变量之一，因为中心性表示企业在网络中的中心程度及汇聚和控制资源的程度。Tsai（2001）指出企业在网络中位置的不同会导致其获得新信息、学习新知识以及实行创新的机会也有所不同。越处于中心位置的企业接近新知识等资源的可能性越大，获得创新收益的机会也就越多。因为相较中心性低的企业，拥有较高中心性的企业拥有更多的联结，能够成为信息集散中心，因此能够拥有更多接触和获得新信息新资源的机会。郭宇钊（2013）认为较高的中心性也表征了企业在网络中拥有较强的地位、权力和影响力，其网络能力能提供给企业高质量的合作伙伴，同时能够推动企业网络的创新路径向着有助于企业自身发展的方向前进。党兴华和常红锦（2013）以国内 133 家企业为研究对象，通过实证研究发现网络中心性与地域接近性的相互作用与企业创新能力存在显著的正向关系。王燕梅（2006）通过对国内机床工业的研究，发现中心性高的企业与多个企业存在联系，更易于从中选择最合适的合作伙伴，同时合作伙伴们也更愿意将其创新带来的好处分享给该企业。

（2）联结强度与企业创新能力

网络联结强度是表示企业网络中关系特性的重要测量指标。Uzzi(1997)

强调组织间保持密切的或是有距离的联结可视为信息流动的途径，重复的网络关系会增加企业共享信息的机会，促进企业利用创新成果的成功率。学者们往往将企业间的联结强度分为强联结和弱联结两种形式。根据 Granovette 的强联结观点，强联结可以提高企业间的信任水平，有利于企业获取存在于网络中或是合作伙伴内部的知识，为企业自身的创新活动注入新的资源。与此同时，企业通过强联结促进相关技术在企业网络中的转移，降低创新风险，对企业的创新有一定的促进作用。Saxenian、Anna Lee 和 Jinn-Yuh Hsu（2001）证实企业间维持强联结关系有利于企业间相互转移与产业相关的技术和知识，企业间密切且频繁的联系能促使技术知识接受方获取所需要的信息，还可以正向影响企业管理和创新能力。相对于强联结观点，Granovetter（1973）的弱联结观点指出由于弱联结主体之间存在差异，因此企业间维持弱联结关系，有利于新鲜知识和信息的传递。弱联结因其开放程度比较高，能延伸到集群网络的外部且易于吸收新组织成员的加入，能实现跨边界组织的互动与合作，很好地降低了知识和信息的冗余程度。由于弱联结主体间联系较少，交互频率较低，相对而言都较独立，所以企业可以不受既定的规范去搜寻新的知识，因此其知识搜索领域较为广泛，这有助于企业开展探索性学习，进而提升企业的探索性创新。蔡宁和潘松挺（2008）通过案例分析，探讨了联结强度对探索性创新和利用性创新的影响，研究发现强弱联结与技术创新模式存在耦合性以及协同演化的特点，强联结有利于利用式创新，弱联结有利于探索式创新。

（3）资源丰富度与企业创新绩效

具有较高位势的企业往往是集群中的核心企业，而核心企业又往往拥有或控制更多的资源，具体表现为企业内部所拥有的资源以及由于合作等关系在网络中所控制的资源。在企业网络中，中小企业可以通过网络获得集群中具有高位势企业的资源来发展自身，同时也能够控制其合作伙伴发

展自身所需的资源（黄江圳，2002）。苏晓华和王招治（2010）以我国高校上市公司为例，通过实证研究证实具有差异性的技术资源由于难以编码化，因而不易被其他组织所效仿，高校衍生企业控制或拥有的此类资源越丰富，其实现创新活动的可能性以及获得竞争优势的潜力就越大。Conner认为企业的能力是企业自身的资源、同行企业的资源以及外部环境共同影响的结果。企业内部的知识资源是研发取得成功的基础，也是企业实现创新的源泉。拥有丰富的内部知识资源的企业对知识的学习和吸收能力较强，能够较快地掌握先进设备和科技知识，也能够不断地提高创新能力，这样才能在同行中处于领先位置，才能拥有较高的网络能力。而企业也可通过网络中的外部资源来获取更多有利于创新的知识资源和市场信息，及时改善生产技术以满足不断变化的市场需求。Lavie（2007）根据美国高新企业的 20779 个联盟数据，通过实证分析发现企业所拥有的技术资源对创新能力存在正向关系。

综上，企业在网络中所处的位势越高，则该企业的创新能力也就越高。网络中心性高的企业因为所占据的中心位置更有利于创新，能够从合作伙伴中获得获取知识、技术以及研发的规模经济效益，其创新能力就会比那些不具有中心位置的企业更高。企业拥有的强联结关系有利于现有知识的转移和整合，而弱联结有利于开发全新的知识，因此企业间的联结强度对利用式创新和探索式创新有一定的促进作用。企业依据自身所拥有的创新资源，并充分利用由于合作等关系获得的在网络中流动的有价值的创新资源，不但节省了企业进行研发的经济成本和时间成本，而且可以降低企业进行技术创新的风险，从而加速了企业的创新。因此，笔者提出以下假设：

H1a：位置中心性对企业创新能力存在正向影响，即企业的网络位置中心性越高，则其创新能力越高。

H1b：联结强度对创新能力存在正向影响，即企业与网络中其他企业的联结强度越强，则其创新能力越高。

H1c：企业资源丰富度对创新能力存在正向影响，即企业的内外部资源越丰富，则其创新能力越高。

10.2.2　组织学习与企业创新能力

根据前文文献综述，本书梳理了组织学习与企业创新能力的关系的研究，发现有较多学者通过实证研究证实组织学习对企业创新能力存在显著的正向影响或是直接影响。Mabey 和 Salaman 强调学习是企业维持创新的关键因素，企业不断地从内外部获取知识来源，通过提高学习、获取、整合和创造的能力来实现成功。Mckee 通过实证研究证实组织学习对企业的产品创新存在显著的直接作用。林勋亮（2011）以珠江三角洲大中型企业为研究对象，通过实证研究也证实组织学习对企业创新存在正向的影响，而且组织学习经过知识管理对企业的创新具有更大的推动作用。 在集群企业网络环境下，资源相对而言并不稀缺，探索性和利用性学习这两种组织学习模式更有可能从组织间获得。如果两个企业拥有互补资源，一个企业进行探索性学习，另一个企业进行利用性学习，然后通过市场或组织联结进行交互，确保双方都能从这种合作交互中得到足够的回报，最终会促进整体的平衡以及组织的成长（彭新敏，2011）。

（1）探索性学习与企业创新能力

在快速变革的环境中，组织已有的实践和惯例可能会降低企业应对新变化的灵活度（Levitt & March，1988），企业应该开发新技术并改革原有资源结构来适应新的环境机会（Karim & Mitchell，2000）。探索性学习的本质就是寻求新的知识，组织的探索性学习能力是组织保持持续成长和成功的一个关键的决定性因素。探索性学习搜索和尝试新领域的技术和资源，一经成功，通过学习过程就可能改变企业的能力并提升企业的创新能力（朱朝晖、陈劲，2007）。虽然，探索性学习需要承担寻求与试验新事物改革失败的风险，但是探索性学习依然可以显著地提高企业的创新能力水平（Levine，Long & Carroll，1999）。

（2）利用性学习与企业创新能力

相对于探索性学习，利用性学习的本质是对已有的技术、知识等资源的深度挖掘及拓展。Rothaermel 和 Deeds（2004）认为利用性学习能够增强企业的市场机会，同时也能够打开企业未来产品的创新通道。尽管通过利用性学习获得的成果创新程度比不上通过探索性学习所取得的成果（Lewin，Long & Carroll，1999），但是利用性学习实现成果的概率更高，许多企业在进行产品创新行为时多数采用利用性学习（Garcia，Calantone & Levine，2003）。Benner 和 Tushman（2003）也指出利用性学习是基于现有的组织知识，未涉及新的技术或市场，但利用性学习涉及对现有技术和产品的改进，同样也能够促进企业的创新。窦红宾和王正斌（2011）认为企业经过利用性学习获得与自身领域息息相关的技术和知识，并对其不断进行挖掘，创造新的知识，有利于扩大企业的市场并加快企业的成长。

对企业而言，企业内部的资源是有限的，这就要求企业必须利用现有的知识、技术等各种资源来实现自身的发展，因此，企业进行利用性学习是有必要性的。但是企业若只是进行利用性学习，这将导致企业很难开发新产品新技术，其市场占有率必会有所下降，为了不断地从外部获得新的知识来实现创新创造，企业也是无法离开探索性创新的。因此，本书提出以下假设：

H2a：探索性学习对企业创新能力存在正向影响，即企业的探索性学习效率越高，企业的创新能力越高。

H2b：利用性学习对企业创新能力存在正向影响，即企业的利用性学习效率越高，企业的创新能力越高。

10.2.3　组织学习的中介作用

本书以探索性学习和利用性学习这两类组织学习模式为中间解释机制来探究组织学习在企业网络中对创新能力的影响。企业间由于合作等关系所构成的企业网络正是组织之间进行有效学习的平台。Uzzi（1997）强调企业网络是学习的潜在源泉，有助于促进技术和知识的有效扩散及转移。马汀·奇达夫和蔡文彬（2007）认为有机结合组织内外部各要素以实现有效的组织学习能够促进企业的生存和成长。Gnyawali 和 Madhavan 认为网络关系位势与网络结构位势影响企业的行为，增强企业的学习能力有利于提高企业的竞争优势。王飞绒（2012）通过对浙江、江苏、上海三地 200 份调查问卷的实证研究，发现组织学习在领导风格与企业创新能力之间起到了完全中介效应。

（1）组织学习在位置中心性与企业创新能力之间的中介效应

企业在网络中所拥有的位势不同，则其在网络中所处的位置也有所区别，组织学习模式及能力也会不同。Koka 和 Prescott（2008）选择探索性学习和利用性学习为中介变量，探究了不同的网络位置对企业能力的影响，发现占据网络位置中心性的企业可以通过网络获得大量的同质性技术和知识等资源，有利于企业的利用性学习，占有中介位置的企业可以获得很多异质性资源，有助于企业进行探索性学习；而利用性学习和探索性学习都有助于提高企业的创新能力。刘涛先（2008）在社会资本的研究中也证实了网络中心位置有利于探索性学习和利用性学习，从而促进企业的创新。处于网络位置中心性的企业拥有丰富的资源，并且能够不断从内外部获取新的知识和信息，这些资源既包含了冗余性或重复性信息，也包含了与现有知识相区别的异质性信息，而这些资源都有助于推动企业进行利用性学习和探索性学习。

（2）组织学习在联结强度与企业创新能力之间的中介效应

企业的网络能力不同，则其在网络中所拥有或控制的联结情况也有所区别。网络联结强度的区别为企业提供了不一样的知识流动渠道，由此企业开展不同模式的学习，从而对企业创新能力产生不同的影响。强联结能够提升合作双方之间的信任并促进双方进行更深入的合作，有利于企业通过利用性学习深度挖掘已有的技术或市场领域；弱联结由于企业间联系并不多，时间也不长，因此降低了企业维持关系的成本，并有助于企业大范围搜索异质性信息，促进了企业的探索性学习和探索性创新。Dyer 和 Nobeoka（2000）以丰田知识共享网络为研究对象，研究发现丰田与供应商之间的网络联结强度比较高，有利于隐性知识的有效转移以及对丰田内部生产知识诀窍和供应商多样化技术的利用性学习，进而提高丰田的创新能力。吴晓波等（2011）通过实证与案例分析，证实探索性学习在关系嵌入与企业创新能力之间起到了一定的中介效应。

（3）组织学习在资源丰富度与企业创新能力之间的中介效应

企业网络中由于网络成员自身的特征，比如资源禀赋、学习能力、吸收能力等各方面因素的不同，其创新能力也存在着明显的差异。占据较高位势的企业往往比低位势企业拥有更多的资源和更强的学习能力，导致不同位势的企业对学习模式和创新行为做出的不同选择。Faems、Van Looy 和 Debaekere（2005）以比利时 221 家制造业企业为研究对象进行实证研究，以网络成员身份来区分探索新创新和利用性创新。研究发现：企业的合作伙伴越趋向于探索性学习，就越能够促进对新领域技术和产品的研发，也越能够促进企业实现探索性创新；企业的合作伙伴越趋向于利用性学习，则越有助于对现有领域的技术或产品的改进，也越能够促进企业实现利用性创新。邱伟年和王斌（2011）发现组织学习在企业的社会资本和能力之间起到一定的中介作用。企业外部的社会资本能够有效促进企业的探索性学习，而探索性学习又对提高组织能力产生影响；企业内部的社会资本则对利用性学习起到积极影响，进而提高组织综合能力。两种学习之间存在协同效应。

因此，笔者提出以下假设：

H3a：探索性学习在位置中心性和企业创新能力之间起中介效应。

H3b：探索性学习在联结强度和企业创新能力之间起中介效应。

H3c：探索性学习在资源丰富度和企业创新能力之间起中介效应。

H3d：利用性学习在位置中心性和企业创新能力之间起中介效应。

H3e：利用性学习在联结强度和企业创新能力之间起中介效应。

H3f：利用性学习在资源丰富度和企业创新能力之间起中介效应。

综上所述，本书的研究假设如表 10-1 所示：

表 10-1　本书研究假设

H1a	位置中心性对集群企业创新能力的提高存在正向影响
H1b	联结强度对集群企业创新能力的提高存在正向影响
H1c	资源丰富度对集群企业创新能力的提高存在正向影响
H2a	探索性学习对集群企业创新能力的提高存在正向影响
H2b	利用性学习对集群企业创新能力的提高存在正向影响
H3a	探索性学习在位置中心性和集群企业创新能力之间起中介效应
H3b	探索性学习在联结强度和集群企业创新能力之间起中介效应
H3c	探索性学习在资源丰富度和集群企业创新能力之间起中介效应
H3d	利用性学习在位置中心性和集群企业创新能力之间起中介效应
H3e	利用性学习在联结强度和集群企业创新能力之间起中介效应
H3f	利用性学习在资源丰富度和集群企业创新能力之间起中介效应

11 ／ 研究方法设计

问卷设计与数据收集方式是否合理，以及收集的样本数据是否符合本研究的基本要求，都将直接影响研究的质量。本章将重点阐明本书的研究方法。首先对本书问卷设计以及数据收集过程进行介绍，然后对本书各变量的测量进行分析，最后阐述本书所采用的研究工具和分析方法。

11.1　测量变量的设计

11.1.1　被解释变量创新能力的设计

本研究中的被解释变量为企业创新能力。一直以来，应用经济学和经济管理领域中关于创新等的研究都会涉及对企业创新能力的测量，然而目前却没有较为一致的度量指标体系。

根据第二章中影响创新能力指标的综述，可以知道学者多从专利和新产品的数量、创新活动的内容或创新成果来测量企业的创新能力。有学者用单一指标来衡量创新能力，如 Katila 和 Ahuja（2002）采用新产品的数量来测量企业的创新能力。但是采用单一指标并不能较为全面地衡量企业的创新能力，容易偏颇，较片面化。大多学者选择用多个指标、多个题项来衡量创新能力，使度量结果更全面、更准确。例如 Hagedoom 和 Cloodt（2003）等认为可以选择用研发投入成本、申请和引用的专利数以及新产品数量来衡量创新能力；Sidhu、Commandeur 和 Volberda（2007）则选择新产品销售额占销售总额的比例以及引进新技术这两方面来表征企业的创新成果，以此来测量创新能力。创新能力的度量既要考虑产品的技术创新，也要考虑产品投入市场后的情况以及对企业收益的贡献。借鉴上述学者对如何度量创新能力的研究，并结合集群企业实地调研和专家意见，本研究将结合技术和市场这两方面的内容，通过 5 个题项来测量企业的创新能力，并利用李克特 7 级量表方法，从 1 到 7 分别表示从完全不符合到完全符合。问卷应答者依据近三年企业与同行业平均水平的比较情况进行评价，具体度量题项如表 11-1 所示。

表 11-1　被解释变量测量——创新能力

测量题项	测量依据
与同行业平均水平相比，贵公司申请和引用的专利数比较多	Hagedoom & Cloodt（2003）；Sidhu, Commandeur & Volberda（2007）；Autry & Griffis（2008）；彭新敏（2009）；董芳（2011）
与同行业平均水平相比，贵公司常常在行业内率先应用新技术	
与同行业平均水平相比，贵公司新产品开发成功率较高	
与同行业平均水平相比，贵公司新产品与服务的市场接受度较高	
与同行业平均水平相比，贵公司新产品销售比例水平比较高	

11.1.2　解释变量网络能力的设计

从第二章文献综述可知，本书将从企业在网络中的位置中心性、联结强度以及企业资源丰富度这三个维度来测量网络能力。

（1）位置中心性的测量

位置中心性是研究网络能力的一个十分重要的概念，用来判断企业在网络中是处于中心位置、边缘位置或是外围位置，并能够衡量企业获取和控制资源的能力。根据不同的研究，学者们选择不同的方法对位置中心性

进行测量。Powell、Koput 和 Smith-Doerr（1996）在生物技术网络的研究中采用表示核心企业联结伙伴数量的程度中心性和表示企业互惠性数量的接近中心性来测量企业的网络中心性。Batjargal 和 Liu（2003）采用网络行为主体接触的广度来度量焦点企业在网络的位置中心性。国内学者邬爱其（2007）、王晓娟（2007）从核心企业的知名度、网络居间性、其他企业对核心企业的依赖程度以及与核心企业建立联系难易程度等方面测量企业的网络位置中心性。企业的知名度主要是指网络中其他企业大多知道或了解本企业的名字、产品或技术；网络居间性主要是指网络中企业经常通过本企业介绍认识或通过本企业进行技术等交流；企业对核心企业的依赖程度主要是指其他企业经常希望本企业提供新知识、新技术和经验等；企业与核心企业建立联系难易程度主要是指其他企业是否能够较容易地与本企业建立联系。洪茹燕（2012）也选择从企业知名度、企业对核心企业的依赖程度等方面测量网络位置中心性。

基于以上研究，并结合企业调研及专家意见，本研究借鉴邬爱其（2007）、王晓娟（2007）和洪茹燕（2012）等的研究，使用 4 个题项来度量企业的网络位置中心性，采用李克特 7 级量表方法，从 1 到 7 分别表示从完全不符合到完全符合，具体度量题项如表 11-2 所示。

表 11-2　解释变量测量——位置中心性

测量题项	测量依据
贵公司在行业内有很高的知名度	Powell, Koput & Smith-Doerr（1996）； Tasi（2004）； Giuliani & Bell（2005）； 邬爱其（2007）； 王晓娟（2007）； 洪茹燕（2012）；等等
很多企业愿意与贵公司进行合作	
其他企业经常希望贵公司提供技术等支持	
其他企业经常通过贵公司提供技术等支持	

（2）联结强度的测量

网络联结强度包括两方面的内容，它强调企业间进行交流的频率以及企业联结中所交换或传递的资源数量（Marrett，1971；Granovetter，1973；Shulman，1976）。作为衡量企业网络能力的另一个重要概念，不同的学者利用企业间联结强度来测度企业网络特征的方法也有会有所不同。Granovetter（1973）提出从四个维度来测量联结强度：双方在某联结中的互惠程度、时间成本、相互信任程度以及情感投入程度。将每周至少互动两次以上的联结看作强联结。于淼（2014）则借鉴 Granovetter 的量表，并根据研究对象的实际情况对其进行删选，通过合作双方正式或非正式交流以及交流频率这两个题项来度量联结强度。类似地，Capaldo（2007）采用联结合作强度和频率以及持续时间来测量联结强度。Uzzi（1997）、蒋天颖和孙伟（2012）等则采用互相信任、共同解决问题和信息共享这几个维度来测量联结强度，且以强联结占所有联结的比重来衡量联结强度。随后也有一些学者选择创新合作双方间的交互频率作为测度联结强度的指标（邬爱其，2007；彭新敏，2009；McEvily & Zaheer，1999；等等）。Eisingerich、Bell 和 Tracey（2009）选择联结的持续时间、交互频率、双方信任程度和合作强度来衡量联结强度。类似地，洪如燕（2012）结合企业调研及专家意见，从合作双方的信任程度、交互频率、合作强度和稳定性来测量联结强度。然而，也有一些学者选择单一指标测度企业间的联结强度，例如 Kraatz（1998）利用合作持久度来测度联结强度；邬爱其（2007）、陈学光（2007）等国内学者则采用合作双方之间的互动频率来度量联结强度。但是大多学者认为采用单一指标测度联结强度并不能较全面地反映企业间关系的强度，因此，本书参考邬爱其（2007）、Eisingerich，Bell & Tracey（2009）、洪茹燕（2012）的相关研究量表，并结合对集群企业的实地调研，采用合作持续时间、亲密程度、互动频率、合作强度、信任水平这五个方面来测量企业间的联结强度，具体题项如表 11-3 所示。

表 11-3 解释变量测量——联结强度

测量题项	测量依据
贵公司与合作伙伴保持长期稳定的合作关系	Granovetter（1973）； Uzzi（1997）； Eisingerich，Bell & Tracey （2009）； Capaldo（2007）； 邬爱其（2007）； 洪茹燕（2012）；等等
贵公司与合作伙伴的关系密切	
贵企业与合作伙伴经常进行信息或技术交流； 合作伙伴与贵公司经常共同解决问题	
合作伙伴不会利用贵公司的弱点来谋取利益	

（3）资源丰富度的测量

根据第二章相关综述，本书从企业的内部知识资源和企业外部网络关系中控制或流动的网络资源这两方面来测度企业的资源丰富度。关于知识资源的度量，不同的学者依据不同类型的研究选择了不同的方法。Zander等（2000）学者开发了企业层面知识资源的测量量表，包含企业拥有的知识产权和研发要素的具有情况。Ding（2003）借鉴前人的研究，基于Zander等开发的量表的基础上，增加了研发团队知识利用程度来测量企业知识资源。刘卫星（2013）根据研究对象，从企业拥有的实物资源、技术资源、人才资源以及企业建立的各种外部关系这四个题项来度量企业的资源。姚瑞（2011）根据前人研究成果以及专家意见，采用知识利用能力和企业知识拥有情况这两方面，通过 4 个题项来度量企业内部知识资源。根据不同的研究对象，学者们对企业网络资源的度量也有所差别。Ding（2003）认为高位势的企业拥有丰富的网络资源，而企业具有"4 个或更少"的组织间关系则被视为网络资源匮乏，即企业处于较低位势。Bian（1997）在研究中要求受访者确定企业所在网络的关键联结方式，并对企业间联结密切程度进行评分，通过各项评分的总和来确定企业的网络资源水平。Stuart（1998）采用合资企业和授权许可协议等正式联结的数量来度量企业的网络资源。李志刚等（2007）认为对资源进行有效利用和整合是影响企业创新能力的重要成分，在创新网络中创新活动对资源的有效性及多样性的要求越来越高，并采用"相比园区内同行企业，贵公司合作网络中流动的信息和知识更为丰富"这单一题项测量企业网络资源的丰富度。姚瑞（2011）采用企业拥有多少相关的技术许可和专利授权使用协议以及拥有多少相关研发联盟和合资合作企业这两个题项来测量企业的网络资源。因此，本书根据前人的研究成果，并结合浙江省集群企业现状以及专家意见，从企业内部拥有的知识产权数量、企业在网络中的威望和声誉，以及企业在网络中拥有的合作伙伴数量和流动的资源数量来测量企业的资源丰富度，具体测量题项如表 11-4 所示。

表 11-4　解释变量测量——资源丰富度

测量题项	测量依据
与同行企业相比，贵公司所拥有的知识产权数量较多	Zander et al.（2000）； Purvis et al.（2000）； Ding（2003）； 李志刚等（2007）； 姚瑞（2011）；等等
与同行企业相比，贵公司拥有更高的威望、更好的声誉	
与同行企业相比，贵公司拥有更多的合作伙伴	
与同行企业相比，贵公司合作网络中流动的信息和资源更多	

（4）组织学习的测量

　　组织学习是企业为保持自身长久的竞争优势，在企业个体、团队、组织等层面运用已有的经验不断获得并创造新知识，并通过共享、整合和利用等方式不断改变组织观念和行为的持续循环过程（王宁，2013）。根据

第二章内容，本书将组织学习分为探索性学习和利用性学习这两个维度，也有较多学者选择这种二元式组织学习模式来进行研究。Sinkula 等（1997）开发了测量组织学习的量表，采用开放心智、愿景及学习承诺三个维度，共 18 个题项，来度量组织学习。Hult 和 Ferrell（1997）根据组织学习的不同性质，从系统导向、记忆导向、学习导向和团队导向四方面，共 17 个题项，来测度组织学习。He 和 Wong（2004）在学习战略的研究中，从探索性学习和利用性学习这两个方面设计了 8 个题项的量表，题项内容主要针对企业近三年创新项目的情况。Voss 和 Sirdeshmukh（2008）对产品的探索性活动和利用性活动进行了测量，共 6 个题项。

国内学者朱朝晖（2008）在研究中也对企业的探索性学习和利用性学习进行了测量，探索性学习主要从企业对新技术领域的知识的有效搜索、获取、共享以及整合这四个题项来进行测量；而利用性学习则从企业对现有技术领域的知识的有效搜索、获取、共享以及整合这四个题项来进行测量。李萌萌（2012）借鉴朱朝晖（2008）开发的组织学习量表，对探索性学习和利用性学习进行了度量。彭新敏（2009）也开发了组织学习的量表，其中探索性学习的测量采用开发革命性产品、挑战传统技术、试验突破性工作方法这 3 个题项；利用性学习的测量选择利用现有技术、现有工艺同过去成功做法相似、产品服务同现有优势结合这 3 个题项。曲乃霞（2013）借鉴 March（1991）和彭新敏（2009）等的测量量表，采用李克特 5 级量表对探索性学习和利用性学习进行了测量。

因此，笔者根据研究对象以及专家意见，借鉴 March（1991）、He & Wong（2004）、彭新敏（2009）等学者的测量量表，分别采用李克特 7 级量表、3 个题项来测量探索性学习和利用性学习，具体题项如表 11-5 所示。

表 11-5　中介变量测量——组织学习

变量	测量题项	测量依据
探索性学习	企业积极开发新的产品和服务	March（1991）；He & Wong（2004）；Jansen（2006）；朱朝晖（2008）；彭新敏（2009）；曲乃霞（2013）
	企业勇于挑战或正在挑战传统的现有技术领域	
	企业能够有效地将所创造或获取的新领域知识整合并加以利用	
利用性学习	企业努力改进现有产品和服务的质量	
	企业现有的工艺与过去的成功做法很相似	
	企业能够有效地将所创造或获取的现有领域知识整合并加以利用	

11.1.3　控制变量企业规模和年龄的设计

根据国内外研究，企业的年龄以及规模等外部因素对企业的创新能力也存在一定的影响，因此本书将集群企业的年龄及规模作为控制变量。

（1）企业规模

企业规模通常能够对企业决策和行为的制定产生影响（Nadler & Tushman，1999），也可能对企业的知识获取以及企业间的联结产生影响（Autio et al.，2000）。规模大的企业能够在网络中建立更多的联结，获得更多的资源投入（Tsai，2000），从而提高企业的创新能力。企业的规模越大，则其资源禀赋越高，在网络中的联结伙伴也就越多，企业能通过更多的途径获得新的知识、信息、技术等资源，借助其较强的组织学习能力和较高的吸收能力将新知识、新技术转化为企业创新活动得以成功的重要来源；而规模小的企业更多通过模仿集群中龙头企业、核心企业来实现经济效益。本书借鉴 Ahuja（2000）等学者的相关研究，采用企业员工总人数来测量企业的规模。

（2）企业年龄

企业的成长年龄能够影响企业的竞争优势、组织学习能力和创新能力（Zander et al.，2000），成立时间越久的企业，通常能积累更多资源和能力，因而越占据经验优势，相反，成立时间较短的企业却拥有更强的生成新知识的能力（Ahuja et al.，2000）。因此，本书将企业年龄作为控制变量，并以企业自成立以来至 2013 年的年龄来测量。

11.2 预测试问卷数据的设计与收集

11.2.1 预测试问卷设计

由于本书的研究是基于集群企业层面的研究，无法获得关于企业网络能力、组织学习、企业创新绩效等变量的二手资料，因此，本书为确保数据来源的真实性、有效性及可靠性，通过对集群企业的实际调研访谈来设计问卷及收集数据。本书主要采用以下三种方式来设计调查问卷：

（1）总结国内外现有研究成果

通过阅读大量的国内外相关文献，归纳和总结国内外学者的研究方法，并对各学者的相关变量测量进行比较。虽然，关于企业网络能力对创新能力的影响的研究并不多，但关于企业网络位置、网络结构、网络关系、网络嵌入型、企业社会资本等对企业创新能力的影响的研究相当丰富，本书借鉴学者已开发和使用的量表并结合本书的研究对象，得到本书问卷设计的方法以及测量变量的量表，以确保本研究问卷设计的科学性与有效性。

（2）学术研讨会的讨论

由于本书的研究内容是基于导师的国家自然科学基金项目，课题组会定期开展学术讨论，在学术会议中征求各位老师的意见及建议，对本书问卷进行逐步修改。

（3）企业调研及现场访谈，对问卷进行小样本试验

利用课题调研的机会，实地走访了相关产业集群里的重要代表企业，通过与企业相关负责人的交流，对问卷进行前测以确保问卷的信度及效度。

11.2.2　数据收集

本研究对象主要是浙江省的产业集群企业，问卷发放对象为产业集群企业内的管理人员，因为管理人员对企业的状况比较了解，具有相对成熟的把握，也具备了一定的知识文化水平，对问卷中较为专业的题目也有较好的理解。本次样本数据收集主要采用以下几种方式获得：

（1）通过课题项目企业调研的机会进行问卷的发放

本书的研究与国家自然基金项目同步进行，利用企业调研的机会向企业管理人员发放问卷，这种方式主要是在课题团队老师访谈企业前后发放、收回问卷，因此问卷的收回率较高，并且获得的数据也较准确。在相关企业和政府领导的大力支持及帮助下，共发放问卷 43 份，回收问卷 41 份，均为有效问卷，回收率为 95.3%，有效率为 100%。由此可见，通过这种途径获得数据的效果最佳。

（2）向相关高校 MBA 学员发放问卷

相关高校 MBA 学员中有部分学员是省内各集群企业中不同企业的高管人员，因此选择这些学员作为问卷调查的对象，共发放问卷 87 份，回收问卷 77 份，问卷回收率为 88.5%，其中有效问卷为 75 份，有效问卷回收率为 97.4%。

（3）通过网络方式发放问卷

利用课题团队各位老师的社会资源，以及个人的网络关系资源，将问卷通过邮件、问卷星链接的方式发放给集群企业的管理人员，再通过邮件、问卷星的方式回收问卷。这种方式虽然能够发放较多数量的问卷，但回收率较低，有效率也较低，共发放问卷 100 份，回收问卷 65 份，问卷回收

率 65%，其中有效问卷 43 份，有效率为 66.1%。

经统计，通过以上三种方式共发放问卷 230 份，回收问卷 183 份，回收率为 79.5%，其中有效问卷为 159 份，问卷有效率为 86.8%。问卷发放与回收情况详见表 11-6。

表 11-6　调查问卷发放与回收情况汇总

发放与回收问卷的方式	发放问卷	回收问卷	回收率（%）	有效问卷	有效率（%）
企业调研发放	43	41	95.3	41	100
学员发放	87	77	88.5	75	97.4
Email 发送	100	65	65	43	66.1
合计	230	183	79.5	159	86.8

11.3　预调研问卷的信度和效度分析

本书实证研究部分通过问卷调查的方式获得样本数据，通过 SPSS17.0 数理统计软件对收集到的数据进行分析，主要通过样本的描述性统计、信度和效度分析、相关性分析以及多元线性回归分析，验证第三章中提出的概念模型与研究假设。

11.3.1　描述性统计分析

本书采用 SPSS17.0 对样本进行描述性统计，详见表 11-7。主要从被调查企业的规模、成立年限、近两年的年均销售总额以及被调查者的职位这四方面对样本的构成进行描述性统计。从表 11-7 可知被调查企业中规模在 100 人以下的企业有 41 家，占总体样本的 25.8%；规模在 100—500 人的企业有 59 家，占总体样本的 37.1%；规模在 500—1000 人的企业有 16 家，占总样本的 10.1%；规模在 1000—3000 人的企业有 14 家，占 8.8%；企业规模在 3000 人以上的企业有 29 家，占 18.2%。被调查企业中成立年限小于 5 年的企业有 36 家，占总样本的 22.6%；成立 5—10 年的企业有 48 家，占 30.2%；成立 10—20 年的企业最多，共有 54 家，占总样本的 34%；成立 20 年以上的企业有 21 家，占 13.2%。总样本中近两年的年均销售总额低于 500 万元的企业有 27 家，占总样本的 17%；年均销售额在 500 万—1000 万元的企业有 32 家，占总样本的 20.1%；年均销售为 1000 万—1 亿元的企业有 32 家，占总样本的 20.1%；年均销售额在 1 亿—10 亿元的企业有 33 家，占总样本的 20.8%；年均销售额大于 10 亿元的企业有 35 家，占总样本的 22%。从企业的规模、年龄和年均销售额的样本分布来看，规模小、企业年限较长、年均销售额较多的企业占多数，这主要是因为被调查企业均为高新技术企业，年限较短的企业往往拥有更强的产生新知识的能力（Ahuja et al.,2000）。为了确保问卷的准确性和有效性，被调查者均为企业的管理人员，其中高层管理者为 60 人，占 37.7%；中层管理者为 36 人，占 22.6%；基层管理者为 63 人，占 39.6%。

表 11-7　被调查企业的描述性统计

企业特性	企业背景	样本数	百分比（%）	累积百分比（%）
企业规模	1—100 人	41	25.8	25.8
	100—500 人	59	37.1	62.9
	500—1000 人	16	10.1	73.0
	1000—3000 人	14	8.8	81.8
	3000 人以上	29	18.2	100.0
企业成立年限	0—5 年	36	22.6	22.6
	5—10 年	48	30.2	52.8
	10—20 年	54	34.0	66.0
	20 年以上	21	13.2	100.0

企业特性	企业背景	样本数	百分比（%）	累积百分比（%）
企业近两年年均销售总额	小于 500 万元	27	17.0	17.0
	500 万—1000 万元	32	20.1	37.1
	1000 万—1 亿元	32	20.1	57.2
	1 亿—10 亿元	33	20.8	78.0
	10 亿元以上	35	22.0	100.0
职位	高层管理者	60	37.7	37.7
	中层管理者	36	22.6	60.4
	基层管理者	63	39.6	100.0

11.3.2　信度检验

信度（reliability）代表测验或量表工具所测得结果的一致性（consistency）或稳定性（stability），信度可定义为真实分数（true score）的方差占测量分数方差的比重。学者们多采用克隆巴赫 α（Cronbach's α）系数，克隆巴赫 α 系数又被称为内部一致性 α 系数。根据前人研究，当 Cronbach's α 系数以及题项间的相关系数（Item-Total correlation）较高时才能保证变量的测量有较好的内部一致性。DeVellis（1991）等研究者认为 Cronbach's α 系数为 0.70 是可接受的最小信度值，而题项间的相关系数应大于 0.35（李正卫，2003）。

本书对网络能力、组织学习和创新能力各测量维度的信度分析结果，如表 11-8 所示。从表中可知，测量企业网络能力的三个变量——位置中心性、联结强度及资源丰富度的 α 系数分别为 0.871、0.868 和 0.895，均大于 0.70，因此具备较好的内部一致性，符合信度要求；二元组织学习模式探索性学习和利用性学习的 α 系数分别为 0.877 和 0.787，均大于 0.70，说明组织学习的测量题项也具有比较好的稳定性；测量创新能力的 5 个题项的整体 α 系数为 0.836，大于 0.70，因此创新能力的度量题项也符合信度要求，有较好的内部一致性。从表中可以看出所有测量题项间的相关系数都在 0.35 以上，故本书变量测量的整体信度较高，适合做多元线性回归分析。

表 11-8 各变量的信度分析

变量	变量维度	测量题项编号	Item-Total 相关系数	Cronbach's α 系数
网络能力	位置中心性	A1	0.707	0.871
		A2	0.741	
		A3	0.714	
		A4	0.735	
	联结强度	B1	0.686	0.868
		B2	0.727	
		B3	0.652	
		B4	0.736	
		B5	0.662	
	资源丰富度	C1	0.721	0.895
		C2	0.781	
		C3	0.810	
		C4	0.767	
组织学习	探索性学习	D1	0.720	0.877
		D2	0.793	
		D3	0.783	
	利用性学习	E1	0.637	0.787
		E2	0.643	
		E3	0.619	
创新能力		F1	0.543	0.836
		F2	0.676	
		F3	0.667	
		F4	0.709	
		F5	0.614	

11.3.3 效度检验

效度（validity）表征了样本数据的正确性，体现了我们测量指标的真实程度（嵇登科，2006）。所测量的效度越高，则表示结果越真实。检验效度的方法主要是因子分析，用来检测同一变量的不同测量题项是否能够较为确切地表征被测变量的特性，以及能否合并为一个因子。根据前人的研究及理论，通过因子分析中题项的整体 KMO 值以及各测量题项的因子载荷系数大小来判断题项的效度。马庆国（2009）认为当 KMO 值小于 0.5 时，测量题项不适宜进行因子分析；当 KMO 值大于 0.8 时，则说明测量题项较好地反映了测量指标的真实情况，适合进行因子分析。

本书利用因子分析来进行效度检验，通过主成分分析的因子提取方法和最大方差转轴法，分别对被解释变量和解释变量的各题项进行检验。

（1）企业创新能力

首先通过 SPSS17.0 进行 KMO 和 Bartkett 检验，判断本书的被解释变量企业创新能力是否适宜做因子分析，结果如表 11-9 所示。从表中可知，KMO 值为 0.801，大于 0.8，Bartlett 检验值的显著性为 0.000，因此可进一步进行因子分析，通过主成分分析法来提取因子。表 11-10 为企业创新能力的因子分析结果，从表中可以发现各题项的共同性值均大于 0.20，也就是其因子载荷均大于 0.45。表 11-11 为提取的共同因子解释总变异量表，从表中可知只提取了一个共同因子，此共同因子的特征值为 3.058，可以解释量表变量的 61.150%，大于 50%。因此，企业创新能力的度量题项拥有较好的效度。

表 11-9　企业创新能力的 KMO 和 Bartlett 检验

检验项目	数值
取样足够度的 Kaiser-Meyer-Olkin 度量	0.801
Bartlett 的球形度检验　近似卡方	248.400
df	10
Sig.	0.000

表 11-10　企业创新能力的公因子方差

	初始	提取
F1. 与同行业平均水平相比，贵公司申请和引用的专利数比较多	1.000	0.476
F2. 与同行业平均水平相比，贵公司常常在行业内率先应用新技术	1.000	0.655
F3. 与同行业平均水平相比，贵公司新产品开发成功率较高	1.000	0.655
F4. 与同行业平均水平相比，贵公司新产品与服务的市场接受度较高	1.000	0.695
F5. 与同行业平均水平相比，贵公司新产品销售比例比较高	1.000	0.575

提取方法：主成分分析。

表 11-11　企业创新能力解释的总方差

成分	初始特征值			提取平方和载入		
	合计	方差的 %	累积 %	合计	方差的 %	累积 %
1	3.058	61.150	61.150	3.058	61.150	61.150
2	0.674	13.481	74.632			
3	0.585	11.697	86.329			
4	0.389	7.771	94.100			
5	0.295	5.900	100.000			

提取方法：主成分分析。

（2）企业网络能力

同样，对企业网络能力的 KMO 值进行检验，判断是否适合进行因子分析，检验结果如表 11-12 所示。从表中可知 KMO 值为 0.896，大于 0.80，

Bartlett 检验卡方值是 1098.430，显著性概率为 0.000，说明适合进行因子分析。

表 11–12　企业网络能力的 KMO 和 Bartlett 检验

检验项目	数值
取样足够度的 Kaiser-Meyer-Olkin 度量	0.896
Bartlett 的球形度检验　近似卡方	1098.430
df	78
Sig.	0.000

本书采用主成分分析法来提取因子，根据特征根大于 1 的原则及最大方差法正交旋转来进行因子提取，结果如表 11-13 所示，共提取三个因子。位置中心性的四个题项均负载于第 3 个因子上，而且每个题项的因子载荷系数都大于 0.5；联结强度的五个题项均负载于第 1 个因子上，并且每个题项的因子载荷系数均大于 0.5；资源丰富度的四个题项均负载于第 2 个因子上，且每个题项的因子载荷也都大于 0.5。而从表 11-14 中可知，提取的 3 个因子的特征根解释的方差累积比例为 71.947%，正交旋转后获得的特征根解释的方差累积比例为 71.947%。根据表 11-13 和表 11-14 的结果分析可知，本研究中的网络能力满足效度要求，适合做多元线性回归分析。

表 11–13　旋转后的企业网络能力特征因子载荷

题项	因子载荷系数		
	变量 1	变量 2	变量 3
联结强度			
B1	0.808	0.112	0.241

题项	因子载荷系数		
	变量 1	变量 2	变量 3
B2	0.804	0.146	0.277
B4	0.703	0.343	0.261
B5	0.698	0.285	0.216
B3	0.598	0.469	0.210
资源丰富度			
C3	0.216	0.866	0.183
C4	0.178	0.857	0.190
C2	0.303	0.714	0.399
C1	0.285	0.695	0.352
位置中心性			
A3	0.185	0.202	0.807
A4	0.301	0.243	0.771
A1	0.254	0.222	0.766
A2	0.314	0.301	0.728

提取方法：主成分分析。

表 11-14 企业网络能力解释的总方差

成分	初始特征值			提取平方和载入			旋转平方和载入		
	合计	方差的 %	累积 %	合计	方差的 %	累积 %	合计	方差的 %	累积 %
1	7.002	53.865	53.865	7.002	53.865	53.865	3.176	24.434	24.434
2	1.242	9.550	63.415	1.242	9.550	63.415	3.169	24.374	48.808
3	1.109	8.532	71.947	1.109	8.532	71.947	3.008	23.138	71.947
4	0.691	5.319	77.266						

成分	初始特征值			提取平方和载入			旋转平方和载入		
	合计	方差的 %	累积 %	合计	方差的 %	累积 %	合计	方差的 %	累积 %
5	0.625	4.808	82.073						
6	0.498	3.828	85.902						
7	0.404	3.111	89.012						
8	0.314	2.415	91.427						
9	0.278	2.135	93.562						
10	0.269	2.066	95.628						
11	0.219	1.685	97.313						
12	0.184	1.417	98.730						
13	0.165	1.270	100.000						

提取方法：主成分分析。

（3）组织学习

对组织学习做因子分析，KMO 值和 Bartlett 球体检验结果如表 11-15 所示。从表中可知，KMO 值是 0.804，大于 0.8，Bartlett 球体检验值的卡方是 385.942，显著性概率为 0.000，因此适合进行因子分析。

同样，本书采用主成分分析法来提取因子，根据特征根大于 1 的原则及最大方差法正交旋转进行因子提取，结果如表 11-16 所示，共提取 2 个因子。探索性学习的三个题项均负载于第 1 个因子上，并且每个题项的因子载荷系数均大于 0.5；利用性学习的三个题项均负载于第 2 个因子上，并且每个题项的因子载荷系数均大于 0.5。而从表 11-17 中可知，提取的 2 个因子特征根解释的方差累积比例为 76.008%，正交旋转后获得的特征根解释的方差累积比例为 76.008%。根据表 11-16 和表 11-17 的结果分析可知，本书中的组织学习满足效度要求，适合做回归分析。

表 11-15　企业组织学习的 KMO 和 Bartlett 检验

检验项目	数值
取样足够度的 Kaiser-Meyer-Olkin 度量	0.804
Bartlett 的球形度检验　近似卡方	385.942
df	15
Sig.	0.000

表 11-16　旋转后的企业组织学习特征因子载荷

题项	因子载荷系数	
	变量 1	变量 2
探索性学习		
D1	0.875	0.159
D2	0.857	0.299
D3	0.839	0.311
利用性学习		
E2	0.129	0.875
E1	0.275	0.785
E3	0.348	0.741

提取方法：主成分分析。

表 11-17　企业组织学习解释的总方差

成分	初始特征值			提取平方和载入					
	合计	方差的 %	累积 %	合计	方差的 %	累积 %	合计	方差的 %	累积 %
1	3.531	58.851	58.851	3.531	58.851	58.851	2.418	40.306	40.306
2	1.029	17.157	76.008	1.029	17.157	76.008	2.142	35.702	76.008
3	0.498	8.306	84.314						
4	0.444	7.393	91.707						
5	0.274	4.565	96.272						
6	0.224	3.728	100.000						

提取方法：主成分分析。

12 ／ 数据分析和假设检验

12.1 数据的收集与分析

12.1.1 正式问卷的收集

正式问卷在预测试问卷经过信度和效度检验剔除题项后形成，为了区别样本将编码由小写改为大写，正式问卷调查于预调研信效度分析后进行，经过本人联系，通过同学、朋友、学生又向五个企业发放 400 份正式问卷，主要采取当面指导填写的形式，部分随后回收，共回收问卷 350 份，回收率为 87.5％。通过认真分析问卷填写质量，剔除不认真填写、漏填关键信息 3 项以上的问卷，有效问卷共 329 项，问卷有效回收率为 94％。

12.1.2 相关分析

为探讨企业网络能力、组织学习与企业创新能力的联系，相关分析为初步判断各变量间是否存在相互作用。在进行回归分析之前，除了进行因子分析外，还要进行相关性分析，相关系数的大小决定能否进行回归分析。本书采用 Pearson 相关分析法对本研究的各变量进行描述性统计及相关性分析，结果如表 12-1 所示。

从表 12-1 可知，被解释变量及解释变量在 $P<0.01$ 的水平上存在显著的相关关系。企业网络能力的测量变量位置中心性、联结强度、资源丰富度与企业创新能力都存在显著的相关关系；组织学习的测量变量探索性学习和利用性学习与创新能力也存在显著的相关性；而企业的位置中心性、

联结强度、资源丰富度与探索性学习、利用性学习的相关关系也均显著。但是，相关关系只能验证变量之间存在关联，却不可以验证各变量间存在怎样的因果关系，因此需要进行多元线性回归分析做更精确的检验来确定变量间的关系。

表 12-1 各变量的描述性统计和相关分析（N=329）

	均值	标准差	A	B	C	D	E	F
A. 位置中心性	5.3785	0.92536	1					
B. 联结强度	5.5314	0.74572	0.452**	1				
C. 资源丰富度	5.4089	0.95858	0.454**	0.484**	1			
D. 探索性学习	5.2720	0.97283	0.472**	0.536**	0.577**	1		
E. 利用性学习	5.9916	0.70154	0.470**	0.559**	0.456**	0.490**	1	
F. 创新能力	5.4081	0.82421	0.461**	0.492**	0.477**	0.527**	0.509**	1

注：** 在 0.01 水平（双侧）上显著相关。

12.1.3 回归分析

回归分析主要用于说明一个变量的变化是否会影响另一个变量，若会，则是如何影响的，变量之间有自变量和因变量的区别，变量的地位是不对等的。上一节中的相关性分析主要检验了变量间的关系密切程度，变量间的地位也是平等的。因此，接下来本小节将对被解释变量、解释变量和中介变量之间的显著性进行回归分析，并验证相应的研究假设。

（1）企业网络能力与创新能力的回归分析

集群企业网络能力与创新能力之间的回归分析结果如表 12-2 所示。模型 1 中，解释变量只包含控制变量，考量集群中企业年龄、企业规模对企业创新能力的影响。模型 2、模型 3 和模型 4 是在控制变量的基础上分别加上企业网络能力三个测量变量，即位置中心性、联结强度、资源丰富度，分析对企业创新能力的影响。

表 12-2 网络能力与企业创新能力关系回归分析

变量	模型 1		模型 2		模型 3		模型 4	
	系数	Sig.	系数	Sig.	系数	Sig.	系数	Sig.
企业年龄	-0.078	0.415	-0.123	0.170	-0.175*	0.050	-0.112	0.208
企业规模	0.415**	0.000	0.285**	0.003	0.294**	0.001	0.284**	0.002
位置中心性			0.382**	0.000				
联结强度					0.441**	0.000		
资源丰富度							0.400**	0.000
R^2	0.381		0.516		0.551		0.532	
Adjusted R^2	0.132		0.249		0.287		0.266	
F	10.731**		15.148**		18.184**		16.447**	

注：N=159；* 表示 $P < 0.10$；** 表示 $P < 0.05$；表中系数均为标准化回归系数。

从表 12-2 中可知，企业年龄与创新能力之间不存在显著的相关关系，且各模型中回归系数为负，这可能是因为对于高新技术企业来说，企业年限较短的企业往往拥有更强的产生新知识的能力（Ahuja et al.，2000）。企业规模对企业创新能力存在显著的正向影响，也就是说企业的规模越大，其创新能力越高。因为大规模的企业必定拥有更多的合作伙伴、更多的资源，在企业网络中也处于较为中心的位置，而这些都有利于企业创新能力的提高。

从模型 2 可知，位置中心性与企业创新能力的回归系数为 0.382，其显著性值为 0.000（P<0.05），因此位置中心性与创新能力之间存在显著的正向关系，故假设 H1a 成立。从模型 3 可知，联结强度与企业创新能力的回归系数为 0.441，其显著性值为 0.000（P<0.05），因此联结强度与创新能力之间存在显著的正向关系，故假设 H1b 成立。从模型 4 可知，资源丰富度与企业创新能力的回归系数为 0.400，其显著性值为 0.000（P<0.05），因此资源丰富度与创新能力之间存在显著的正向关系，故假设 H1c 成立。综上，网络能力与企业创新能力存在显著的正向关系，并且相比位置中心性和资源丰富度，联结强度对企业创新能力的回归系数更大，影响更为显著。

（2）组织学习与创新能力的回归分析

集群企业组织学习与创新能力的回归分析结果见表 12-3。表中模型 1 仍为控制变量企业年龄、企业规模与企业创新能力的回归分析。模型 2 为在控制变量的基础上加上探索性学习这一变量对企业创新能力的回归分析。模型 3 为在控制变量的基础上加上利用性学习这一变量对企业创新能力的回归分析。

从模型 2 可知，探索性学习与企业创新能力的回归系数为 0.447，其显著性值为 0.000（P<0.05），因此探索性学习与创新能力之间存在显著的正向关系，故假设 H2a 成立。从模型 3 可知，利用性学习与企业创新能力的回归系数为 0.463，其显著性值为 0.000（P<0.05），因此利用性学习与创新能力之间存在显著的正向关系，故假设 H2b 成立。综上，组织学习与企业创新能力存在显著的正向关系，并且利用性学习比探索性学习对创新能力的影响更显著一些。

表 12-3 组织学习与企业创新能力关系回归分析

变量	模型 1		模型 2		模型 3	
	系数	Sig.	系数	Sig.	系数	Sig.
企业年龄	-0.078	0.415	-0.072	0.407	-0.177	0.044
企业规模	0.415**	0.000	0.219**	0.021	0.305**	0.001
探索性学习			0.447**	0.000		
利用性学习					0.463**	0.000
R^2	0.381		0.555		0.571	
Adjusted R^2	0.132		0.292		0.310	
F	10.731**		18.568**		20.196**	

注：N=129；* 表示 P < 0.10；** 表示 P < 0.05；表中系数均为标准化回归系数。

（3）组织学习的中介效应检验

本书根据温忠麟老师等人提出的中介效应检验方法进行对组织学习中介作用的检验。中介关系可用回归方程表示如下：

$$Y=cX+e_1 \qquad\qquad (12-1)$$

$$M=aX+e_2 \qquad\qquad (12-2)$$

$$Y=c'X+bM+e_3 \qquad\qquad (12-3)$$

因此，根据本书的研究内容，可得到以下需进行系数验证的回归方程：

$$Y=c_1X_1+c_2X_2+c_3X_3+e_1 \qquad\qquad (12-4)$$

$$M_1=a_1X_1+a_2X_2+a_3X_3+e_2 \qquad\qquad (12-5)$$

$$M_2=a_4X_4+a_5X_5+a_6X_6+e_3 \qquad\qquad (12-6)$$

$$Y=c'_1X_1+c'_2X_2+c'_3X_3+b_1M_1+e_4 \qquad\qquad (12-7)$$

$$Y=c'_4X_4+c'_5X_5+c'_6X_6+b_2M_2+e_5 \qquad\qquad (12-8)$$

其中：X_1 为企业位置中心性；X_2 为企业联结强度；X_3 为企业资源丰

富度；M_1 为企业的探索性学习；M_2 为企业的利用性学习；Y 为企业的创新能力。

中介效应检验的程序如图 12-1 所示。

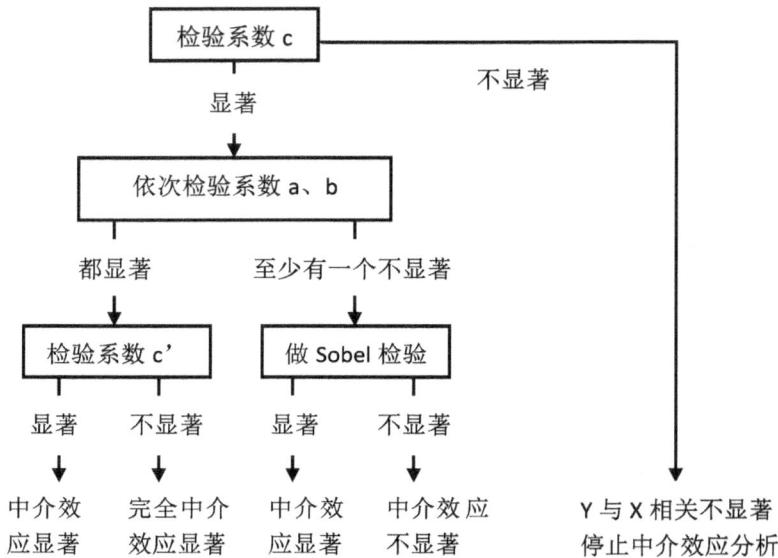

图 12-1　中介效应检验程序

根据以上回归方程及中介效应程序分别对组织学习二元模式——探索性学习和利用性学习进行中介效应检验。

探索性学习的中介作用检验结果如表 12-4 所示。第一步检验中，企业网络能力的三个测量变量，即位置中心性、联结强度、资源丰富度为自变量，企业的创新能力为因变量。从表中可知，位置中心性、联结强度、资源丰富度与企业创新能力回归系数分别为 0.203、0.300 和 0.209，显著性 Sig. 值分别为 0.008、0.002 和 0.006，均小于 0.05，故位置中心性、联结强度及资源丰富度与企业创新能力均存在显著的正向关系，即方程（12-4）中系数 c_1、c_2 和 c_3 均显著，中介效应的第一步检验通过。

在第二步检验中，以位置中心性、联结强度、资源丰富度为自变量，企业的探索性学习为因变量。从表中可知，位置中心性、联结强度、资源丰富度与企业探索性学习的回归系数分别为 0.192、0.365 和 0.364，显著性 Sig. 值分别为 0.021、0.001 和 0.000，均小于 0.05，故位置中心性、联结强度及资源丰富度与企业探索性学习均存在显著的正向关系，即方程（12-5）中系数 a_1、a_2 和 a_3 均显著。

在第三步检验中，以位置中心性、联结强度、资源丰富度及探索性学习为自变量，企业的创新能力为因变量。从表中可知，探索性学习与企业创新能力的回归系数为 0.204，显著性 Sig. 值为 0.012，小于 0.05，即方程（12-7）中回归系数 $b1$ 显著。因此，根据中介检验程序，a_1、a_2、a_3 和 b_1 均显著，可根据系数 c' 来判断其中介性。

表 12-4　探索性学习的中介检验

过程	因变量	自变量	系数	标准差	t	Sig.
第一步	创新能力	常量	1.531	0.482	3.176	0.002
		位置中心性	0.203	0.075	2.692	0.008
		联结强度	0.300	0.095	3.151	0.002
		资源丰富度	0.209	0.074	2.821	0.006
第二步	探索性学习	常量	-0.249	0.528	0.472	0.638
		位置中心性	0.192	0.082	2.332	0.021
		联结强度	0.365	0.104	3.505	0.001
		资源丰富度	0.364	0.081	4.484	0.000

过程	因变量	自变量	系数	标准差	t	Sig.
第三步	创新能力	常量	1.480	0.472	3.135	0.002
		位置中心性	0.164	0.075	2.172	0.032
		联结强度	0.225	0.098	2.310	0.023
		资源丰富度	0.135	0.078	1.726	0.087
		探索性学习	0.204	0.080	2.549	0.012

从表 12-4 中第三步检验可知，当自变量中加入中介变量探索性学习时，位置中心性的回归系数由第一步中的 0.203 减小为 0.164，显著性值 Sig. 值为 0.032，小于 0.05，故位置中心性与创新能力之间仍存在显著的正向关系；联结强度与创新能力之间的回归系数由第一步中的 0.300 减小为 0.225，且其显著性值 Sig. 为 0.023，小于 0.05，故联结强度与创新能力之间仍存在显著关系；而资源丰富度与创新能力之间的回归系数虽由第一步中的 0.209 减小为 0.135，但其显著性值 Sig. 为 0.087，大于 0.05，故资源丰富度与创新能力之间不存在显著关系。因此，探索性学习在位置中心性、联结强度和企业创新能力之间存在部分中介效应；探索性学习在资源丰富度与企业创新能力之间起完全中介效应。综上，假设 H3a 和 H3b 部分成立；假设 H3c 完全成立。

利用性学习的中介作用检验结果如表 12-5 所示。第一步检验中，企业网络能力的三个测量变量，即位置中心性、联结强度、资源丰富度为自变量，企业的创新能力为因变量。从表中可知，位置中心性、联结强度、资源丰富度与企业创新能力回归系数分别为 0.203、0.300 和 0.209，显著性 Sig. 值分别为 0.008、0.002 和 0.006，均小于 0.05，故位置中心性、联结强度及资源丰富度与企业创新能力均存在显著的正向关系，即方程（12-4）中系数 c_1、c_2 和 c_3 均显著，中介效应的第一步检验通过。

在第二步检验中，以位置中心性、联结强度、资源丰富度为自变量，企业的利用性学习为因变量。从表中可知，位置中心性、联结强度、资源丰富度与企业利用性学习的回归系数分别为 0.168、0.352 和 0.128，显著性 Sig. 值分别为 0.008、0.000 和 0.038，均小于 0.05，故位置中心性、联结强度及资源丰富度与企业利用性学习均存在显著的正向关系，即方程（12-6）中系数 a_4、a_5 和 a_6 均显著。

在第三步检验中，以位置中心性、联结强度、资源丰富度及利用性学习为自变量，企业的创新能力为因变量。从表中可知，利用性学习与企业创新能力的回归系数为 0.271，显著性 Sig. 值为 0.012，小于 0.05，即方程（12-8）中回归系数 b_2 显著。因此，根据中介检验程序，a_4、a_5、a_6 和 b_2 均显著，可根据系数 c' 来判断其中介性。

表 12-5　利用性学习的中介检验

过程	因变量	自变量	系数	标准差	t	Sig.
第一步	创新能力	常量	1.531	0.482	3.176	0.002
		位置中心性	0.203	0.075	2.692	0.008
		联结强度	0.300	0.095	3.151	0.002
		资源丰富度	0.209	0.074	2.821	0.006
第二步	利用性学习	常量	2.450	0.398	6.053	0.000
		位置中心性	0.168	0.062	2.392	0.008
		联结强度	0.352	0.078	4.367	0.000
		资源丰富度	0.128	0.061	2.806	0.038

过程	因变量	自变量	系数	标准差	t	Sig.
第三步	创新能力	常量	0.867	0.538	1.610	0.110
		位置中心性	0.157	0.076	2.073	0.040
		联结强度	0.204	0.100	2.039	0.044
		资源丰富度	0.174	0.074	2.363	0.020
		利用性学习	0.271	0.106	2.553	0.012

从表 12-5 中第三步检验可知，当自变量中加入中介变量利用性学习时，位置中心性与创新能力之间的回归系数由第一步中的 0.203 减小为 0.157，且其显著性值 Sig. 为 0.040，小于 0.05，故联结强度与创新能力之间仍存在显著的正向关系；联结强度与创新能力之间的回归系数由第一步中的 0.300 减小为 0.204，且其显著性值 Sig. 为 0.044，小于 0.05，故联结强度与创新能力之间也仍存在显著的正向关系；资源丰富度与创新能力之间的回归系数由第一步中的 0.209 减小为 0.174，且其显著性值 Sig. 为 0.020，小于 0.05，故资源丰富度与创新能力之间也仍存在显著的正向关系。因此，利用性学习在位置中心性、联结强度、资源丰富度与企业创新能力之间均起到了部分中介效应。综上，假设 H3d、H3e 和 H3f 部分成立。

综合以上回归分析结果及讨论，对本书提出的研究假设的验证情况如表 12-6 所示，假设 H1a 位置中心性对集群企业创新能力存在正向影响、假设 H1b 联结强度对集群企业创新能力存在正向影响和假设 H1c 资源丰富度对集群企业创新能力存在正向影响均得到了验证，故网络能力对企业创新能力存在正向影响；假设 H2a 探索性学习对集群企业创新能力存在正向影响和假设 H2b 利用性学习对集群企业创新能力存在正向影响也都得到了验证，故组织学习对集群企业创新能力存在正向影响；假设 H3a 探索性学习在位置中心性和集群企业创新能力之间起中介效应和假设 H3b 探索性学习在联结强度和集群企业创新能力之间起中介效应的检验均部分成立，而假设 H3c 探索性学习在资源丰富度和集群企业创新能力之间起中介效应得到了验证，故探索性学习在网络能力与集群企业创新能力之间起到了部分中介的作用；假设 H3d 利用性学习在位置中心性和集群企业创新能力之间起中介效应、假设 H3e 利用性学习在联结强度和集群企业创新能力之间起中介效应和假设 H3f 利用性学习在资源丰富度和集群企业创新能力之间起中介效应的检验均部分成立，故利用性学习在网络能力与集群企业创新能力之间起到了部分中介的作用。

表 12-6　概念模型研究假设验证结果

研究假设	检验结果
H1a：位置中心性对集群企业创新能力存在正向影响	成立
H1b：联结强度对集群企业创新能力存在正向影响	成立
H1c：资源丰富度对集群企业创新能力存在正向影响	成立
H2a：探索性学习对集群企业创新能力存在正向影响	成立
H2b：利用性学习对集群企业创新能力存在正向影响	成立
H3a：探索性学习在位置中心性和集群企业创新能力之间起中介效应	部分成立
H3b：探索性学习在联结强度和集群企业创新能力之间起中介效应	部分成立
H3c：探索性学习在资源丰富度和集群企业创新能力之间起中介效应	成立
H3d：利用性学习在位置中心性和集群企业创新能力之间起中介效应	部分成立
H3e：利用性学习在联结强度和集群企业创新能力之间起中介效应	部分成立
H3f：利用性学习在资源丰富度和集群企业创新能力之间起中介效应	部分成立

12.2 结果讨论

企业的网络能力是如何影响企业的组织学习和创新能力的呢？企业的组织学习又是如何影响企业的创新能力的呢？在本书理论综述和实证分析的基础上，本小节将根据回归分析结果，并结合浙江省产业集群实际情况，对网络能力、组织学习对企业创新能力的影响进行进一步的讨论。

12.2.1 网络能力对集群企业创新能力的影响

根据本书对网络能力概念的界定，从位置中心性、联结强度和资源丰富度来进行测量。通过回归分析得到了各变量之间的相关关系。企业位置中心性、联结强度和资源丰富度与企业创新能力之间的显著性值 Sig. 均小于 0.05，说明位置中心性、联结强度、资源丰富度与创新能力之间均存在显著的正向关系，因此，企业的网络能力与创新能力也存在显著的正向关系。实证分析结果验证了假设 H1a、H1b 和 H1c。该结论与 Uzzi（1997）、Tsai（2001）、蒋天颖和孙伟（2012）、李志刚（2007）等学者的研究结论相一致。根据第二章文献综述，企业在网络中占据越高的中心性位置，则表明企业能够越有效地从网络中寻找知识、信息等资源，越有利于促进企业的创新。企业在网络中拥有的联结强度越强，则表明企业拥有更多的交互频繁、合作稳定的伙伴，更有利于隐性知识的流动及交换，进而有利于提高企业的自主创新或跨领域合作创新。企业拥有的资源越丰富，则表明企业内部的资源禀赋较强或在网络中拥有更多的外部资源，内部和外部资源都是企业创新的来源。

根据传统集群企业的调研以及回归分析发现，网络能力中的联结强度对集群企业创新能力的正向影响作用最大，企业间的联系越多越稳定越持久，则在集群中越能够形成日益增大的合作网络。规模越大、年限越长的企业，如核心企业，往往占据的位置中心性较高，有利于提高企业的名声和威望，同时企业与网络中的其他组织的直接联系越多，联结强度也就越强，这也导致其所拥有的网络资源越丰富，获取知识的途径也越多，并能够及时地了解最新的产品改革、技术变化，从而把握创新时机，对知识的流动及创新成果的扩散进行控制。然而，对于低位势企业而言，可通过与核心企业的联结，建立长期合作关系，在这种合作网络中获得有利于企业进行产品改进与创新的稀缺性知识等资源，从而提升企业的自身实力，提高企业在网络中的位势，有助于整个集群的发展及升级。

12.2.2　组织学习对集群企业创新能力的影响

本书从探索性学习和利用性学习这两个维度来测量企业的组织学习，根据回归分析结果可知，探索性学习、利用性学习与企业创新能力之间的显著性值 Sig. 均小于 0.05，说明探索性学习、利用性学习与创新能力间存在显著的正向关系，因此，组织学习与企业创新能力之间存在显著的正向关系。实证分析结果验证了假设 H2a 和 H2b，该结论与 Argyris（1978）、McKee（1992）、朱朝晖（2007）、陈劲（2007）、谢洪明等（2008）、潘瑞玉（2013）等学者的研究结论相一致，探索性学习和利用性学习对企业的创新能力的重要性是毋庸置疑的。探索性学习的本质是寻找和尝试新的知识、新的技术和新的资源，一经成功，便可能提高企业的创新能力。在集群企业网络中，企业通过网络关系可获得异质性资源和非市场导向性的科学技术知识，而这些资源和知识正是企业实现创新活动的源泉。企业的探索性学习能力越强，则越能够从网络中吸收有利于企业的资源，通过学习不断转化为企业技术创新、产品创新或管理创新的源泉，从而提升企业的创新能力。利用性学习的本质是对已有技术、知识等资源的深度挖掘及拓展，有利于企业对现有产品和技术进行改进及完善。在集群网络中，处于高位势的企业往往拥有更为丰富的资源，能够更加有效地整合和挖掘内部已有的知识，通过利用性学习发现新的东西，能够减少企业与网络中

其他企业维持合作关系的成本及从外部获取资源的成本，从而增强企业的创新能力。对于集群企业而言，探索性学习和利用性学习是相辅相成的。若只进行探索性学习，则可能导致企业不能很好地整合外部资源，易造成知识冗余，也可能提高创新的成本和风险；若只进行利用性学习，则企业无法接触新的知识、技术，便无法生产新产品以拓展市场领域，容易被市场淘汰。因此，企业应该兼顾企业的探索性学习和利用性学习。

12.2.3　组织学习的中介作用

本书的实证分析结果首先验证了网络能力与企业创新能力存在显著的正向关系，同时也验证了组织学习与企业创新能力具有显著的正向关系，这一结果为组织学习的中介检验奠定了基础，同时也表明了组织学习能力的提高有利于企业创新能力的提升。根据组织学习中介效应检验的回归分析结果可知，组织学习在网络能力和创新能力之间起到了一定的中介效应。

探索性学习在位置中心性和创新能力之间起到了部分中介效应，位置中心性能够直接对企业的创新能力产生影响，同时也会通过探索性学习进而影响企业的创新能力。探索性学习在联结强度和创新能力之间起到了部分中介作用，联结强度不仅会直接影响创新能力，还会通过探索性学习对创新能力产生影响。拥有较强的探索性学习能力能够有效提高位置中心性和联结强度对企业创新能力的正向促进效果。探索性学习在资源丰富度和创新能力之间也起到了完全中介作用。这主要是因为探索性学习是对新技术、新知识的整合利用，而这些新资源的获取往往需要通过网络来获得，企业通过探索性学习能将网络中更多更丰富的资源转化为企业创新的源泉，进而促进企业创新活动的实现。

利用性学习在位置中心性、联结强度、资源丰富度与企业创新能力之间都起到了部分中介作用，也就是说，位置中心性、联结强度和资源丰富度能够直接促进企业的创新能力，也可通过利用性学习提高创新能力。位置中心性越高，表征了企业在网络中的位势越高，可获取的资源也就越多，将这些从外部获取的资源进行整合利用，并转化为企业的内部知识，有利于提升企业的创新能力。联结强度越强，表征了合作企业间的信任程度越高，则越有利于隐性知识的共享与扩散，将这些知识应用到现有的研究领域有利于改进技术、改善产品质量，进而提高企业的创新能力。资源丰富度越高，表明企业自身的知识资源较丰富，同时在网络中流动或控制的资源也较丰富，企业合理利用内部资源和外部网络资源，能够有效提高企业的利用性学习能力和效率，从而发挥对创新能力的正向影响。

13 ／ 结论与展望

本章将在前文的基础上，对前文的内容进行总结。本研究从提出的问题出发，根据国内外现有研究成果，对本书核心概念进行界定，并确定其测量维度，进而提出本研究的概念模型和研究假设；通过对浙江省传统集群企业的调研，获得样本数据，进行相应的信度效度检验，以确定问卷的准确性和稳定性，进而通过相关分析，建立回归模型以检验研究假设。本章中，将对前五章的研究成果进行归纳总结，阐明本书的主要研究结论及建议，并根据本书研究的局限和不足之处提出未来可能的研究方向。

13.1 主要研究结论及建议

本书从"如何界定网络能力的概念及测量维度""不同的网络能力对集群企业的组织学习和创新能力有何影响？"以及"不同的组织学习模式在网络能力和企业创新能力之间是否存在中介作用，若存在，是完全中介还是部分中介？"这三个问题出发，从网络能力和组织学习视角探究两者对企业创新能力的影响。根据现有研究，得出相应的概念模型及研究假设，并通过对浙江省集群企业的调研进行实证分析，通过回归分析以检验模型及假设，最终得到以下几个主要结论。

第一，根据相关理论研究，将企业网络能力界定为：企业由于自身能力及占用或控制的资源数量和质量而嵌入集群企业网络中的地位，具体表现在企业于关系网络中拥有的资源能力、所处的位置以及与网络内其他企业间的网络关系。同时，将根据企业网络能力的概念，将其分为位置中心性、联结强度和资源丰富度三个维度，研究其对集群企业创新能力的影响。研究结果表明，网络能力对集群企业的创新能力存在显著的正向影响。位置中心性、联结强度和资源丰富度均对企业的创新能力存在显著的正向影响，企业所处的网络位置越高，或企业间联结强度越强，或企业的资源越丰富，则越有助于企业创新能力的提高。如金华青年汽车制造有限公司，拥有雄厚的资金、强大的研发团队、专业的外国专家团队，其合作网络几乎是跨集群和跨国的，与集群内组织联系并不多，但是该企业却是金华汽车产业集群的龙头企业，拥有较高的地位及声望。由此可见，企业的资源越丰富，则其在集群中的网络能力越强，越有利于创新能力的提升。然而，位于平湖光机电产业集群的浙江欧迪恩汽车零部件有限公司，其规模比金华青年汽车制造有限公司小得多，但在本地集群网络嵌入较多，拥有较多的合作伙伴，并拥有或控制较多的资源，在集群中也拥有较高的位置中心性及较强的联结强度，所以该企业在网络中拥有较高的位势，有利于提高其创新能力。

　　针对网络能力对集群企业创新能力的影响，我们建议，对于集群内企业要不断提高在网络中的位置中心性，占据有利位置才能更易于接近和获得资源，通过企业间的合作，减少风险，实现技术互补，在资源获取上取得优势，有利于提升企业的创新能力；同时，集群内企业既要不断加强与合作伙伴之间的联结，提高相互间的信任程度，也要不断加强与集群外部的科研院校、行业协会等组织的联系，通过各类非正式与正式的交流扩大自身的网络关系，实现更多的资源流动及交换，从而提高企业的创新能力。资源作为企业间产生关系的媒介，对企业自身的要求也很高，企业只有自己拥有丰富的资源，其他企业才会愿意与其合作，达到互惠互利的结果。

所以，企业也需要不断提高资源丰富度，在增加自身的知识、技术存量的同时，不断加强对网络资源的控制与占有。因此，集群内企业要不断提高自身在网络中的位势，从而加速企业创新能力的提升。

第二，企业的组织学习对创新能力起到了正向的影响作用，本研究的结论也与关于两者的现有研究结论相一致。探索性学习和利用性学习是企业缺一不可的组织学习模式，都起到了非常重要的作用。对于个体企业而言，想要同时掌握这两种学习模式是极为困难的，但是由于企业间的网络为企业提供了丰富的资源，弥补了企业内部资源稀缺的局限性，有助于企业间的组织学习能力及效率的提升，进而提升企业的创新能力。企业探索性学习能力越强，越能从企业外部网络中获取和吸收有利于企业发展的知识和资源，新技术、新知识不断转化为企业内部知识及技术创新的源泉，不断提高企业的创新能力，从而提升企业的创新能力。企业利用性学习能力越强，则越能够不断地整合和利用内部已有的资源，挖掘出新的有利于企业发展的东西，既能节约企业获得知识资源及维持企业间长期合作的成本，又能够促进企业的创新能力。例如，阿里巴巴集团不断提高其探索性学习和利用性学习能力，研究开发出支付宝、余额宝等多项创新项目，有利于企业自身的发展，也带动了合作企业的发展，同时消费者也受益于阿里巴巴的各种产品。

针对组织学习对集群企业创新能力的影响，我们建议，企业要不断提高探索性学习和利用性学习的能力，两者缺一不可。企业应该努力营造良好的组织学习环境，促使每位企业员工都能够主动参与到组织学习中去，使组织学习成为企业文化的一部分。企业在网络中能够获得的多样化、异质性的资源，并非全部都对企业有利，因此需根据企业自身的发展进行选择和利用，所以企业需要不断提高探索性学习和利用性学习的能力，进而提高从内外部获得的资源的利用率和转化率，有助于企业产品、管理、技术等方面的创新能力的提升。因此，企业需不断提高自身的组织学习能力。

第三，组织学习在网络能力和企业创新能力之间起到了部分中介效应，企业网络能力对创新能力的影响是以组织学习为中介而实现的，企业通过增强探索性学习和利用性学习能力来提高创新能力。通过多元线性回归分析得到，探索性学习在位置中心性、联结强度和创新能力之间起到了部分中介效应，即位置中心性、联结强度部分通过探索性学习对企业的创新能力产生影响，也能够直接影响企业的创新能力；探索性学习在资源丰富度与创新能力之间起到了完全中介效应，即资源丰富度完全通过探索性学习对企业的创新能力产生正向影响作用。利用性学习在位置中心性、联结强度、资源丰富度和创新能力之间均起到了部分中介效应，即位置中心性、联结强度、资源丰富度部分通过利用性学习对企业的创新能力产生影响。

因此，网络能力对企业创新能力的提升产生影响时，离不开探索性学习和利用性学习的作用。若企业离开了组织学习，则无法将从外部获得的资源进行整合、利用，也不能创造出新的知识，那么企业的创新能力和竞争优势都会受到很大的影响。在知识型社会中，组织学习对企业的发展起到了至关重要的作用，企业通过组织学习不断地将外部知识变为对自身发展有利的内部知识，又不断地对内部知识进行挖掘，创造新的知识，最终转化为企业需要并能够利用的资源。所以，组织学习虽然起到了部分中介效应，但其对提高创新能力的作用是毋庸置疑的，故企业应该不断提高组织学习的能力，即探索性学习和利用性学习的能力。

13.2　研究的局限及展望

本书对企业网络能力概念进行了重新界定，并从位置中心性、联结强度和资源丰富度三个维度来测量网络能力；通过理论分析和实证研究获得了一些有意义的研究结论。但是，由于本研究属于探索性研究以及笔者个人的局限性，本研究仍存在一些不足，需要在后续研究中做更深入的完善。

（1）问卷调查的主观性

本研究被调查对象均为企业的管理者，他们对企业的情况比较了解，但是其中中层管理人员和基层管理人员差不多占了一半，而他们往往仅对其负责的部门比较了解；同时，被调查者在填写问卷时也必定存在一定的主观性，与企业的实际情况会产生偏差。

（2）样本选择区域的局限性

由于时间、能力和精力有限，本研究主要把浙江省集群企业作为样本进行实地调研，具有一定的地域特色，总体能够反映浙江省集群的一般情况。因此，本书在样本上缺乏普适性及多样性。

（3）变量测量的有限性

本研究根据国内外现有的研究量表，并结合企业调研及专家意见对问卷进行设计，通过信度和效度检验，能够保证变量测量的可靠性和有效性。本书分别选择企业结构位势、关系位势和资源禀赋中一个重要的测量维度，即位置中心性、联结强度和资源丰富度这三个维度来测量企业的网络能力。但是企业结构位势、关系位势和资源禀赋的测量维度可以有很多种，本书对网络能力测量变量的选择可能导致变量测量的片面性。在未来研究中，应当尽可能选择更合理、更全面的测量题项。

总的来说，学者们越来越关注企业网络能力理论，而网络能力对企业创新能力的影响将成为未来的研究趋势。一方面，由于本书测量变量的局限性，在今后的研究中可以设计出更为合理的网络能力的测量变量；另一方面，由于样本的局限性，在未来的研究中可以将不同的产业领域或不同规模的企业作为实证研究的对象，从不同的角度研究企业网络能力对创新能力的影响，提出更多不同的研究结论作为补充。

第四部分

双重网络嵌入—组织搜索—创新绩效

该部分综合运用网络嵌入性理论、组织搜索理论和创新绩效理论，从网络的双重嵌入为出发点，围绕「双重网络嵌入与企业创新绩效」这一研究主题，阐述了双重网络嵌入与企业创新绩效之间的内在机理，明确了地理位置上的本地网络和跨本地网络与不同创新绩效模式的作用机制，并讨论了本地网络和跨本地网络强弱的不同组合对企业创新绩效是否有显著性差异。在此基础上，引入组织搜索，探讨组织搜索在双重网络嵌入与创新绩效之间的中介作用。

14 ／ 相关理论综述

14.1　产业集群

14.1.1　产业集群理论的发展简述

产业集群理论最初来源于 19 世纪末由著名经济学家阿尔弗雷德·马歇尔提出的以规模经济和外部经济为集聚动因的企业集群理论，该理论认为企业聚集的动因是产业集群形成的内在机理。马歇尔在其《经济学原理》中阐明，外部经济是在特定地方因聚集大量相似的企业，特别是小型企业而获得的经济。随后，克鲁格曼在自己的研究中把劳动力市场共享、专业化附属行业的创造和技术外溢解释为马歇尔关于获取规模经济和外部经济的三个关键因素。

产业集群现象同样也引起了近代工业区位理论奠基人韦伯的兴趣，他指出企业是否在特定地方集聚主要取决于因集聚带来的效益与产生的成本之间的差距，使用等差费用曲线来度量集聚的程度，并指出工业集聚的最优点是实际支付费用的最小点。另一位区位经济学家巴顿则首次把创新与产业集群联系了起来，他指出，地理上的集聚一方面有利于知识、信息的扩散，另一方面也将带来企业之间的竞争，而竞争能促使改革与创新。

学者对产业集群的研究一直方兴未艾，但却未曾明确定义过产业集群这一概念，直到 1998 年美国哈佛商学院教授迈克尔·波特在其发表的《企业集群和新竞争力经济学》一文中，首次对产业集群进行了定义，他认为产业集群是集中在特定区域且在业务上是相互联系的一群企业与相关机构，并指出因集聚而形成的这种介于企业和市场之间的新组织——产业集群是企业竞争优势的来源，而在其随后的研究中总结了集群影响竞争力的三个方面：首先是提高集群企业的生产率；其次是提高集群企业的创新速率以及指明未来的创新方向；最后是促使新企业的成立，进而扩大集群内的企业数量。波特的集群竞争优势理论不同于资源基础理论，为学术界开创了新的研究视角。

波特的研究侧重于产业集群的整个宏观层面，而社会网络方法的引入则引发了学者从更加微观的视角来研究产业集群实际情况，并得到了许多有价值的研究成果，如 Granovetter（1973）的"关系理论"，以 Bourdieu（1985）和 Coleman（1988）为代表的"社会资本理论"（social capital），以及 Burt（1992）的"结构洞理论"（structural hole）。

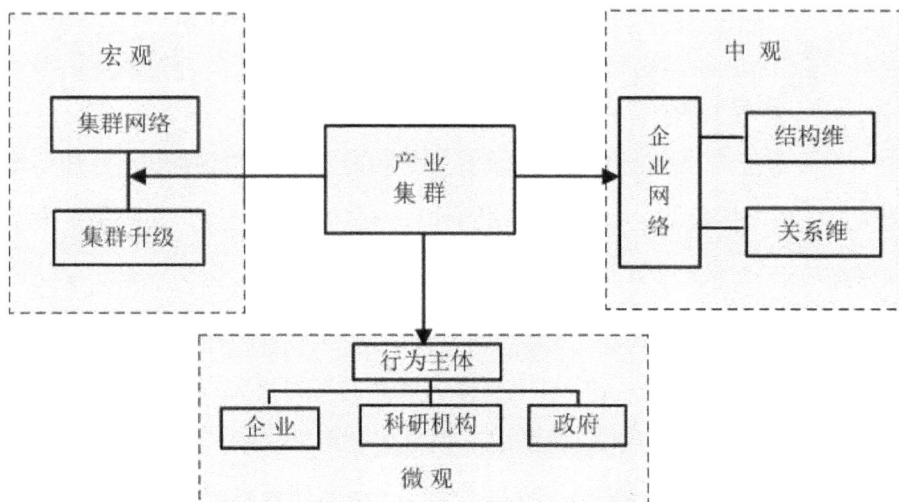

图 14-1 产业集群研究的层次逻辑图

14.1.2 产业集群现有研究视角

随着 Tichy、Tushman 和 Fombrum（1979）将社会网络方法（Social Network Analysis）引入管理学，以及复杂网络理论的应用，学者的研究不再仅关注个体行动者（个人、组织、群体）的行为属性，更多的是关注行动者之间的关系及其嵌入的复杂网络，认为行动者的行为并非个体属性决定，而是由其所在的社会关系、在网络中的位置以及所嵌入的网络结构特征决定的。

目前，学者们主要从三个层次对产业集群进行研究，即：宏观层的整个产业的集群网络以及集群转型升级的研究，主要侧重于集群网络的总体特征对整个产业集群创新的影响，以及集群升级的路径研究；其次是中观层的企业网络，企业网络是行为主体间构成的关系网络，主要从结构和关系两个维度展开研究，主要揭示了集群活动的内在机理；再次是微观层的行为主体研究，行为主体主要包括企业、科研机构（大学）和政府等，旨在研究不同的行为主体在整个产业集群中所扮演的角色，是对主体行为的剖析与细化。

（1）集群网络及集群升级：宏观

将集群作为一个整体研究，主要在于应用 Ucinet 和 Netdraw 软件来绘制集群的整个网络图，并由该网络图计算出总体特征指标，如网络密度、网络平均最短路径、节点的度分布等，旨在通过总体特征指标来研究集群属性。如孟韬（2007）对柳市电器集群的网络进行了刻画，得到该集群的网络密度为 4.9%，并且发现该电器集群具有很高的层次性、结构性和异质性。王发明、蔡宁和朱浩义（2006）通过度分布、网络平均最短路径长度以及聚集系数这三大特征指标分析了美国 128 公路衰退的原因。鉴于集群网络刻画的复杂性，部分学者开始采用仿真方法，如花磊等（2013）通过仿真得到了产业集群不同阶段的最优集体创新网络结构特征，林秋月、王文平等（2010）通过比较不同创新导向下的结构特征，指出探索性创新导向下的网络具有较短路径和较高的内聚性，而利用性创新导向下的网络具有较低的网络密度以及较为明显的派系特征。

产业集群升级是目前困扰学术界和实业界最大的问题，Humphery 和 Schmitz（2000）提出了集群升级的四种经典模式：工艺流程升级、产品升级、功能升级和链条升级。围绕这四种升级模式，学者们从不同的视角提出了集群升级的路径，如邬爱其（2009）、Grabher 和 Ibert（2006）的集群学习视角，他们指出基于本地和超本地的企业间合作、劳动力流动等集群学习方式有助于集群的转型升级；Schmitz（2006）、梅述恩和聂鸣（2007）的全球价值链视角，他们认为将产业集群嵌入全球价值链中有助于集群企业从价值链上获得知识并进行创新，从而使集群企业从价值链的低端转向中高端。

（2）企业网络：中观

企业网络是集群网络组成的子网络，在空间距离上可将其分为本地网络和跨本地网络，在功能上可将其分为研发网络、生产网络和营销网络。对企业网络的研究主要从关系和结构两个维度展开。

自 Granovetter（1973）提出了弱关系理论后，围绕关系理论而展开的研究已取得丰硕的成果，如 Katja（2011）通过实证分析指出企业间的联系，无论直接还是间接都对企业创新产生正向影响；蔡宁和潘松挺（2008）通过纵向案例的研究，得出关系强度与创新绩效之间存在着耦合性。此外，部分学者为探究网络关系与创新之间的内在机理，提出了组织学习、知识转移的中介作用，以及冗余资源的调节作用。网络结构是企业网络的另一维度，主要研究网络规模、网络中心性、网络位置等特征对企业知识流动、创新等的影响。

（3）行为主体：微观

Hakansson 和 Snehota（2006）提出集群网络是由参与者网络、行动网络、资源网络三者交互而成的，其中参与者网络由集群中的企业、科研机构、政府、中介组织等行为主体构成，且不同的行为主体扮演着不同的角色。其中企业是产业集群中的主体，集群转型升级的最终落脚点在于企业的创新，企业在集群中的行为是研究者关注的重点；科研机构在集群的产学研上扮演着重要的角色，其通过人才输送、知识共享、成果转换等方式促进集群的创新与发展；政府在集群整个生命周期中都扮演着战略引导和政策制定的角色，对于高新技术产业集群的形成显得尤为重要。

14.2　组织搜索

14.2.1　组织搜索内涵

组织搜索是组织科学、演化经济学、行为科学等诸多学科中的核心概念，Nelson 和 Winter（1982）首次提出了组织搜索的概念，认为组织搜索是组织为解决问题而进行的知识搜寻与获取的过程，具有四个特征：①组织搜索的目的是为了解决问题；②搜索行为发生在动态且复杂的环境中；③搜索会产生成本，且成本的大小与组织目标是否清晰有关；④企业在搜索中会形成一定的搜索路径和学习计划。企业通过搜索能够丰富其知识基础，是创新产生的重要前因。

与此同时，Huber（1991）也提出了自己对组织搜索内涵的鉴定，认为组织搜索可以看作组织学习过程的一部分，企业通过搜索获取外部知识，目的是解决不确定问题。因此，早期学者认为组织搜索是对知识搜索与获取的集合，并不包括对知识的整合与利用，是一个相对狭义的概念。而在后来的研究中，Laursen 和 Salter（2006）等学者把组织搜索看作对知识的搜寻、获取、整合与利用等一系列活动的集成，是一个相对广义的概念。

知识搜寻是组织搜索的第一步，主要是指定位企业外部知识源的位置，以及识别知识源的种类和数量；紧接着是知识获取过程，知识获取是对搜寻到的外部知识的采集与捕获行为；由于企业获取的外部知识与企业内部的知识基础有所差异，为了实现两类知识的更好融合，必须要对知识进行整合以转化为企业内部所需的知识，这其实也是知识消化吸收的过程；最后是企业进行组织搜索的最终目的，即对知识的利用，也就是将通过外部搜索整合成企业内部的知识有效地运用到组织日常运行中，以解决企业面临的新问题。

从上面的论述中可以看出，组织搜索并不是组织学习的一个过程，而是贯穿于学习活动的整个过程中，组织搜索对于企业发现新的市场机会、学习新的技术知识等方面起着关键的作用。Fabrizio（2009）曾强调组织搜索能促使企业提高自己的创新能力与绩效，类似地，Eisenhardt 和 Martin（2000）也指出组织搜索能够促使企业获取并保持自己的竞争优势。本研究采用组织搜索的广义概念，即组织搜索是对外部知识的搜寻、获取，以及获取后在企业内部的整合与利用。

14.2.2　组织搜索分类

学者们根据自己的研究视角与目的，对组织搜索做了不同类型的划分，分类研究推进了组织搜索理论的创新与深化，进一步厘清不同搜索类型之间的异同点，本研究将从内容和行为两个方面对众多搜索类型进行归类。其中内容类主要涉及的是搜索源问题，而行为类主要是指搜索策略问题。

（1）内容类

①本地搜索和远程搜索：这两种搜索类型是根据知识搜索所涉及的地理远近划分的，其中本地搜索是指搜索的地域范围局限于组织所处地及其周边的较小区域，一般而言，本地搜索到的知识与组织内部已有的知识基

础相似或相关，存在路径依赖；远程搜索是指搜索发生在除本地范围外的其他领域，通常表现为跨越了地区和国家的边界，是一种全球性的搜索活动，突破了组织原有的惯例，搜索到的是与组织原有的知识基础关联度低、异质性大的知识，因而远程搜索能有效地扩充企业知识的种类。

②科学搜索与技术搜索：这两种搜索类型划分的标准是资源异质性，其中科学搜索是指搜索到的知识涉及的是有关自然或社会现象的理论知识，一般与基础研究有关，搜索的目的是避免技术枯竭或突破技术瓶颈，好奇心与兴趣是驱使企业进行科学搜索的动力；技术搜索是指搜索到的知识是有关产品或服务开发的技能与经验的知识，一般与应用研究有关，搜索目的是拓展技术和知识基础，解决实际问题是企业进行技术搜索的动力。

③产品搜索和工艺搜索：这两种搜索类型划分的标准是搜索知识涉及的领域，其中产品搜索是为解决产品问题而展开的搜索活动，主要通过对产品技术思想进行创造或重新整合以提升现有产品或发明新产品；工艺搜索是为解决生产工艺问题而展开的搜索活动，旨在通过优化工艺或改进技术来提升产品生产过程中涉及的工艺与技术。

（2）行为类

①搜索深度与搜索宽度：搜索深度与搜索宽度是组织进行搜索的两种不同策略，其中，搜索深度侧重于在搜索过程中对知识的深度提取、整合与利用，目的在于增加知识的深度；搜索宽度侧重于从外部搜索到新的知识的数量，目的在于扩大知识的广度。

②集中搜索与广泛搜索：该种分类方法是根据组织是否进入新领域而展开的搜索策略，其中，集中搜索是指企业根据现有知识进行的搜索，其结果是企业进入与本身业务相关联的发展领域，使企业相关多元化；广泛搜索则是依据新知识而进行的搜索，其结果是企业进入与本身业务非相关的发展领域，使企业不相关多元化。

14.2.3　搜索深度与搜索宽度

（1）搜索深度与搜索宽度的定义

Katila 和 Ahjua（2002）将组织搜索从一维拓展到了二维，从深度和广度两个维度来度量组织搜索的行为特征，认为搜索深度是指企业通过搜索提高现有知识的专业化程度，搜索宽度则是指企业搜索新知识的广阔程度，但 Katila 和 Ahjua 关注的是企业内部的搜索活动。Lauren 和 Salter（2006）则将搜索活动聚焦于企业外部，认为对外部知识进行深度和宽度搜索有利于增强企业的适应能力和创新能力。

搜索深度是指组织对外部知识的搜寻、获取、整合与利用的纵深程度，即组织在外部知识搜索中，所搜索知识的提取强度与利用强度；搜索宽度是指组织对外部知识的搜寻、获取、整合与利用的宽广程度，即组织在外部知识搜索中，所搜索知识的数量水平及所涉及的知识领域的广阔程度。Huang 和 Lee（2010）从探索与利用两个角度对搜索深度与搜索广度做了区别，认为搜索深度侧重于对知识的利用，而搜索宽度侧重于对知识的探索。Schilling 和 Green（2011）对此做了详细的解释，认为搜索深度是根据企业已有的知识领域来搜索与此相关的知识，因此当搜索深度加强时，企业就会拥有更多的经验知识；而搜索宽度则是对全新领域的知识搜索，企业在未曾涉及的领域中探索并形成的新知识。

因此，本书认为，搜索深度是指组织对外部知识的搜寻、获取、整合与利用的纵深程度，重点关注的是企业根据已有知识而进行的外部知识搜寻、提取与再利用的程度；搜索宽度是指组织对外部知识的搜寻、获取、整合与利用的宽广程度，重点关注的是企业对外部新知识的探寻、吸收与整合的程度。

（2）搜索深度与搜索宽度的度量

有关组织搜索的度量，Katila 和 Ahjua（2002）最早引用专利使用情况来对搜索深度和搜索宽度进行测量，搜索深度定义为企业重复利用过去五年的专利数量之和与当年专利数量的比值，而搜索宽度则采用企业当年引用专利中新出现专利数量与当年专利数量的比值。Laursen 和 Salter（2006）将外部所有的知识源分成 16 种，搜索宽度通过企业对这 16 种知识源的应用数量来衡量，搜索深度则以企业应用知识源的纵深程度来表示。

由于我国专利数据的不健全，我国学者对搜索深度和搜索宽度的测度都以 Laursen 和 Salter（2006）开发的量表为基础，如胡宝亮、方刚（2013）对搜索宽度是从渠道和知识涉及领域的多少来度量的，而搜索深度则是从提取和利用的程度来测量的。陈学光（2010）等设计的量表在 Katila 和 Ahuja（2002）与 Laursen 和 Salter（2006）的基础上强调对搜索活动的查询。

14.3 创新绩效

创新并不是企业的目的，而只是一种手段，手段的目的在于结果，也就是创新的最终评判标准—绩效，绩效结果是创新行为开展的唯一评判标准（张琼瑜，2012）。创新绩效一般是指对企业技术创新活动效率和效果的评价。

关于创新绩效的内涵和理论，本书第一部分已有详细的阐述。影响产业集群创新绩效的因素有很多。例如，产业集群的网络特征会影响集群创新绩效。范群林等（2011）以四川德阳装备制造业集群为例，从节点度、中介中心度和结构洞三个维度，分析了装备制造业集群的创新网络结构嵌入性对集群企业创新能力增长存在的影响；董芳（2011）对文登家纺产业集群企业进行了实证研究，认为家纺产业集群本地网络与集群外部网络对企业创新绩效有明显的影响。再如，迈克尔.波特在评价国家的竞争优势时，提出了著名的"钻石模型"，强调生产要素，需求要素，相关产业和支持性产业，企业的战略、结构和竞争对手的优劣程度，以及政府的作用、机遇等因素会影响集群发展。

14.4 双重网络嵌入

14.4.1 嵌入性理论的起源与发展

Polanyi 在其著作《大变革》中认为，人类的经济行为并非独立，总是受经济与非经济制度的约束，并把这种现象称为人类经济行为的嵌入性，这便是嵌入性概念的最早由来，但这一概念当时并没有引起学术界的关注，直到 Granovetter 在 1985 年发表了《经济行为和社会结构：嵌入性问题》论文后，嵌入性理论才成为学术界的焦点并在以后得到了长久的发展。Granovetter 继承并发展了 Polanyi 提出的嵌入性观点，他认为在现实的经济社会中，经济主体既不可能完全脱离社会关系与结构，也不可能完全受限于该种模式，而是要适度融入其中，Granovetter 的这一观点得到了后续学者的支持。此外，Granovetter（1985）还将嵌入性分成结构嵌入和关系嵌入两类，这也引发了后来学者对不同嵌入性类型的讨论。如 Zukin 和 Dimaggio（1990）在 Granovetter（1985）基础上将嵌入性分为结构嵌入、文化嵌入、认知嵌入和政治嵌入四种类型；Hagedoorn（2006）根据嵌入层次的不同，由微观到宏观将嵌入性分为二元嵌入、组织嵌入和环境嵌入。虽然不同的学者对嵌入性的分类并非一样，但最终都分布在宏观、中观和微观三个层次上。

在众多嵌入性分类中，Granovetter（1985）对网络嵌入性的分类是最具经典的，众多学者围绕结构嵌入和关系嵌入也展开了大量的研究，并取得了丰富的研究成果。关系嵌入性主要用于分析集群网络中各主体之间相互连接的关系特征，如互惠程度、关系紧密程度、信任及关系质量等，可用关系强度、关系持久度、关系质量等维度进行刻画；结构嵌入性则用于描述行为主体在集群网络中的位置对其行为和创新绩效等的影响，可以用网络规模、平均最短路径、密度、度分布等定量指标进行刻画。

14.4.2　双重网络嵌入及运行机制

企业网络从空间距离可分为本地网络（集群区域内）和跨本地网络（集群区域外）；从功能维度可分为生产网络、研发网络和营销网络，而生产与营销处于供应链体系中，所以将生产网络与营销网络合并成供应链网络。因此，本书根据地理和功能两个维度将集群企业的网络划分成四种类型——本地研发网络、本地供应链网络、超本地研发网络和超本地供应链网络。其中，本地和超本地供应链网络是指集群企业与集群内外的供应商和客户所构成的网络，而本地和超本地研发网络是指集群企业与集群内外的大学、科研院所、技术联盟企业等主体构成的网络。

集群作为一种特殊的组织，其内部企业也具有自身特性，一方面，集群企业根植于本地网络，地理邻近性和文化邻近性有利于集群中的企业建立紧密的联系，从而促进信息分享和知识外溢；另一方面，在经济全球化的影响下，集群企业跨越组织边界与外部主体进行交互，以获得更多异质性的信息。基于此，本书将集群企业同时嵌入本地网络和跨本地网络的现象，定义为双重网络嵌入，它描述的是集群企业在地理空间上各种关系的总和，本研究中的双重具有两层含义，既包括地理维度上的本地和跨本地网络，也包含功能维度上的研发与供应链网络。

不同的网络具有不同的运行机制，已有研究指出本地网络（本地研发网络和本地供应链网络）的运行机制主要表现在集群学习和知识溢出两个方面，而跨本地网络（超本地研发网络和超本地供应链网络）由于地理距离较远，知识溢出随着空间距离的增加而递减，因此对跨本地网络而言，其运行机制体现在超集群学习上。集群企业是内生型企业，其独特的集群

	本地研发网络	超本地研发网络
功能维度		
	本地供应链网络	超本地供应链网络

地理维度

图14-2　集群企业网络分类示意图

情境有利于集群中的企业形成社会信任和共同的知识基础，因此可以有效保证知识，特别是隐性知识的传播与吸收。此外，集群学习和超集群学习实现的途径有两种：①供应链上或竞争对手之间的合作，包括供应商与生产商的合作、生产商与客户的合作以及生产商与辅助配套企业之间的合作，如外包等；②研发合作，如产学研联盟、技术联盟等。邬爱其（2009）在卡森案例中总结出了集群学习和超集群学习的主要表现方式：直接投资、战略联盟、业务往来、展销贸易会和聘请专家等。

14.5　文献综述点评

由上述文献综述可知，网络被视为企业知识、资源的重要来源，网络对企业创新绩效的重要性不言而喻，有关网络与创新之间的研究也已得到了长足的发展，丰富的研究成果也为本研究提供了较多的启示。虽然，现有部分研究已将集群企业的网络按地理维度划分为本地网络和跨本地网络，但鉴于本地网络和跨本地网络对企业知识获取的运行机制不一样，而企业不同创新所需的知识基础在宽度和深度上也有所差异，因此本地网络和跨本地网络对企业不同创新模式的影响是不同的，而关于该方面的研究较少。此外，企业

本地网络和跨本地网络的强弱是否会对创新有显著性的影响也缺乏讨论。最后，有关网络嵌入性作用于企业创新绩效的内在机理还有待深入挖掘，剖析两者之间的作用机制将是未来研究的重点内容之一。

15 ／ 模型构建与研究假设

15.1 模型构建

通过前文的文献综述可得，企业为兼顾现有收益和未来发展，必须进行利用性创新和探索性创新，而随着创新绩效的日益复杂化，企业内部的知识资源已无法满足创新的需求，企业必须跨越组织边界以获取外部知识，而企业网络正是企业获取外部知识的载体。集群企业在独特的集群情境下既拥有丰富的本地网络，又存在跨本地网络，本地网络和跨本地网络具有不同的运行机制，其网络内的知识基础在深度和宽度上有所差异，而不同的创新绩效所需的知识基础亦有所差异，因而本地网络和跨本地网络对不同的创新绩效具有不同的作用。此外，企业网络虽然为企业提供了资源禀赋，但网络内的知识如何作用于企业内部的创新绩效，这需要企业的一个战略行为——组织搜索，组织搜索是对网络内知识的搜寻、获取、整合与利用的过程，因而组织搜索在企业网络与创新绩效之间具有中介作用。基于此，本书提出了所要研究的概念模型，如图 15-1 所示。

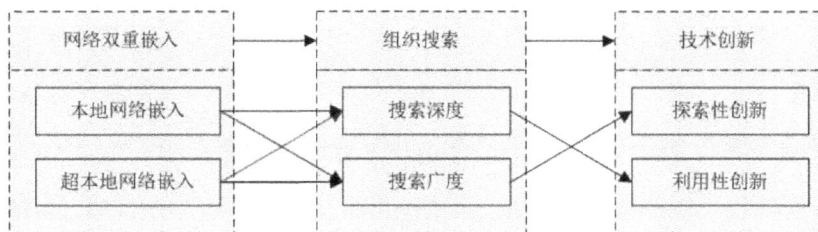

图 15–1　本部分概念模型

15.2 研究假设

15.2.1 双重网络嵌入对创新绩效的影响

资源基础观认为，企业的竞争优势来源于企业内部所拥有和控制的资源与能力，然而，一个企业的资源毕竟是有限的，无论是资源的种类还是数量，只关注内部资源的企业在经济全球化的今天显然是无法获得长久发展的，企业必须跨越组织边界与企业外部的其他主体进行交互以获得异质的且至关重要的资源，正如 Dyer（1996）所言，企业间的联系能够为企业提供关键性的资源，因为企业间的联系可以带来关系性租金，而关系性租金能进一步为企业带来竞争优势。企业与企业或企业与其他主体之间的联系就构成了企业的网络，Tsai 和 Ghoshal（1998）曾对企业网络的重要性给予说明，指出企业网络能够为企业提供知识与信息，同时也是影响企业创新绩效的关键因素。McEvily 和 Marcus（2005）则具体阐明了企业从网络中获取知识与信息的机制，指出网络中的显性知识通过信息分享和信任机制实现分享与转移，而隐性知识则通过与网络中其他主体联合解决问题而实现转移。Morgan 和 Hunt（1999）则进一步指出，具有承诺、信任和忠诚特征的关系具有持久性，有助于企业可持续创新的实现。总体而言，现有研究已充分肯定了网络嵌入作为企业获取外部信息、技术与知识的通道的正向作用，网络有利于企业创新绩效的提升。

集群企业在独特的集群情境下既拥有丰富的本地网络，又存在跨本地网络，越来越多的研究开始分别探讨这两种地域不同的网络对集群企业创新及绩效的影响。产业集群是一个地方性根植网络，因此传统产业集群理论强调集群企业嵌入本地网络，集群中的企业作为集群中的结点，一方面在集群情境下能获得非集群企业无法获取的溢出知识，另一方面依托集群内正式或非正式的网络基础，与集群中的其他结点（供应商、客户、同行企业、大学科研院所等）发生联系，为企业开展组织搜索提供路径，从而使企业获取集群内的关键资源。此外，Hendry 和 Brown（2006）指出集群企业与非集群企业相比，不仅在集群内拥有丰富的企业间网络，还具有较高水平的本地研发网络，因此集群企业具有更高的创新能力与绩效。

　　学者们通过对世界各地的产业集群进行研究后发现，跨本地网络的缺乏容易造成本地功能锁定、技术锁定和认知锁定，从而导致产业集群衰落。如王发明、蔡宁（2006）等学者分析美国 128 公路区产业集群衰退的原因是不具有硅谷产业集群开放型的网络，从而导致了技术锁定；戴维奇等（2013）通过实证研究得出对于集群升级而言，跨本地网络的作用显然大于本地网络。因此，集群企业在嵌入本地网络的同时，应积极注重跨本地网络关系的构建，使之能够搜索并获取异质类的信息，以获取持续的竞争优势。例如，Hendry 等（2006）通过实证研究发现跨本地网络有助于提升集群企业的创新，原因在于超本地的连接能够使企业获取复杂化且异质性的信息。基于此，笔者提出如下假设：

　　假设 1a：双重网络嵌入对集群企业利用性创新具有正向作用。

　　假设 1b：双重网络嵌入对集群企业探索性创新具有正向作用。

　　与此同时，已有研究发现，本地网络、跨本地网络对集群企业创新绩效具有不同性质的作用。Corso 等（2003）在研究意大利集群后指出，本地学习是对已有知识的利用性学习，一般局限于本地网络内，而超本地学习是探索性学习，一般发生在集群外部的跨本地网络内。具体而言，企业通过本地网络的嵌入能搜索到产业集群内其他主体的专有知识和复杂知识，使其在已有领域进行深度挖掘，有助于利用性创新能力的提升；而集群企业通过嵌入跨本地网络能搜索到更多异质性的知识，使其能够进入全新的领域，从而有利于探索性创新能力的提升。基于此，笔者提出如下假设：

　　假设 2a：本地网络嵌入对集群企业利用性创新提升的作用大于跨本地

网络嵌入。

假设 2b：跨本地网络嵌入对集群企业探索性创新提升的作用大于本地
网络嵌入。

15.2.2　组织搜索对创新绩效的影响

企业进行创新绩效的基础是企业获取新的知识或在原有知识基础上进
行深度挖掘以发现新的组合。组织搜索是组织为解决问题而进行的知识搜
寻与获取的过程，组织搜索一方面能够为企业带来新的、异质的知识，另
一方面能够使企业易于发现已有知识的重新组合机会，因此组织搜索活动
有利于企业的创新绩效的提高，但不同的组织搜索类型与创新绩效之间存
在着耦合关系。本书沿用 Katila 和 Ahuja（2002）的观点，从搜索策略角
度将组织搜索划分为搜索深度和搜索宽度。其中，搜索深度是指组织对外
部知识的搜寻、获取、整合与利用的纵深程度，即组织在外部知识搜索中，
所搜索知识的提取强度与利用强度；搜索宽度是指组织对外部知识的搜寻、
获取、整合与利用的宽广程度，即组织在外部知识搜索中，所搜索知识的
数量水平及所涉及的知识领域广阔程度。

搜索深度和搜索宽度是两种不同类型的搜索策略，具有不同的搜索路
径，在搜索过程中具有各自的搜索重点。Huang 和 Lee（2010）指出搜索
深度侧重于对知识的利用，而搜索宽度侧重于对知识的探索。具体而言，
搜索深度是基于企业现有的知识领域来搜索与此相关的知识，因此当搜索
深度加强时，企业就会拥有更多的经验知识；而搜索宽度则是对新的知识
领域的搜索，是企业在未知领域中探索所形成的新知识。由此可知，搜索
深度是基于企业现有知识基础，在搜索的过程中侧重于对现有知识的深度
挖掘，有利于拓展企业已有的知识深度，因而有助于发现知识之间的新联
系和知识的重新组合，能够激发企业的利用性创新；而搜索宽度以发现知
识的多样性和异质性为目的，侧重于知识的种类而非数量，有利于延伸企

业的知识宽度，有助于企业探索性创新能力的提升。基于此，本书提出的组织搜索与集群企业创新绩效之间的假设关系如下：

假设 3a：搜索深度对利用性创新具有正向作用。

假设 3b：搜索宽度对探索性创新具有正向作用。

15.2.3　双重网络嵌入对组织搜索的影响

随着经济全球化的加速，产品生命周期不断缩短，创新绩效所需知识日益复杂化与多样化，传统的封闭式系统可能会使组织形成核心刚性或陷入能力陷阱。因此，不论是实业界还是学术界都倡导要跨越组织边界，从外部搜索知识以弥补内部知识与资源的不足，克服"非此地发明"的模式障碍。组织搜索是为解决问题或发现机会而进行的信息搜集过程，也是对外部知识的搜寻、获取、整合与利用过程，因此必然会产生搜索成本。而企业所处的外部环境具有动态性和复杂性，组织搜索若杂乱无章地进行必然导致搜索成本的增加，因此必须依据一定的搜索路径。企业网络为组织搜索提供了基础，根据 Hakansson 和 Snehota（1989）对网络构成的基本框架可知，网络由参与者、网络资源以及参与者之间的关系构成，其中参与者包括企业、政府、科研机构、金融机构、中介组织等多种多样的主体，网络资源主要包括人力、物力、资本、知识和信息等要素，参与者之间的关系引申出基于契约的正式关系和基于非契约的非正式关系。

本地网络中正式关系与非正式关系并行，而跨本地网络中主要以正式关系为主。不论是企业的正式还是非正式关系，只要能与网络中的其他主体建立联系，就能为企业进行组织搜索提供路径，企业按照路径进行搜索具有方向性，能够减少不必要的搜索活动，因而能缩短搜索距离，降低搜索成本。笔者提出双重网络嵌入与组织搜索之间的关系假设如下：

假设 4a：双重网络嵌入对集群企业搜索深度具有正向作用。

假设 4b：双重网络嵌入对集群企业搜索宽度具有正向作用。

如上文所述，集群企业为突破核心刚性或走出能力陷阱，必须跨越组织边界，从企业外部搜索知识，网络的双重嵌入能为组织搜索提供路径与搜索来源，但本地网络、跨本地网络由于网络的知识基础不一样，对企业组织搜索的作用也不同。本地网络中，地理邻近性和认知邻近性导致集群内部主体之间具有共同的知识基础，因而在搜索过程中企业容易识别目标知识且能对知识进行深度挖掘。同时集群中的非正式网络有利于企业搜索到复杂且隐性的知识，因此本地网络适合企业进行深度搜索。而跨本地网络由于主体之间距离较远、范围更广，导致网络内存在较大的文化距离和认知距离，因此使得跨本地网络成为一个契约型的正式网络，企业沿着正式关系的路径搜索能够获得与企业知识基础相异的信息。跨本地网络与本地网络相比，其所涉及的范围更广，主体更具多样性，知识更具异质性，因此跨本地网络适合进行广度搜索。此外，有学者从不同的搜索类型所适合的范围出发，为搜索类型之间建立了联系，如 Patel 和 Van de Have（2010）认为与搜索深度相关联的是近程搜索，而与搜索宽度有关的是远程搜索。也就是说，搜索深度的适宜范围与近程搜索所限定的区域相类似，即一般处于本地网络中；而搜索宽度的适宜范围则与远程搜索一样需要突破组织原有的惯例，跨越地区和国家的边界，即处于跨本地网络中。基于此，笔者提出如下假设：

假设 5a：本地网络嵌入对集群企业的搜索深度作用大于跨本地网络嵌入。

假设 5b：跨本地网络嵌入对集群企业的搜索宽度作用大于本地网络嵌入。

15.2.4　组织搜索的中介作用

有关网络嵌入性与企业创新绩效的机制研究，目前主要聚焦于企业学习、知识整合、知识共享等，无论是企业学习还是知识整合与分享，其前提都需要捕捉到对象，而组织搜索就是这么一个过程，组织搜索包含知识的搜寻、获取、整合与利用等一系列过程。网络是各种知识汇聚的载体，企业通过组织搜索能够增加企业内部知识的存量，促进企业内部知识基础的更新，从而有利于企业创新绩效的提升。

由前文可知，企业网络为组织搜索提供搜索知识源和搜索路径，不论是进行深度搜索还是宽度搜索，都有利于降低搜索成本。搜索深度关注的是可以产生深度交流的知识源，因而对搜索深度而言，知识源的数量是有限的，强调的是搜索活动的强度。搜索深度有利于企业获取复杂且隐性的知识，因而有利于提升企业的利用性创新；与此相反，搜索宽度侧重的是外部知识的数量，因而对搜索宽度而言，知识源的分布范围具有广泛性，强调的是搜索活动的多样性，因而能够为企业带来多种多样的知识，有助于企业探索性创新的激发。基于此，笔者提出如下假设：

假设 6a：搜索深度对"双重网络嵌入—利用性创新"具有中介作用，即双重网络嵌入正向影响搜索深度，而搜索深度正向影响利用性创新。

假设 6b：搜索宽度对"双重网络嵌入—探索性创新"具有中介作用，即双重网络嵌入正向影响搜索宽度，而搜索宽度正向影响探索性创新。

15.3　本章小结

本章在已有理论的基础上，综合运用网络嵌入理论、组织搜索理论和创新绩效理论，从网络的双重嵌入为出发点，围绕"双重网络嵌入与企业创新绩效"这一研究主题，阐述了双重网络嵌入与企业创新绩效之间的内在规律，明确了本地网络和跨本地网络与不同创新绩效模式的作用机理，并在此基础上，引入组织搜索，探讨了组织搜索在双重网络嵌入与创新绩效之间的中介作用，最终在概念模型的框架下形成了本书的 12 个研究假设。

表 15-1　研究假设内容汇总

假设序号	研究假设内容
假设 1a	双重网络嵌入对集群企业的利用性创新具有正向作用
假设 1b	双重网络嵌入对集群企业的探索性创新具有正向作用
假设 2a	本地网络嵌入对集群企业利用性创新提升的作用大于跨本地网络嵌入
假设 2b	跨本地网络嵌入对集群企业探索性创新提升的作用大于本地网络嵌入
假设 3a	搜索深度对利用性创新具有正向作用
假设 3b	搜索宽度对探索性创新具有正向作用
假设 4a	双重网络嵌入对集群企业搜索深度具有正向作用
假设 4b	双重网络嵌入对集群企业搜索宽度具有正向作用
假设 5a	本地网络嵌入对集群企业的搜索深度作用大于跨本地网络嵌入
假设 5b	跨本地网络嵌入对集群企业的搜索宽度作用大于本地网络嵌入
假设 6a	搜索深度对"双重网络嵌入—利用性创新"具有中介作用，即双重网络嵌入正向影响搜索深度，而搜索深度正向影响利用性创新
假设 6b	搜索宽度对"双重网络嵌入—探索性创新"具有中介作用，即双重网络嵌入正向影响搜索宽度，而搜索宽度正向影响探索性创新

16 ／ 研究方法设计

16.1　问卷设计

科学的问卷是获得真实、有效数据的基础，本研究的问卷设计主要结合了四种方法。

第一，通过文献的阅读与研究形成初步的问卷设计。本研究涉及三个变量，即双重网络嵌入、组织搜索和创新绩效，在阅读大量文献的基础上，通过分析和比较各个学者对有关变量的测度，并结合本研究的目的，形成了问卷的初步设计。

第二，通过实际调研修改问卷设计。在暑假期间，以国家自然科学基金项目为契机，跟随导师的研究团队进行了实地调研，走访了平湖光机电、德清生物医药、慈溪家电、临安节能灯等多个具有地方特色的产业集群，通过对企业高层的直接访谈，获得了大量有关集群企业现状的一手资料，同时也得到了企业关于本次问卷设计的反馈意见。

第三，通过学术研究团队的讨论完善问卷设计。导师的国家自然科学基金研究团队会定期召开学术会议，该团队中的老师都是博士毕业且研究方向都是产业集群、创新绩效等领域，通过向各位老师征询意见以进一步完善问卷的设计。

第四，通过预调研，修改并形成最终问卷。问卷的预调研选择了临安节能灯产业集群，根据现场填写问卷反馈的意见，针对问题解释、语言措辞等方面进行了问卷的修改，并形成了问卷的最终版本。

16.2　变量测量

本研究涉及的变量主要包括创新绩效（探索性创新、利用性创新）、组织搜索（搜索深度、搜索宽度）、双重网络嵌入（本地网络嵌入、跨本地网络嵌入），以及控制变量集群类型与企业所处生命周期阶段。

16.2.1　因变量：创新绩效

学者们对探索性创新和利用性创新的测量采用了主观与客观相结合、一手数据与二手数据相结合的方法。Jansen 等（2006）从技术与市场两方面对探索性创新和利用性创新进行了量表开发，共采用 7 个题项进行测量。Alexiev 等（2010）在此基础上，对上述量表进行修正，采用 5 个题项对探索性创新进行重新测量，同时使用客观二手数据交叉验证的方法对量表的科学性进行了验证。Phelps（2010）则只采用了客观测量法，使用专利的新引用数除以总引用数来测量探索性创新，并采用另外一种客观测量来进一步交叉验证，即设定一个年份为时间点，考察该时间点过去 7 年中没有专利所属的三位数字的技术类别的数目。由于国内知识产权制度的不健全和专利数据的缺乏，本书对探索性创新和利用性创新的度量采用量表的形式，主要参考 Jansen（2006）等和 Alexiev 等（2010）开发的量表。

表 16-1　因变量测量——创新绩效

变量	题项	测量依据
探索性创新	我们寻求到了新的、有发展前景的新技术	Jansen，Bosch & Volberda(2006)；Alexiev，Jansen，Bosch & Volberda (2010)
	我们发明了新的产品和服务	
	我们试验了新的产品和服务	
	我们注重开发或应用全新的技术	
	我们注重开拓新市场	
利用性创新	我们努力改进现有产品和服务	
	我们巩固和扩大现有市场规模	
	我们注重降低生产 / 服务成本	
	我们注重提高产出	
	我们努力为现有客户提供更多的服务	

16.2.2　自变量：双重网络嵌入

双重网络嵌入包含两层含义，一是以空间距离划分的本地网络和跨本地网络，二是按功能作用划分的研发网络和供应链网络，因此本书研究的企业网络可分成四种类型——本地研发网络、本地供应链网络、超本地研发网络和超本地供应链网络，其中研发网络主要是指集群企业与集群内外的高校、科研院所、科技服务平台等构成的网络，供应链网络是指集群企业与集群内外的供应商、客户、同行企业等构成的网络。

表 16-2　自变量测量——双重网络嵌入

变量		题项	测量依据
本地网络嵌入	本地供应链网络	我们与本地供应商交流频繁	Granovetter (1973,1992)；Uzzi(1999)
		我们与本地客户/用户交流频繁	
		我们与本地同行企业交流频繁	
		我们与本地供应商建立了长期合作关系	
		我们与本地客户/用户建立了长期合作关系	
		我们与本地同行企业建立了长期合作关系	
	本地研发网络	我们与本地高校、科研院所交流频繁	
		我们与本地公共科技服务平台交流频繁	
		我们与本地其他科技服务机构交流频繁	
		我们与本地高校、科研院所建立了长期合作关系	
		我们与本地公共科技服务平台建立了长期合作关系	
		我们与本地其他科技服务机构建立了长期合作关系	

变量		题项	测量依据
本地网络嵌入	超本地供应链网络	我们与超本地供应商交流频繁	Granovetter (1973,1992); Uzzi(1999)
		我们与超本地客户／用户交流频繁	
		我们与超本地同行企业交流频繁	
		我们与超本地供应商建立了长期合作关系	
		我们与超本地客户／用户建立了长期合作关系	
		我们与超本地同行企业建立了长期合作关系	
	超本地研发网络	我们与超本地高校、科研院所交流频繁	
		我们与超本地公共科技服务平台交流频繁	
		我们与超本地其他科技服务机构交流频繁	
		我们与超本地高校、科研院所建立了长期合作关系	
		我们与超本地公共科技服务平台建立了长期合作关系	
		我们与超本地其他科技服务机构建立了长期合作关系	

嵌入性是指行动者的经济行为嵌入在由行动者所构成的关系网络中，因而关系网络中的某些要素如互惠、共同愿景、信任等会影响该行动者的经济行为。本研究中的嵌入性特指关系嵌入性，Granovetter（1973）首先提出了关系强度的概念，认为关系强度由交流时间、情感紧密程度、熟识度和互惠性四个维度组成，之后不同的学者在此基础上进行了拓展，如我国学者潘松挺和蔡宁（2010）基于中国实践开发了包括接触时间、合作交流范围、投入资源和互惠性四个维度的关系强度测量量表。本书参照Granovetter（1973，1992）、Uzzi（1999）的研究，以关系频繁度和关系持久度测量本地网络和跨本地网络的关系嵌入性。

16.2.3 中介变量：组织搜索

本书将组织搜索划分为搜索深度和搜索宽度，目前学术界有关搜索深度与搜索宽度的测量已有成熟的方法，即先识别外部知识源，然后根据企业是否使用外部知识源以及使用的程度来分别测量搜索深度与搜索宽度。虽然不同学者对外部知识源的鉴定不一样，如 Nieto 等（2007）将外部知识源划分为五类，即大学、科研机构、竞争对手、用户和供应商，而 Henttonen 等（2011）则将外部知识源更加细分，并归结成四大类知识，即市场驱动类、科学驱动类、中介类以及综合信息类，本书对外部知识源的划分参照 Laursen 和 Salter（2006），即把外部知识源分成市场类、结构类、其他类和标准类四大类 16 种知识源（见表 16-3）。

表 16-3　外部知识源

类别	知识来源
市场类知识	设备、原材料等供应设备、原材料等供应商，承包商
	消费者、分销商
	竞争对手
	咨询顾问
	独立的商业实验室和研发企业
机构类知识	大学或其他高等教育机构
	政府的研究组织（如研究所等）
	其他公共部门（如生产力促进中心等）
	私人研究机构
其他类知识	专业论坛、学术会议
	行业协会
	技术、贸易出版物，计算机数据库
	交易会、博览会

类别	知识来源
标准类知识	技术标准
	健康、安全标准和规定（如 HACCP 等）
	环境标准和规定（如 ISO14000 等）

搜索宽度测量：将外部 16 种知识源的每种知识源都标记成二元变量 0 和 1，0 表示企业没有使用这种知识源，1 表示企业使用了该种知识源，然后将这 16 种知识源简单相加，所得的和就是企业搜索的宽度，当和为 0 时表示企业没有使用任何外部知识源，而当和为 16 时则表示企业使用了外部所有的知识源。

搜索深度测量：同样是针对上述 16 种外部知识源，首先用 0—5 表示企业对各种知识源的使用程度，0 表示企业完全没有使用该种知识源，1 表示企业很少使用该种知识源，2 表示企业较少使用该种知识源，3 表示企业使用该种知识源的程度为一般，4 表示企业较高使用该种知识源，5 表示企业高度使用该种知识源；然后将知识源的得分进行二元(0—1)编码，0 代表搜索程度较浅(包含尚未使用、使用很少、使用较少和使用程度一般)，1 代表搜索程度较高（包含较高使用和高度使用）。Laursen 和 Salter 对搜索深度和搜索宽度的测量方法虽然简单，但已被学者们广泛采用，且表现出良好的内部一致性和测量效度，因而，本研究也采用该种方法来测量搜索深度和搜索宽度。

16.2.4 控制变量：集群类型、企业所处生命周期阶段

（1）集群类型

不同类型的产业集群在产业知识基础和创新绩效机会等方面均有所差异，而这可能会影响集群企业的战略搜索行为，进而影响企业创新绩效的结果，因此将集群类型作为控制变量，在回归模型中加入一个虚拟变量。

（2）企业所处生命周期阶段

集群企业在生命周期的不同阶段所依赖的网络在地理上是有所区别的，在创业期可能更多地依赖于本地的人际网络，在完成原始资本积累后，集群企业在之后的发展过程中有能力突破本地界线嵌入到跨本地网络中以获取更多异质性的知识，因此集群企业在生命周期中本身拥有的能力和所需的知识决定了企业网络的发展方向，因此本书将集群企业的生命周期阶段作为控制变量，在回归模型中加入三个虚拟变量。

16.3 数据收集

本书研究对象为集群企业，考虑到笔者及研究团队所具有的条件，进一步将集群限制在浙江省内。浙江是我国产业集群最活跃和最集中的地区，同时在全国产业集群中具有较好的代表性和典型性，因此对浙江集群企业的研究有助于研究结论的普遍性和适用性。在确定了研究对象后，本书主要通过以下三种途径进行问卷的发放和数据的收集：

（1）在企业实地访谈过程中进行问卷的发放和收集

2014 年 7 月到 9 月，跟随国家自然科学基金项目走访了平湖光机电产业集群、德清生物医药集群、慈溪家电集群、临安节能灯等多个集群，在企业访谈开始前将问卷发给企业高层，访谈结束后回收问卷，这种现场面对面的问卷调研效率最高，且所获取的问卷数据也较准确。据统计，通过该种方法共发放问卷 40 份，回收 40 份，回收率达 100%，其中有效问卷数达 38 份，问卷有效率为 95%。

（2）向 MBA 中心学员发放问卷

在导师的帮助下，利用 MBA 学员课间休息时间向其发放问卷，并进行当场回收，MBA 学员一般都是企业的中高层管理者，对企业的发展状

况有较好的了解和整体把握，同时也具备应有的知识来回答问卷中所涉及的问题。通过该种方法共发放问卷 185 份，回收 102 份，回收率为 55%，其中有效问卷数为 58 份，问卷有效率为 57%。

（3）通过网络进行问卷发放与收集

利用研究团队成员的社会关系网，以电子邮件的形式发送给企业里的工作人员，同时也通过电子邮件的方式进行问卷回收。该方法最不受人为控制，回收周期长，问卷的有效性也比较低。据统计，通过该方法共发放问卷 177 份，回收问卷数目为 85 份，回收率为 48%，其中有效问卷数 34 份，问卷有效率为 40%。

通过上述三种途径进行问卷的发放与回收，总计发放问卷 402 份，回收 227 份，问卷回收率为 56%，其中有效问卷数为 130 份，问卷有效率为 57%。

表 16-4　问卷发放与回收情况汇总表

问卷发放与回收的方式	发放问卷	回收问卷	问卷回收率	有效问卷	问卷有效率
实地调研	40	40	100%	38	95%
MBA 学员	185	102	55%	58	57%
网络	177	85	48%	34	40%
合计	402	227	56%	130	57%

16.4　本章小结

本章主要介绍了研究方法的设计过程，涉及问卷的设计、各种变量的测量以及研究所需数据的收集。其中，问卷设计经过多次修改而成，主要通过文献阅读、实际调研、学术讨论以及对问卷的预调研等步骤不断完善并形成最终的调研问卷；变量测量将本研究所涉及的自变量、因变量、中介变量以及控制变量进行了详细的阐述，并在前人研究的基础上给出了相应的测量题项；数据收集主要通过企业实地调研、向 MBA 学员发放问卷以及网络调研这三种途径进行。

17 ／ 实证研究结果与分析

17.1 描述性统计分析

本章首先对调研对象集群企业的基本信息做描述性统计分析，主要涉及企业成立的年限、企业所处的生命周期阶段、企业员工的人数、在本行业所处的地位以及企业近三年的平均销售额情况等。本次调研共发放问卷402 份，其中有效问卷为 130 份，主要涉及生物、光机电、服装、节能灯、电子等多个产业集群。

表 17-1　企业基本信息汇总表

企业特征	类别	频次	所占百分比
企业年龄	1—5 年	21	16%
	6—10 年	23	18%
	11—20 年	64	49%
	20 年以上	22	17%
员工人数	50 人以下	13	10%
	50—300 人	39	30%
	300—1000 人	42	32%
	1000 人以上	34	26%
	没填	2	2%

企业特征	类别	频次	所占百分比
发展阶段	初创期	10	8%
	成长期	62	48%
	成熟期	54	41%
	衰退期	4	3%
本地行业所处的地位	行业龙头企业	34	26%
	行业偏大型企业	38	29%
	行业中型企业	40	31%
	行业偏小型企业	10	8%
	行业小型企业	8	6%
平均销售额	小于 500 万元	10	7%
	500 万—3000 万元	20	15%
	3000 万—1 亿元	31	25%
	1 亿—10 亿元	41	32%
	10 亿元以上	28	21%

130 份有效问卷的企业信息汇总如表 17-1 所示，从企业年龄看，将近一半的被调研企业其成立的年数在 10—20 年之间，其余各区间年龄段分布比较均衡，因而本次问卷收集的数据能够有效地体现出集群企业在不同年龄段所表现出的特征；由企业员工人数的统计数据可知，员工数目小于等于 50 人的所占比例较少，其他各区间段分布也比较均衡；从企业发展阶段看，被调研的企业绝大部分处于成长期或成熟期，很少企业是刚创业或已步入衰退阶段；此外，调研中的企业在本地行业中所处的地位以中型企业以上为主，这主要与问卷的调研方式有关，实地调研一般都是访谈当地产业集群中比较大型的企业，而通过 MBA 中心向学员发放的问卷经统计也以中型企业以上为主；企业近三年的平均销售额与企业的行业地位分布类

似。因此，总体而言，此次问卷调研对象覆盖了大、中、小各类的集群企业。

本次问卷的填写者需要了解企业的整体情况和基本信息，以保证获取数据的有效性。由表 17-2 可知，51% 的填写者在该企业已经服务 4—8 年，37% 的填写者来自企业的管理部门，此外，问卷填写者大部分来自企业的高层（24%）和中层（39%），由此可见，本次问卷的填写者基本上能够保证获取数据的有效性。

表 17-2　问卷填写者基本情况

特征	类别	频次	所占百分比
在该企业的工作年限	3 年以下	49	38%
	4—8 年	67	51%
	8 年以上	10	8%
	没填	4	3%
所在部门	管理部门	48	37%
	技术部门	29	22%
	销售部门	37	29%
	生产部门	7	5%
	没填	9	7%
职务	高层管理人员	31	24%
	中层管理人员	51	39%
	基层管理人员	33	25%
	没填	15	12%

17.2　信度与效度检验

17.2.1　效度检验

所谓效度是指开发的量表能够真正测度变量的程度，即测验结果的正确或可靠程度，效度高则表示测量的结果能够较好反映所要测量变量的真正特征。本研究中，效度检验是指对构建效度的检验，而因子分析则是构建效度检验的常用方法，通过计算 KMO 指标值来判别数据能否做因子分析，一般认为，若 KMO 的值小于 0.5，则表示不合适做因子分析。若 KMO 的值显示能够做因子分析，则进一步采用最大正交旋转来提取共同因子，以使数据简化。

（1）创新绩效的因子分析

对创新绩效量表中的 10 个变量进行因子分析，其检验结果显示 KMO 值为 0.884，巴特利球体检验的 x^2 统计值显著，说明本研究收集的数据适合做因子分析。表 17-3 显示的是因子载荷系数，由表 17-3 可知，10 个变量共析出 2 个公因子，累计解释总变异的 66.392%。每个题项的因子载荷均大于 0.5，其中最大因子载荷为 0.848，最小因子载荷为 0.711，符合统计要求，说明创新绩效的量表设置具备构建效度。

表 17-3　旋转后创新绩效的因子载荷

题项		共同因子	
		1	2
探索性创新	我们寻求到了新的、有发展前景的新技术	0.803	0.342
	我们发明了新的产品和服务	0.848	0.173
	我们试验了新的产品和服务	0.790	0.284
	我们注重开发或应用全新的技术	0.768	0.306
	我们注重开拓新市场	0.783	0.196
利用性创新	我们努力改进现有产品和服务	0.234	0.715
	我们巩固和扩大现有市场规模	0.177	0.782
	我们注重降低生产/服务成本	0.250	0.777
	我们注重提高产出	0.223	0.711
	我们努力为现有客户提供更多的服务	0.300	0.754

（2）双重网络嵌入的因子分析

对双重网络嵌入量表中的 8 个变量进行因子分析，其检验结果显示 KMO 值为 0.770，巴特利球体检验的 x^2 统计值显著，说明本研究收集的数据适合做因子分析。表 17-4 显示的是因子载荷系数，如表 17-4 所示，8 个变量共析出 2 个公因子，累计解释总变异的 75.716%。每个题项的因子载荷均大于 0.5，其中最大因子载荷为 0.895，最小因子载荷为 0.783，符合统计要求，说明双重网络嵌入的量表设置具备构建效度。

表 17-4　旋转后创新绩效的因子载荷

题项		共同因子	
		1	2
本地网络嵌入	本地供应链网络关系频繁度	0.819	0.143
	本地供应链网络关系持久度	0.798	0.329
	本地研发网络关系频繁度	0.867	0.008
	本地研发网络关系持久度	0.868	0.273
跨本地网络嵌入	超本地供应链网络关系频繁度	0.082	0.895
	超本地供应链网络关系持久度	0.056	0.873
	超本地研发网络关系频繁度	0.289	0.783
	超本地研发网络关系持久度	0.331	0.814

17.2.2　信度检验

所谓信度检验是指检验测量结果的一致性与稳定性程度，本书采用 Cronbach's α 系数来进行信度检验，取值范围是 0—1，较高的 Cronbach's α 系数以及题项间相关系数才能保证同一测量变量各题项之间的内部一致性。学者 DeVellis（1991）认为 α 系数的最小可接受范围是 0.65—0.70 之间，

0.70—0.80 之间的 α 系数可以认为比较好，而在 0.80—0.90 之间的 α 系数则表示非常好，此外，对题项间相关系数则要求大于 0.35。

由表 17-5 可知，本研究的测量变量其 α 系数都大于 0.80，题项间相关系数也都大于 0.40，符合统计判断标准，由此可见，本研究所涉及的变量之间具有较高的内部一致性。

表 17-5　测量变量信度分析结果

因子	题项	Alpha 值	Item-to-total	
			最小值	最大值
本地网络嵌入	本地供应链网络关系频繁度	0.881	0.515	0.794
	本地供应链网络关系持久度			
	本地研发网络关系频繁度			
	本地研发网络关系持久度			
跨本地网络嵌入	超本地供应链网络关系频繁度	0.887	0.545	0.806
	超本地供应链网络关系持久度			
	超本地研发网络关系频繁度			
	超本地研发网络关系持久度			
探索性创新	我们寻求到了新的、有发展前景的新技术	0.896	0.558	0.705
	我们发明了新的产品和服务			
	我们试验了新的产品和服务			
	我们注重开发或应用全新的技术			
	我们注重开拓新市场			

因子	题项	Alpha 值	Item-to-total	
			最小值	最大值
利用性创新	我们努力改进现有产品和服务	0.843	0.426	0.612
	我们巩固和扩大现有市场规模			
	我们注重降低生产/服务成本			
	我们注重提高产出			
	我们努力为现有客户提供更多的服务			

17.3 相关分析与回归分析

17.3.1 相关分析

相关性分析是检验各变量间是否存在相关关系，但非反映因果关系，通过相关分析可以初步了解模型假设的合理性。本书采用 Pearson 相关分析法对所涉及的变量——本地网络、跨本地网络、探索性创新、利用性创新、搜索宽度和搜索深度进行相关分析，变量两两之间的相关系数如表 17-6 所示，由表 17-6 可得，本书所涉及的所有变量两两之间都存在显著性相关。

表 17-6 变量间相关系数

变量名称	均值	标准差	1	2	3	4	5	6
1：本地网络	3.75	0.48	1					
2：跨本地网络	3.47	0.66	0.482**	1				

变量名称	均值	标准差	1	2	3	4	5	6
3：探索性创新	3.04	0.68	0.422**	0.500**	1			
4：利用性创新	3.62	0.40	0.466**	0.479**	0.402**	1		
5：搜索宽度	7.56	1.29	0.398**	0.472**	0.475**	0.341**	1	
6：搜索深度	4.42	1.19	0.485**	0.408**	0.373**	0.539**	0.437**	1

注：**$p < 0.01$。

17.3.2　回归分析

在进行多元回归分析前，必须要对回归模型进行序列相关性、多重共线性和异方差等三大问题的检验。序列相关性一般存在于时间序列数据中，本研究所收集的数据属于横截面数据，虽然理论上不存在随机误差项的自相关，但本书还是对每个回归模型计算了 DW 值，且所有回归模型的 DW 值都接近 2，因此本书的所有回归模型都不存在严重的序列相关问题。多重共线性一般通过判断方差膨胀因子指数来检验，若 VIF 大于或等于 5，则表示回归模型存在比较严重的多重共线性，而本书所涉及的回归模型的 VIF 均小于 3，符合要求，所以本书所涉及的变量并不存在严重的多重共线性。此外，异方差检验主要通过判断残差散点图所拟合的直线是否平行于横坐标来检验，本书以标准化的残差值为纵坐标、标准化的估计值为横坐标进行残差项的散点图分析，结果显示本书所涉及回归模型均不存在严重的异方差问题。

（1）双重网络嵌入对利用性创新的影响

以双重网络嵌入为自变量、利用性创新为因变量构建回归模型，检验

双重网络嵌入对利用性创新的影响。如表 17-7 所示，双重网络嵌入对利用性创新具有显著的正向作用，其中，本地网络对利用性创新的回归系数是 0.295，在 1% 的水平下达到显著，跨本地网络对利用性创新的回归系数为 0.315，在 1% 的水平下达到显著。由此可得，本地网络和跨本地网络对企业利用性创新具有显著的正向影响，假设 1a 成立。

虽然本地网络和跨本地网络都对企业的利用性创新具有显著的正向作用，但通过回归方程可知，跨本地网络与利用性创新的回归系数（0.315）大于本地网络与利用性创新的回归系数（0.295），由此可知，假设 2a 不成立，即本地网络嵌入对集群企业利用性创新提升的作用大于跨本地网络嵌入不成立。

表 17-7　双重网络嵌入与利用性创新的回归系数

	模型 1	模型 2
集群类型	0.139	0.058
企业生命周期阶段 1	-0.167	0.013
企业生命周期阶段 2	-0.041	0.002
企业生命周期阶段 3	0.137	0.083
本地网络	—	0.295**
跨本地网络	—	0.315**
R^2	0.081	0.311
调整 R^2	0.052	0.277
F 值	2.754*	9.235***

注：***$p < 0.001$，**$p < 0.01$，*$p < 0.05$；表中的系数为标准化系数；因变量为利用性创新。

（2）双重网络嵌入对探索性创新的影响

以双重网络嵌入为自变量、探索性创新为因变量构建回归模型，检验双重网络嵌入对探索性创新的影响。如表 17-8 所示，双重网络嵌入对探索性创新具有显著的正向作用，其中，本地网络对探索性创新的回归系数是 0.211，在 5% 的水平下达到显著，跨本地网络对探索性创新的回归系数为 0.335，在 0.1% 的水平下达到显著。由此可得，本地网络和跨本地网络对企业探索性创新皆具有显著的正向影响，假设 1b 通过检验，即双重网络嵌入对集群企业的探索性创新具有显著正向作用。

虽然本地网络和跨本地网络都对企业的探索性创新具有显著的正向作用，但通过回归方程可知，跨本地网络与探索性创新的回归系数（0.335）大于本地网络与利用性创新的回归系数（0.211），由此可知，假设 2b 通过检验，即跨本地网络嵌入对集群企业探索性创新提升的作用大于本地网络嵌入。

表 17-8　双重网络嵌入与探索性创新的回归系数

	模型 3	模型 4
集群类型	0.112	0.041
企业生命周期阶段 1	-0.337*	-0.177
企业生命周期阶段 2	-0.137	-0.117
企业生命周期阶段 3	0.040	-0.024
本地网络	—	0.211*
跨本地网络	—	0.335***
R^2	0.131	0.316

续表

	模型 3	模型 4
调整 R^2	0.103	0.283
F 值	4.713**	9.469***

注：***$p < 0.001$，**$p < 0.01$，*$p < 0.05$；表中的系数为标准化系数；因变量为探索性创新。

（3）搜索深度对利用性创新的影响

以搜索深度为自变量、利用性创新为因变量构建回归模型，检验搜索深度对探索性创新的影响。如表 17-9 所示，搜索深度与利用性创新的回归系数为 0.508，且在 0.1% 的水平下达到显著，由此可知，搜索深度对企业利用性创新具有显著的正向作用，假设 3a 得到验证。

表 17-9　搜索深度与利用性创新的回归系数

	模型 5	模型 6
集群类型	0.139	0.094
企业生命周期阶段 1	-0.167	-0.044
企业生命周期阶段 2	-0.041	0.031
企业生命周期阶段 3	0.137	0.177
搜索深度	—	0.508***
R^2	0.081	0.328
调整 R^2	0.052	0.301
F 值	2.754*	12.084***

注：***$p < 0.001$，**$p < 0.01$，*$p < 0.05$；表中的系数为标准化系数；因变量为利用性创新。

（4）搜索宽度对探索性创新的影响

以搜索深度为自变量、探索性创新为因变量构建回归模型，检验搜索宽度对利用性创新的影响。如表 17-10 所示，搜索宽度与探索性创新的回归系数为 0.445，且在 0.1% 的水平下达到显著，由此可知，搜索宽度对企业利用探索性创新具有显著的正向作用，假设 3b 得到验证。

表 17-10　搜索宽度与探索性创新的回归系数

	模型 7	模型 8
集群类型	0.112	0.171*
企业生命周期阶段 1	-0.337*	-0.148
企业生命周期阶段 2	-0.137	0.052
企业生命周期阶段 3	0.040	0.099
搜索宽度	—	0.445***
R^2	0.131	0.293
调整 R^2	0.103	0.265
F 值	4.713**	10.287***

注：***$p < 0.001$，**$p < 0.01$，*$p < 0.05$；表中的系数为标准化系数；因变量为探索性创新。

（5）双重网络嵌入对搜索深度的影响

以双重网络嵌入为自因变量、搜索深度为因变量构建回归模型，检验双重网络嵌入对搜索深度的影响。如表 17-11 所示，双重网络嵌入对搜索深度具有显著的正向作用，其中，本地网络对搜索深度的回归系数是 0.371，在 0.1% 的水平下达到显著，跨本地网络对搜索深度的回归系数为 0.232，在 5% 的水平下达到显著。由此可得，本地网络和跨本地网络对搜索深度具有显著的正向影响，假设 4a 通过检验。

虽然本地网络和跨本地网络对搜索深度都具有显著的正向作用，但通过回归方程可知，本地网络与搜索深度的回归系数（0.371）大于跨本地网络与搜索深度的回归系数（0.232），由此可知，假设 5a 通过检验，即本地网络嵌入对集群企业搜索深度的作用大于跨本地网络嵌入。

表 17-11　双重网络嵌入与搜索深度的回归系数

	模型 9	模型 10
集群类型	0.089	-0.007
企业生命周期阶段 1	-0.242	-0.062
企业生命周期阶段 2	-0.143	-0.081
企业生命周期阶段 3	-0.077	-0.108
本地网络	——	0.371***
跨本地网络	——	0.232*
R^2	0.045	0.277
调整 R^2	0.015	0.242
F 值	1.477	7.868***

注：***$p < 0.001$，**$p < 0.01$，*$p < 0.05$；表中的系数为标准化系数；因变量为搜索深度。

（6）双重网络嵌入对搜索宽度的影响

以双重网络嵌入为自变量、搜索宽度为因变量构建回归模型，检验双重网络嵌入对搜索宽度的影响。如表 17-12 所示，双重网络嵌入对搜索宽度具有显著的正向作用，其中，本地网络对搜索深度的回归系数是 0.204，在 5% 的水平下达到显著，跨本地网络对搜索宽度的回归系数为 0.350，在 0.1% 的水平下达到显著。由此可得，本地网络和跨本地网络对搜索宽度具有显著的正向影响，假设 4b 通过检验。

虽然本地网络和跨本地网络对搜索宽度都具有显著的正向作用，但通过回归方程可知，跨本地网络与搜索宽度的回归系数（0.350）大于跨本地网络与搜索深度的回归系数（0.204），由此可知，假设 5b 通过检验，即跨本地网络嵌入对集群企业搜索宽度的作用大于本地网络嵌入。

表 17–12　双重网络嵌入与搜索宽度的回归系数

	模型 11	模型 12
集群类型	-0.133	-0.205**
企业生命周期阶段 1	-0.423**	-0.261*
企业生命周期阶段 2	-0.423*	-0.405*
企业生命周期阶段 3	-0.134	-0.201
本地网络	—	0.204*
跨本地网络	—	0.350***
R^2	0.182	0.374
调整 R^2	0.156	0.344
F 值	6.970***	12.251***

注：***$p < 0.001$，**$p < 0.01$，*$p < 0.05$；表中的系数为标准化系数；因变量为搜索宽度。

（7）搜索深度的中介作用

本书首先对"双重网络嵌入—利用性创新"之间搜索深度的中介作用进行检验。由模型 14 可得，双重网络嵌入对利用性创新具有显著的正向作用，在模型 14 的基础上加入中介变量搜索深度，即得到模型 15。由表 17-13 可知，本地网络对利用性创新的影响由原来的 0.295（p=0.001）下降到 0.163（p=0.062），可见搜索深度在"本地网络—利用性创新"之间起着完全中介的作用；与此同时，跨本地网络对利用性创新的影响也由原来的 0.315（p=0.001）下降到 0.232（p=0.009），所以搜索深度在"跨本地网络—利用性创新"之间同样起着部分中介的作用。因此，综合可得，双重网络嵌入正向影响搜索深度，搜索深度正向影响利用性创新，假设 6a 得到验证，搜索深度对"双重网络嵌入—利用性创新"具有中介作用。

表 17-13　双重网络嵌入、搜索深度与利用性创新的回归系数

	模型 13	模型 14	模型 15
集群类型	0.139	0.058	0.055
企业生命周期阶段 1	-0.167	0.013	0.035
企业生命周期阶段 2	-0.041	0.002	0.027
企业生命周期阶段 3	0.137	0.083	0.122
本地网络	—	0.295**	0.163
跨本地网络	—	0.315**	0.232**
搜索深度	—	—	0.356***
R^2	0.081	0.311	0.402
调整 R^2	0.052	0.277	0.368
F 值	2.754*	9.235***	11.734***

注：***$p < 0.001$，**$p < 0.01$，*$p < 0.05$；表中的系数为标准化系数；因变量为利用性创新。

（8）搜索宽度的中介作用

接下来本书对"双重网络嵌入—探索性创新"之间搜索宽度的中介作用进行检验。由模型 17 可得，双重网络嵌入对探索性创新具有显著的正向作用，在模型 17 的基础上加入中介变量搜索宽度，即得到模型 18。由表 17-14 可知，本地网络对探索性创新的影响由原来的 0.211（p=0.016）

下降到 0.153（p=0.076），可见搜索宽度在"本地网络—探索性创新"之间起着完全中介的作用；与此同时，跨本地网络对探索性创新的影响也由原来的 0.335（p=0.000）下降到 0.236（p=0.012），所以搜索宽度在"跨本地网络—探索性创新"之间起着部分中介的作用。因此，综合可得，双重网络嵌入正向影响搜索宽度，搜索宽度正向影响探索性创新，假设 6b 得到验证，即搜索宽度对"双重网络嵌入—探索性创新"具有中介作用。

表 17-14　双重网络嵌入、搜索宽度与探索性创新的回归系数

	模型 16	模型 17	模型 18
集群类型	0.112	0.041	0.098
企业生命周期阶段 1	-0.337*	-0.177	-0.103
企业生命周期阶段 2	-0.137	-0.117	-0.003
企业生命周期阶段 3	0.040	-0.024	0.033
本地网络	—	0.211*	0.153
跨本地网络	—	0.335***	0.236*
搜索宽度	—	—	0.281**
R^2	0.131	0.316	0.365
调整 R^2	0.103	0.283	0.329
F 值	4.713**	9.469***	10.035***

注：***$p < 0.001$，**$p < 0.01$，*$p < 0.05$；表中的系数为标准化系数；因变量为探索性创新。

17.3.3　方差分析

由回归分析可知，本地网络和跨本地网络对企业的利用性创新和探索性创新都具有显著的正向作用。两类网络是企业从地理维度划分的，而每个企业的本地网络和跨本地网络嵌入性的强弱是不一样的，如在调研中发

现浙江青年制造汽车本地嵌入性很差，超本地嵌入性较强，而杭州宇中照明电器公司本地嵌入性强于超本地嵌入性，那么本地网络和跨本地网络不同的企业网络对企业探索性创新和利用性创新的影响是否一样呢？本节首先通过聚类分析将本地网络和跨本地网络分别聚成高、低两个类别，然后通过组合形成四种企业网络类型，最后利用方差分析来比较不同的集群企业网络类型对企业利用性创新和探索性创新的影响是否一样。

（1）聚类分析

聚类分析结果如表 17-15 所示，本地网络和跨本地网络都聚成两类。其中本地网络类别 1 中有 58 个企业，类别 2 中有 72 个，两者相差 14 个；而跨本地网络中类别 1 中有 57 个调研对象，类别 2 中有 73 个，两者数量相差 16 个。

表 17-15　本地网络和跨本地网络聚类分析汇总

	类别	N	百分比	均值	标准差
本地网络	1（弱）	58	44.6%	3.33	0.37
	2（强）	72	55.4%	4.08	0.26
跨本地网络	1（弱）	57	43.8%	2.89	0.53
	2（强）	73	56.2%	3.93	0.30

在聚类分析的基础上，将本地网络和跨本地网络的不同类别进行两两组合，组合成企业网络四种不同的类型，即本地网络和跨本地网络嵌入性都弱，本地网络嵌入性强但跨本地网络嵌入性弱，本地网络嵌入性弱但跨本地网络嵌入性强，本地网络和跨本地网络嵌入性都强，如图 17-1 所示。

（2）方差分析

强	**网络类型 2** 本地网络嵌入强，超本地网络弱	**网络类型 4** 本地网络嵌入强，超本地网络嵌入强
本地网络	**网络类型 1** 本地网络嵌入弱，超本地网络嵌入弱	**网络类型 3** 本地网络嵌入弱，超本地网络嵌入强
弱		

超本地网络

图 17-1　本地网络和跨本地网络的组合图

以企业网络类型为因子，利用性创新和探索性创新为因变量进行单因素方差分析，其描述性统计结果如表 17-16 所示。

表 17-16　方差分析的描述性统计量

	类型	N	均值	标准差	标准误	均值的 95% 置信区间		极小值	极大值
						下限	上限		
探索性创新	1	40	3.382	0.348	0.055	3.271	3.493	2.630	4.000
	2	17	3.520	0.408	0.099	3.310	3.730	3.000	4.080
	3	18	3.654	0.323	0.076	3.493	3.814	3.000	4.080
	4	55	3.824	0.344	0.046	3.731	3.917	3.000	4.500
	总数	130	3.624	0.396	0.035	3.556	3.693	2.630	4.500
利用新创新	1	40	2.605	0.784	0.124	2.354	2.856	0.500	4.000
	2	17	2.932	0.659	0.160	2.593	3.270	1.770	4.000
	3	18	3.147	0.503	0.118	2.897	3.396	2.000	3.870
	4	55	3.344	0.488	0.066	3.212	3.476	2.000	4.000
	总数	130	3.035	0.688	0.060	2.916	3.155	.5000	4.000

表 17-17 是方差齐性检验结果，探索性创新的 Levene 统计量的 F 值为 2.618，p=0.054> 0.05，利用性创新的 Levene 统计量的 F 值为 0.517，p=0.671 > 0.05，方差差异均未达到 0.05 的显著水平，符合齐性假定。

表 17-17 方差齐性检验

	Levene 统计量	df1	df2	显著性
探索性创新	2.618	3	126	0.054
利用性创新	0.517	3	126	0.671

表 17-18 是方差分析摘要表，利用性创新和探索性创新的整体检验的 F 值分别为 12.900、11.286，且两者都达到了显著性水平，因此集群企业不同的网络类型在利用性创新和探索性创新间均存在显著性差异。

表 17-18 ANOVA

		平方和	df	均方	F	显著性
利用性创新	组间	4.747	3	1.582	12.838	0.000
	组内	15.531	126	0.123		
	总数	20.278	129			
探索性创新	组间	13.046	3	4.349	11.393	0.000
	组内	48.091	126	0.382		
	总数	61.136	129			

表 17-19　多重比较

LSD

因变量	（I）网络类型	（J）网络类型	均值差（I-J）	标准误	显著性	95% 置信区间	
						下限	上限
利用性创新	1	2	-0.138	0.102	0.178	-0.339	0.063
		3	-0.272*	0.099	0.007	-0.469	-0.075
		4	-0.442*	0.073	0.000	-0.587	-0.298
	2	1	0.138	0.102	0.178	-0.063	0.339
		3	-0.134	0.119	0.261	-0.369	0.101
		4	-0.304*	0.097	0.002	-0.497	-0.111
	3	1	0.272*	0.099	0.007	0.075	0.470
		2	0.134	0.119	0.261	-0.101	0.370
		4	-0.170	0.095	0.077	-0.359	0.018
	4	1	0.442*	0.073	0.000	0.298	0.587
		2	0.304*	0.097	0.002	0.112	0.497
		3	0.170	0.095	0.077	-0.018	0.359
探索性创新	1	2	-0.326	0.179	0.070	-0.680	0.028
		3	-0.542*	0.175	0.002	-0.889	-0.195
		4	-0.739*	0.128	0.000	-0.993	-0.485
	2	1	0.326	0.179	0.070	-0.028	0.680
		3	-0.215	0.209	0.305	-0.629	0.198
		4	-0.412*	0.171	0.018	-0.752	-0.073
	3	1	0.542*	0.175	0.002	0.185	0.889
		2	0.215	0.209	0.305	-0.198	0.629
		4	-0.197	0.168	0.243	-0.529	0.135
	4	1	0.739*	0.128	0.000	0.485	0.993
		2	0.412*	0.171	0.018	0.073	0.751
		3	0.197	0.168	0.243	-0.135	0.529

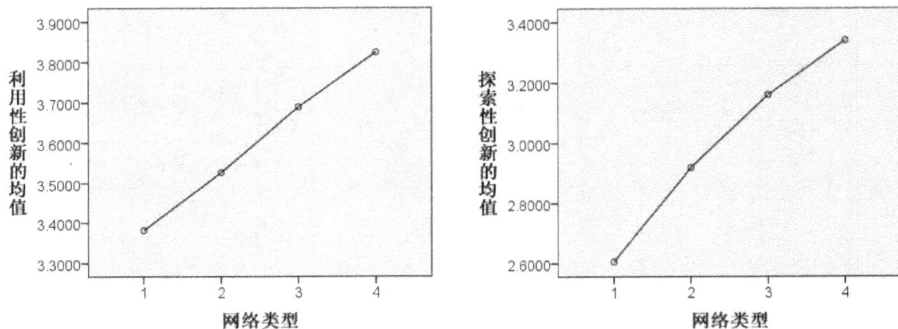

图 17-2　均值图

由表 17-19 和图 17-2 可知，企业的利用性创新在网络类型 1、2、3、4 这四种情况下依次提高，且处于网络类型 4 的企业与处于网络类型 1 和 2 的企业，其探索性创新具有显著性差异，而与网络类型 3 的企业在探索性创新上无显著性差异；处于网络类型 3 的企业与类型 1 的企业在探索性创新上具有显著性差异，而与类型 2 的企业则无显著性差异；此外，处于网络类型 2 的企业与类型 1 的企业在探索性创新上也无显著性差异。利用性创新在各种网络类型下的显著性差异情况与探索性创新类似。

结合图 17-1，纵向看，当企业网络属于网络类型 1（本地网络和跨本地网络嵌入性都弱）或 2（本地网络嵌入性强，跨本地网络嵌入性弱）时，企业的探索性创新和利用性创新在这两种情况下无显著性差异，当企业网络属于网络类型 3（本地网络嵌入性弱，跨本地网络嵌入性强）或 4（本地和跨本地网络嵌入性都强）时，企业的探索性创新和利用性创新在这两种情况下也无显著性差异；横向看，当企业网络属于网络类型 1（本地网络和跨本地网络嵌入性都弱）或 3（本地网络嵌入性弱，跨本地网络嵌入性强）时，企业的探索性创新和利用性创新在这两种情况下有显著性差异，当企业网络属于网络类型 2（本地网络嵌入性强，跨本地网络嵌入性弱）或 4（本地和跨本地网络嵌入性都强）时，企业的探索性创新和利用性创新在这两种情况下也具有显著性差异。因此可得，跨本地网络对探索性创新和利用性创新作用的显著性大于本地网络，方差分析的结论再次验证了回归分析的结果。

17.4　结果分析与讨论

产业集群作为一种特殊的组织形式，其独特的内部结构和连接模式是产业集群蓬勃发展的动力。一方面，产业集群根植于本地网络，地理邻近性和文化邻近性有利于集群企业彼此之间更加信任，有利于隐性知识的分享与吸收，从而形成本地化优势；另一方面，在经济全球化的影响下，集群企业跨越组织边界与外部主体进行交互，以获得更多异质性的信息。然而，本地网络和超本地网络对集群企业创新绩效能力的提升具有怎样作用，网络与创新之间具有怎样的互动机制，以及本地网络和跨本地网络不同组合类别对企业创新绩效的影响是否相同，目前有关该方面的研究论述还不多，有待进一步探讨与分析。

基于此，本书以网络的双重嵌入为出发点，围绕"网络的双重嵌入与企业创新绩效之间的关系"这一研究主题，阐述了双重网络嵌入与企业创新绩效之间的内在规律，明确了地理位置上的本地网络和跨本地网络作用于不同创新绩效模式的机理，并在此基础上，引入组织搜索，探讨了组织搜索在双重网络嵌入与创新绩效之间的中介作用，利用 130 份有效问卷，采用多元回归分析方法，得到并验证了第三章提出的理论假设（如表17-20 所示）。

表 17-20　假设检验结果

假设序号	研究假设内容	结果
假设 1a	双重网络嵌入对集群企业的利用性创新具有正向作用	成立
假设 1b	双重网络嵌入对集群企业的探索性创新具有正向作用	成立
假设 2a	本地网络嵌入对集群企业利用性创新提升的作用大于跨本地网络嵌入	不成立
假设 2b	跨本地网络嵌入对集群企业探索性创新提升的作用大于本地网络嵌入	成立
假设 3a	搜索深度对利用性创新具有正向作用	成立
假设 3b	搜索宽度对探索性创新具有正向作用	成立
假设 4a	双重网络嵌入对集群企业搜索深度具有正向作用	成立
假设 4b	双重网络嵌入对集群企业搜索宽度具有正向作用	成立
假设 5a	本地网络嵌入对集群企业的搜索深度作用大于跨本地网络嵌入	成立
假设 5b	跨本地网络嵌入对集群企业的搜索宽度作用大于本地网络嵌入	成立
假设 6a	搜索深度对"双重网络嵌入—利用性创新"具有中介作用，即网络双重嵌入正向影响搜索深度，而搜索深度正向影响利用性创新	成立
假设 6b	搜索宽度对"双重网络嵌入—探索性创新"具有中介作用，即网络双重嵌入正向影响搜索宽度，而搜索宽度正向影响探索性创新	成立

17.4.1　双重网络嵌入与创新绩效

　　网络是企业获取信息与知识的重要途径，同时也是影响企业创新绩效的关键因素。创新是知识的函数，而网络是知识的载体，网络中的显性知识通过分享与信任实现转移，隐性知识通过与网络中其他主体联合解决问题而实现转移。网络对企业创新绩效能力具有正向作用。网络从地理维度上可分为本地网络和跨本地网络，不同的网络对企业的创新绩效具有不同的作用。

（1）跨本地网络嵌入对集群企业探索性创新提升的作用大于本地网络，该研究假设通过实证检验

跨本地网络具有更大的地域范围，拥有更多异质性的企业，集群企业与跨本地网络中的主体建立联系，能够搜索到与集群企业知识基础相异的知识，更多的异质性知识有助于集群企业进入全新的领域，从而有利于探索性创新能力的提升。

（2）本地网络嵌入对集群企业利用性创新提升的作用大于跨本地网络嵌入，该假设没有通过实证检验

由实证检验可得，虽然本地网络和跨本地网络对企业利用性创新都具有正向作用，但由回归系数可知，跨本地网络对企业利用性创新的作用更大。其可能的原因有两个：一方面通过实地调研，发现浙江的部分产业集群，特别是高新技术制造集群，如德清生物医药产业集群、平湖光机电产业集群，该类集群的形成更多是借助于政府的招商引资，集群企业之间由于关联度不是很大，在经济全球化的背景下，跨本地网络对集群企业的发展具有推动作用；另一方面正如 Boschma（2005）等所言，在信息技术与通信技术发展迅速的今天，企业与企业之间的空间距离已无法阻碍企业之间建立密切的联系，地理邻近性也不再是创新的必要条件，当集群企业与跨本地网络中的其他主体建立长期稳定的关系后，外部的知识，甚至是复杂的专有知识和隐性知识都可以跨越组织边界进行传播。

17.4.2　组织搜索的中介作用

网络是知识的载体，网络中企业彼此之间的联系为企业进行组织搜索提供了路径，企业不同的创新绩效模式所需的知识在宽度和深度上相异，而不同的搜索策略能够为企业带来的知识在种类和数量上亦不同，因而不同的创新绩效需要不同的搜索策略，创新绩效与搜索策略之间存

在对应关系。

（1）双重网络嵌入通过搜索深度提升利用性创新能力

搜索深度关注的是可以产生深度交流的知识源，因而对搜索深度而言，知识源的数量是有限的，强调的是搜索活动的强度。深度搜索有利于企业获取复杂专有知识和隐性知识，有利于提升企业的利用性创新能力。

（2）双重网络嵌入通过搜索宽度提升探索性创新能力

搜索宽度侧重的是外部知识的数量，因而对搜索宽度而言，知识源的分布范围具有广泛性，强调的是搜索活动的多样性，搜索活动的多样性和搜索范围的广阔性有利于企业获得多种多样的知识，有助于激发企业探索性创新能力。

18 ／ 结论与展望

18.1　研究结论

本书综合应用网络嵌入理论、组织搜索理论和创新绩效理论，以网络的双重嵌入为出发点，围绕"双重网络嵌入与企业创新绩效之间的关系"这一研究主题，阐述了双重网络嵌入与企业创新绩效之间的内在规律，明确了地理位置上的本地网络和跨本地网络与不同创新绩效模式的作用机理，并讨论了本地网络和跨本地网络强弱的不同组合影响企业创新绩效的显著性差异。在此基础上，引入组织搜索，探讨组织搜索在双重网络嵌入与创新绩效之间的中介作用。本书采用规范分析与统计分析相结合的方法，主要得出了以下三个研究结论：

第一，双重网络嵌入对企业创新绩效具有积极的正向影响，且跨本地网络在企业探索性创新和利用性创新方面的作用都显著大于本地网络。对于探索性创新而言，跨本地网络比本地网络覆盖范围更广，拥有的主体更加多样性，跨本地网络的嵌入有利于集群企业获取更多异质性的知识，所以跨本地网络对探索性创新的作用更大；而对于利用性创新而言，跨本地网络对其作用大于本地网络，这与本书的研究假设不符，导致该结果的可能原因：一方面与中国情境下集群的成长环境有关，中国部分产业集群的形成更多借助于政府的招商引资，因而可能导致本地企业关联度不大，在全球化背景下跨本地网络对企业的发展更具促进作用；另一方面是通信技术、网络技术的发展使得知识，包括复杂知识的跨区域流动成为可能。

第二，双重网络嵌入对组织搜索具有积极的正向作用，但本地网络和跨本地网络对搜索深度和搜索宽度的作用具有差异性。由多元回归系数可知，本地网络嵌入对搜索深度发挥更大作用，而跨本地网络嵌入则对搜索宽度发挥更大作用。而这也支持了 Patel 和 Van de Have 的观点，他们认为与搜索深度有一定关联的是近程搜索，而与搜索宽度存在极大联系的是远程搜索，也就是说，搜索深度的适宜范围与近程搜索所限定的区域相类似，即一般处于本地网络中，而搜索宽度的适宜范围与远程搜索一样，需要突破组织原有的惯例，跨越地区和国家的边界，即处于跨本地网络中。

第三，双重网络嵌入通过组织搜索作用于企业创新绩效，且对两类创新绩效的中介机理有所差别。本书从搜索深度和搜索宽度这两个概念提出组织搜索对于双重网络嵌入与创新绩效之间的中介作用，构建起"双重网络嵌入（本地网络和跨本地网络）—组织搜索（搜索深度和搜索宽度）—创新绩效（探索性创新和利用性创新）"的理论框架。由多元归回系数对比可知，搜索深度在"双重网络嵌入—利用性创新"之间具有中介作用，搜索宽度在"双重网络嵌入—探索性创新"之间存在中介效应。

18.2　研究创新点

（1）将集群企业网络进行细分，探讨地域不同的网络对企业创新绩效的差别化影响

本书将集群企业网络从地理维度上划分为本地网络和跨本地网络，探讨地域范围不同的两个网络对企业创新绩效的影响是否相同，通过实证研究发现，本地网络和跨本地网络对企业创新绩效皆具有正向作用，但跨本地网络对企业利用性创新和探索性创新的影响大于本地网络，因此集群企

业在构建本地网络的同时更要注重跨本地网络的建设。

（2）明晰了双重网络嵌入与集群企业创新绩效的作用机理

本书提出了双重网络嵌入、组织搜索和企业创新绩效的分析框架，通过构建概念模型和统计分析方法，验证了双重网络嵌入与集群企业创新绩效的关系，通过引入组织搜索这一变量，利用搜索深度和搜索宽度两个构念进一步明确了双重网络嵌入对企业创新绩效的不同作用机理，即双重网络嵌入通过搜索深度影响利用性创新，双重网络嵌入通过搜索宽度影响探索性创新，从而揭示了双重网络嵌入对两类创新的作用机制，打开网络与创新之间的"黑箱"，丰富了网络嵌入性与创新绩效之间的理论成果。

18.3　研究不足与展望

本书在理论建模和实证分析的基础上，按照科学规范原则，对相关问题的研究达到了预期的目标，并获得了一些有意义的研究结论。但受时间及资源的限制，在本研究过程中尚存在诸多不足，有待于进一步完善。

一是样本数量及范围的局限。本书的研究对象是集群企业，中国是产业集群聚集的国家，特别是长三角、珠三角等地区的产业集群对推动地区经济发展起到了关键作用，但本书在研究过程中受时间、条件的限制，问卷的发放只面向浙江省的产业集群，共收集有效问卷130份。由于不同地区、不同类型的集群企业在创新绩效和网络构建等方面均有所差异，未来研究对问卷的发放应选择不同地区、不同类型的集群企业，以增加研究结论的普适性，同时还应增加样本量，以提高数据的可靠性。

二是模型变量选择有待进一步完善。本书构建"双重网络嵌入—组织搜索—企业创新绩效"的理论框架对相关问题进行研究，在多元回归模型中将集群类型和集群企业所处生命周期阶段作为控制变量在实证分析中加以控制，以减少研究的异质性，但对影响集群企业创新与网络构建的其他因素，如企业规模、企业内部战略，以及企业所处的环境（市场环境、技术环境和制度环境）等未加以控制，因此未来研究在理论模型的构建上应考虑更多影响结果变量的因素，从而使得研究结论更加可靠。

针对上述的研究不足，笔者认为未来的研究方向可以从以下两个方面进行：

第一，结合多案例研究，考察动态视角下，双重网络嵌入、组织搜索与创新绩效三者的演化机理与演化轨迹。案例研究是构建理论的有效方法，多案例分析有助于提高研究结论的有效性。选取多个典型的集群企业作为研究对象，从时间维度上对特定研究对象进行纵向分析，总结不同时间段集群企业在双重网络嵌入、组织搜索和创新绩效方面的特征，从而揭示三者之间的演化机制和内在作用机理。

第二，将结构嵌入性纳入网络嵌入性的研究范畴，深入研究关系嵌入性和结构嵌入性的交互作用及其对创新的影响。本研究只从关系维度来探讨双重网络嵌入对创新绩效的影响，并未将结构嵌入性纳入研究范畴，而关系与结构是网络的二元变量，结构特征指标如结构洞、网络密度等都会影响集群企业的创新绩效。因此，未来研究可以把结构嵌入性考虑在内，探讨两者的交互对集群创新的影响。

附录

调查问卷 1

尊敬的先生 / 女士：

您好！首先十分感谢您能参与问卷调查！本次进行的关于协同创新网络对企业探索式创新的影响研究，调研数据仅做学术研究之用，对您所填写的信息保证不会外露，敬请放心作答。感谢您的大力支持！

请根据企业的实际状况填写，您的答案对我们的研究结论非常重要。谢谢您的帮助！

第一部分　企业基本信息

1. 我公司企业名称为：＿＿＿＿＿＿＿＿＿＿＿＿＿＿＿＿

2. 我公司成立年份：＿＿＿＿＿＿＿＿＿＿＿＿＿＿＿＿

3. 我公司是以下哪个行业：

□服装 □纺织 □电子 □皮革制品制造 □节能灯 □化工 □机械

□磨具 □生物 □配套生产 □五金 □材料 □其他

4. 我公司可能处于哪个发展阶段：

A . 起步阶段　　 B. 成长阶段　　 C. 成熟阶段　　 D. 衰退阶段

5. 我公司企业年龄为：

A .1—5 年　　 B.5—10 年　　 C.10—20 年　　 D.20 年以上

6. 我公司现有员工总数大约为：

A.1—50 人　　 B.50—300 人　　 C.300—1000 人

D.1000—3000 人　　 E.3000 人以上

7. 近两年中，贵企业主导产业平均销售总额为：

　　□小于 500 万元　□ 500 万—3000 万元　□ 3000 万—1 亿元

　　□ 1 亿—10 亿元　□ 10 亿元以上

8. 近三年研发占比情况：

　　A.1% 以下　B.1%—2.9%　C.3%—4.9%　D.5%—10%　E.10% 以上

9. 您在目前的企业工作了＿＿年

10. 您所在的部门是：

　　□管理部门　　□技术部门　　□销售部门　　□生产部门　　□其他

11. 您在公司中的职位是：

　　A. 基层管理者　　　B. 中层管理者　　　C. 高层管理者　　　D. 其他

第二部分

　　请根据贵企业在集群内的实际情况对下列项目做出选择，每个项目的评分有 7 个等级，由 1 至 7 表示符合程度逐步提高，如下表所示，请在相应的位置上打"√"。

完全不符合	很不符合	有些不符合	难以确定	有些符合	很符合	完全符合
1	2	3	4	5	6	7

1. 协同创新网络

网络规模：	完全不符合←→完全符合						
A1. 我公司创新协作同伴中企业的数量	1	2	3	4	5	6	7
A2. 我公司创新协作同伴中政府机构的数量	1	2	3	4	5	6	7
A3. 我公司创新协作同伴中高校科研机构的数量	1	2	3	4	5	6	7
A4. 我公司创新协作同伴中金融、中介机构的数量	1	2	3	4	5	6	7
网络开放性：	完全不符合←→完全符合						
B1. 我公司能够与不同区域的创新协作同伴进行广泛联系	1	2	3	4	5	6	7

B2. 我公司能够与不同行业的创新协作同伴进行广泛联系	1	2	3	4	5	6	7
B3. 我公司能够与不同规模的创新协作同伴进行广泛联系	1	2	3	4	5	6	7
B4. 我公司能够与不同技术水平的创新协作同伴进行广泛联系	1	2	3	4	5	6	7
网络异质性：	完全不符合←→完全符合						
C1. 我公司与创新协作同伴的技术有很大差异性	1	2	3	4	5	6	7
C2. 我公司与主要创新协作同伴不分享市场	1	2	3	4	5	6	7
C3. 我公司与创新协作同伴的文化有很大差异性	1	2	3	4	5	6	7
C4. 我公司与创新协作同伴的产品有很大差异性	1	2	3	4	5	6	7

2. 交互学习

正式交互学习：	完全不符合←→完全符合						
D1. 我公司与创新伙伴经常接触以共享资源与信息	1	2	3	4	5	6	7
D2. 我公司与创新伙伴经常进行技术合作和交流	1	2	3	4	5	6	7
D3. 我公司与创新伙伴经常共同解决问题	1	2	3	4	5	6	7
非正式交互学习：	完全不符合←→完全符合						
E1. 我公司技术人员等经常与高校、科研机构交流学习	1	2	3	4	5	6	7
E2. 我公司经常参与中介、政府组织的会议或交流座谈会	1	2	3	4	5	6	7
E3. 我公司经常参与行业的相关金融投资研究会议	1	2	3	4	5	6	7

3. 探索式创新

请对贵公司近三年的创新情况进行评价：	完全不符合←→完全符合						
F1. 我公司寻求了新的、有发展前景的新技术	1	2	3	4	5	6	7
F2. 我公司发明了新的产品和服务	1	2	3	4	5	6	7
F3. 我公司试验了新的产品和服务	1	2	3	4	5	6	7
F4. 我公司注重开发或应用全新的技术	1	2	3	4	5	6	7
F5. 我公司注重开拓新市场	1	2	3	4	5	6	7

非常感谢您的配合！祝您事业有成！

调查问卷 2

尊敬的先生／女士：

本问卷旨在调查集群企业网络能力对组织学习和创新绩效的影响。请根据企业的实际状况填写，若某个问题未能完全表达您的意见，请选择与您看法最接近的答案。

此次问卷的内容不涉及具体的填写者姓名，所获得数据仅供本人学术研究之用，不对外公开，敬请安心填答。请您仔细阅读各部分的答题要求，并根据实际情况进行回答，不要有遗漏。您对每一题的回答对本研究都具有重要的价值。

衷心感谢您的协助与合作！

第一部分　企业基本信息

1. 贵公司的企业名称为：_____

2. 贵公司所属的行业为：_____

3. 贵公司的企业年龄为：

　　A.0—5 年　　B.5—10 年　　C.10—20 年　　D.20 年以上

4. 贵公司现有员工总数大约为：

　　A.0—100 人　　B.100—500 人　　C.500—1000 人　　D.1000—3000 人

　　E.3000 人以上

5. 贵公司近两年年均销售总额约为：

　　A. 小于 500 万元　　B.500 万—1000 万元　　C.1000 万—1 亿元

　　D.1 亿—10 亿元　　E.10 亿元及以上

6. 您在公司中的职位是 _____

　　A. 基层管理者　　　B. 中层管理者　　　C. 高层管理者

第二部分

请根据贵公司在集群内的实际情况对下列项目做出选择，每个项目的评分有 7 个等级，由 1 至 7 表示符合程度逐步提高，如下表所示，请在相应的位置上打 "√"。

完全不符合	很不符合	有些不符合	难以确定	有些符合	很符合	完全符合
1	2	3	4	5	6	7

1. 网络能力

中心性：贵公司在集群企业网络中位置中心性的情况	完全不符合←——→完全符合						
A1. 贵公司在行业内有很高的知名度	1	2	3	4	5	6	7
A2. 很多企业愿意与贵公司进行合作	1	2	3	4	5	6	7
A3. 其他企业经常希望贵公司提供技术等支持	1	2	3	4	5	6	7
A4. 其他企业经常通过贵公司提供技术等支持	1	2	3	4	5	6	7
联结强度：贵公司与合作伙伴之间的联系情况	完全不符合←——→完全符合						
B1. 贵公司与合作伙伴保持长期稳定的合作关系	1	2	3	4	5	6	7
B2. 贵公司与合作伙伴的关系更密切	1	2	3	4	5	6	7
B3. 贵企业与合作伙伴经常进行信息或技术交流	1	2	3	4	5	6	7
B4. 合作伙伴与贵公司经常共同解决问题	1	2	3	4	5	6	7
B5. 合作伙伴不会利用贵公司的弱点来谋取利益	1	2	3	4	5	6	7
资源丰富度：贵公司知识资源和网络关系资源的情况	完全不符合←——→完全符合						
C1. 与同行企业相比，贵公司所拥有的知识产权数量较多	1	2	3	4	5	6	7
C2. 与同行企业相比，贵公司拥有更高的威望、更好的声誉	1	2	3	4	5	6	7
C3. 与同行企业相比，贵公司拥有更多的合作伙伴	1	2	3	4	5	6	7
C4. 与同行企业相比，贵公司合作网络中流动的信息和资源更多	1	2	3	4	5	6	7

2. 组织学习

探索性学习:	完全不符合←→完全符合						
D1. 贵公司积极开发新的产品和服务	1	2	3	4	5	6	7
D2. 贵公司勇于挑战或正在挑战传统的现有技术领域	1	2	3	4	5	6	7
D3. 贵公司能够有效地将所创造或获取的新领域知识整合并加以利用	1	2	3	4	5	6	7
利用性学习:							
E1. 贵公司努改进现有产品和服务的质量	1	2	3	4	5	6	7
E2. 贵公司现有的工艺与过去的成功做法很相似	1	2	3	4	5	6	7
E3. 贵公司能够有效地将所创造或获取的现有领域知识整合并加以利用	1	2	3	4	5	6	7

3. 创新绩效

请对贵公司近三年的创新绩效进行评价:	完全不符合←→完全符合						
F1. 与同行业平均水平相比,贵公司拥有比较多的专利数	1	2	3	4	5	6	7
F2. 与同行业平均水平相比,贵公司新产品开发成功率较高	1	2	3	4	5	6	7
F3. 与同行业平均水平相比,贵公司新产品销售比例比较高	1	2	3	4	5	6	7
F4. 与同行业平均水平相比,贵公司常常在行业内率先应用新技术	1	2	3	4	5	6	7
F5. 与同行业平均水平相比,贵公司新产品与服务的市场接受度比较高	1	2	3	4	5	6	7

非常感谢您的配合！祝您事业有成！

调查问卷 3

尊敬的先生 / 女士：

您好！首先十分感谢您能参与问卷调查！本次调研是杭州电子科技大学管理学院课题组进行的关于集群网络对企业技术创新的影响研究，本次调研仅做学术研究之用，对您所填写的信息保证不会外露，敬请放心作答。感谢您的大力支持！

一、贵企业基本情况

1. 贵企业名称：

2. 贵企业成立年份：＿＿年。目前企业员工人数：＿＿人。

3. 贵企业所属行业（请根据企业主导业务选择）：

□服装　□纺织　□电子　□皮革制品制造　□节能灯　□化工

□机械　□磨具　□生物　□配套生产　□五金　□材料　□其他＿＿＿＿

4. 您认为，贵企业目前大致处于哪个发展阶段：

□初创期　　□发展期　　□成熟期　　□衰退期

5. 近三年中，贵企业在本地同行业中的地位：

□行业龙头企业　　　□行业偏大型企业　　　□行业中型企业

□行业偏小型企业　　□行业小型企业

6. 近三年中，贵企业主导产业平均销售总额为：

□小于 500 万元　□ 500 万—3000 万元　□ 3000 万—1 亿元

□ 1 亿—10 亿元　□ 10 亿元以上

7. 您在目前的企业工作了＿＿＿年。

8. 您目前所在部门：

　　□管理部门　　□技术部门　　□销售部门　　□生产部门　　□其他

9. 您目前的职务：

　　□高层管理人员　　□中层管理人员　　□基层管理人员　　□其他

二、贵企业过去三年的创新情况（1 表示非常不符合，7 表示非常符合）

探索性创新：	非常不符合←──→非常符合						
我们寻求到了新的、有发展前景的新技术	1	2	3	4	5	6	7
我们发明了新的产品和服务	1	2	3	4	5	6	7
我们试验了新的产品和服务	1	2	3	4	5	6	7
我们注重开发或应用全新的技术	1	2	3	4	5	6	7
我们注重开拓新市场	1	2	3	4	5	6	7
利用性创新：	非常不符合←──→非常符合						
我们努力改进现有产品和服务	1	2	3	4	5	6	7
我们巩固和扩大现有市场规模	1	2	3	4	5	6	7
我们注重降低生产 / 服务成本	1	2	3	4	5	6	7
我们注重提高产出	1	2	3	4	5	6	7
我们努力为现有客户提供更多的服务	1	2	3	4	5	6	7

三、贵企业与合作伙伴之间的关系

1. 过去三年，企业与本地其他企业和组织的联系（1 表示非常不符合，7 表示非常符合）

（特别说明：**本地特指企业主要生产基地所在的地区**）

	非常不符合←──→非常符合						
我们与本地供应商交流频繁	1	2	3	4	5	6	7
我们与本地客户 / 用户交流频繁	1	2	3	4	5	6	7
我们与本地同行企业交流频繁	1	2	3	4	5	6	7

续表

我们与本地高校、科研院所交流频繁	1	2	3	4	5	6	7
我们与本地公共科技服务平台交流频繁	1	2	3	4	5	6	7
我们与本地其他科技服务机构交流频繁	1	2	3	4	5	6	7
我们与本地供应商建立了长期合作关系	1	2	3	4	5	6	7
我们与本地客户/用户建立了长期合作关系	1	2	3	4	5	6	7
我们与本地同行企业建立了长期合作关系	1	2	3	4	5	6	7
我们与本地高校、科研院所建立了长期合作关系	1	2	3	4	5	6	7
我们与本地公共科技服务平台建立了长期合作关系	1	2	3	4	5	6	7
我们与本地其他科技服务机构建立了长期合作关系	1	2	3	4	5	6	7

2. 过去三年，企业与超本地企业和组织的联系（1 表示非常不符合，7 表示非常符合）

	非常不符合←——→非常符合						
企业与超本地供应商交流频繁	1	2	3	4	5	6	7
企业与超本地客户/用户交流频繁	1	2	3	4	5	6	7
企业与超本地同行企业交流频繁	1	2	3	4	5	6	7
企业与超本地高校、科研院所交流频繁	1	2	3	4	5	6	7
企业与超本地公共科技服务平台交流频繁	1	2	3	4	5	6	7
企业与超本地其他科技服务机构交流频繁	1	2	3	4	5	6	7
企业与超本地供应商建立了长期合作关系	1	2	3	4	5	6	7
企业与超本地客户/用户建立了长期合作关系	1	2	3	4	5	6	7
企业与超本地同行企业建立了长期合作关系	1	2	3	4	5	6	7
企业与超本地高校、科研院所建立了长期合作关系	1	2	3	4	5	6	7
企业与超本地公共科技服务平台建立了长期合作关系	1	2	3	4	5	6	7
企业与超本地其他科技服务机构建立了长期合作关系	1	2	3	4	5	6	7

四、贵企业外部知识源及使用情况调查表

"外部知识"，是指来自企业外部的知识、技术和信息等，根据知识来源的主体不同，分为四类。请根据贵公司的实际情况，对企业外部知识来源及使用情况在相应的得分项处打钩。

类别	知识来源	是否使用		使用程度							
		否	是	没有	很低	较低	一般	中等	较高	很高	极高
市场类	设备、原材料等供应商，承包商	0	1	0	1	2	3	4	5	6	7
	消费者、分销商	0	1	0	1	2	3	4	5	6	7
	竞争对手	0	1	0	1	2	3	4	5	6	7
	咨询顾问	0	1	0	1	2	3	4	5	6	7
	独立的商业实验室和研发企业	0	1	0	1	2	3	4	5	6	7
机构类	大学或其他高等教育机构	0	1	0	1	2	3	4	5	6	7
	政府的研究组织（如研究所等）	0	1	0	1	2	3	4	5	6	7
	其他公共部门（如生产力促进中心等）	0	1	0	1	2	3	4	5	6	7
	私人研究机构	0	1	0	1	2	3	4	5	6	7
其他类	专业论坛、学术会议	0	1	0	1	2	3	4	5	6	7
	行业协会	0	1	0	1	2	3	4	5	6	7
	技术、贸易出版物，计算机数据库	0	1	0	1	2	3	4	5	6	7
	交易会、博览会	0	1	0	1	2	3	4	5	6	7
标准类	技术标准	0	1	0	1	2	3	4	5	6	7
	健康、安全标准和规定（如HACCP等）	0	1	0	1	2	3	4	5	6	7
	环境标准和规定（如ISO14000等）	0	1	0	1	2	3	4	5	6	7

感谢您的耐心配合，我们很乐意与您分享本次调查的结果。如您需要调查结果，请在此留下您的 E-mail 地址：＿＿＿＿＿＿＿＿＿＿

再次感谢您的合作！

参考文献

[1]Huggins，Johnston，Thompson.Network capital，social capital and knowledge flow：How the nature of inter-organizational networks impacts on innovation[J].Industry and Innovation，2012，19（3）：203-232.

[2]Giuliani，Pietrobelli，Rabellotti.Upgrading in global value chains：lessons from Latin American clusters[J].World Development，2005，33（4）：549-573.

[3]Reinholt M，Pedersen T，Foss N J.Why a Central Network Position Isn't Enough：The Role of Motivation and Ability for Knowledge Sharing in Employee Networks[J].Academy of Management Journal，2011，54（6）：1277-1297.

[4]Chen C S，Liu C H.Impact of network position and knowledge diversity on knowledge creation：the empirical setting of research communities[J].Canadian Journal of Administrative Science，2012（29）：297-309.

[5] 刘闲月，林峰，孙锐.网络能力对集群企业知识扩散与创新的影响研究 [J]. 中国科技论坛，2012（6）：90-95.

[6] 姚小涛，王洪涛，李武.社会网络与中小企业成长模型 [J]. 系统工程理论方法应用，2004（1）：49-53.

[7] 蔡西阳.企业位势理论及应用研究 [D]. 北京：北京交通大学，2008.

[8] 常红锦，党兴华，史永立.网络嵌入性与成员退出：基于创新网络的分析 [J]. 研究与发展管理，2013（4）：30-40.

[9]Koka B R，Presott J E.Designing alliance networks：the influence of network position，environmental change，and strategy on firm Performance[J].

Strategic Management Journal，2008，29（6）：639-661.

[10] 聂会平，史晔. 网络嵌入对员工心理契约违背的影响——基于社会网络的视角 [J]. 北京工商大学学报（社会科学版），2013（6）：50-56.

[11] 郭宇钊. 价值网络的结构特征对开放式创新绩效的作用影响研究 [D]. 重庆：重庆大学，2013.

[12] 王志涛，职鹏飞. 基于网络的国际新创企业知识转移影响因素分析 [J]. 科技进步与对策，2009（2）：136-139.

[13]Powell W W，Koput K W，Smith-Doerr L.Interorganizational Collaboration and the Locus of Innovation：Networks of learning in bioteclinology[J].Adaministrative Science Quarterly，1996，41（1）：116-145.

[14]Gulati，Nohria，Zaheer.Stratgic network[J].Strategic Management Journal，2000（21）：203-215.

[15]Yamawaki.The evolution and structure of industrial clusters in japan[J].Small Business Economic，2002（18）：121-140.

[16]Karamanos A G.Leveraging and macro-structures of embeddedness in alliance networks for exploratory innovation in biotechnology[J].R&D MANAGEMENT，2012，42（1）：71-89.

[17] 蒋天颖，孙伟. 网络位置、技术学习与集群企业创新绩效——基于对绍兴纺织产业集群的实证考察 [J]. 经济地理，2012（7）：87-92.

[18] 柴吉孟. 基于网络位置与吸收能力的集群企业创新绩效研究 [D]. 杭州：杭州电子科技大学，2012.

[19] 王晓娟. 知识网络与集群企业创新绩效——浙江黄岩模具产业集群的实证研究 [J]. 科学学研究，2008（4）：874-879.

[20]Kaufman A，Wood C H，Theyel G.Collaboration and technology

linkages：A strategic supilier typology [J].Srategic Management Journal，2000，21（6）：649-663.

[21] 王长峰．企业网络拓扑结构与创新绩效的关系——基于中介变量的实证分析 [J]. 科技进步与对策，2011（3）：86-89.

[22]Simsek Z，Lubatkin M H，Floyd S W.Interfirm networks and enterprenrurial behavior：A structural embeddedness perspective[J].Journal of Management，2003，29（3）：427-442.

[23] 蔡宁，潘松挺．网络关系强度与企业技术创新模式的耦合性及其协同演化——以海正药业技术创新网络为例 [J]. 中国工业经济，2008（4）：137-144.

[24]Gemünden H G，Ritter T，Heydebreck P.Network configuration and innovation success：An empirical analysis in German high-tech industries[J].Intern.J.of Research in marketing，1996（13）：449-462.

[25]Britton, H J N.Network structure of an industrial cluster electronics in Toronto[J].Environment and Planning，2003（6）：983-1006.

[26] 任胜钢，吴娟，王龙伟．网络嵌入结构对企业创新行为影响的实证研究 [J]. 管理工程学报，2011（4）：75-80.

[27] 董芳．网络关系和网络位置对家纺产业集群企业创新绩效的影响 [D]. 衡阳：南华大学，2011.

[28] 张晓婧．网络嵌入与企业创新绩效关系研究 [D]. 长春：吉林大学，2012.

[29] 彭新敏．企业网络对技术创新绩效的作用机制研究：利用性—探索性学习的中介效应 [D]. 杭州：浙江大学，2009.

[30] 许登峰．基于社会网络的集群企业创新机制研究 [D]. 天津：天津大学，2010.

[31] 李志刚，汤书昆，梁晓艳，等.产业集群网络结构与企业创新绩效关系研究 [J].科学学研究，2007（4）：777-782.

[32] 范群林，邵云飞，唐小我，等.结构嵌入性对集群企业创新绩效影响的实证研究 [J].科学学研究，2010（12）：1891-1900.

[33] 蔡玮，陈晓红.园区集群网络结构、资源获取对企业绩效影响机制 [J].系统工程，2010（8）：31-38.

[34] 方刚，胡保亮.网络资源的分类与作用机制——基于知识转移视角的研究 [J].科学学研究，2010（10）：1511-1520.

[35] 姚小涛，席酉民.管理研究与社会网络分析 [J].现代管理科学，2008（6）：19-21.

[36] 蔡宁，吴结兵.产业集群企业网络体系：系统建构与结构分析 [J].重庆大学学报（社会科学版），2006（2）：9-14.

[37] 董保宝.高科技新创企业网络中心度、战略隔绝与竞争优势关系研究 [J].管理学报，2013（10）：1478-1484.

[38] 张晟剑，胡仁杰.企业技术创新合作网络中心度分析 [J].科技管理研究，2013（11）：14-19.

[39]Grant M R.The resource-based theory of competitive advantage：Implication for strategy formulation[J].California Management Review，1991，33（3）：114-135.

[40]Charles.Transfer in Context：Replication and Adaptation in Knowledge Transfer Relationships[J].Stategic Management Journal，2007，28（9）：867-889.

[41]Dyer J H K N.Creating and managinga high-performance knowledge-sharing network：the Toyota case[J].Strategic Management Journal，2000，21（3）：345-367.

[42]M R.Network updating and exploratory learning environment[J]. Journal of Management Studies，2004，41（6）：933-949.

[43]Uzzi B.Social Structural and Competition in Interfirm Networks：The Paradox of Embeddedness[J].Administrative Science Quarterly，1997，42（1）：35-67.

[44] 黄中伟，王宇露 . 位置嵌入、社会资本与海外子公司的东道国网络学习——基于 123 家跨国公司在华子公司的实证 [J]. 中国工业经济，2008（12）：144-154.

[45]Gulati Ranjay.Network location and learning:the influences of network resources and firm capabilities on alliance formation[J].Strategic Management Journal，1999（20）：397-420.

[46] 石永贵 . 企业网络资源协调研究 [D]. 天津：河北工业大学 , 2009.

[47] 党建兵 . 跨组织联结、资源管理与企业创新绩效 [D]. 南京：南京大学，2013.

[48] 姚瑞 . 基于资源的创新网络与知识获取关系研究 [D]. 长春：吉林大学，2011.

[49] 李宇，张雁鸣 . 网络资源、创业导向与在孵企业绩效研究——基于大连国家级创业孵化基地的实证分析 [J]. 中国软科学，2012（8）：98-110.

[50]Araris C S.Organizational Learning：A Theory of Action Perspective[G].MA：Addison-Wesley，1978.

[51]Huber G P.Organizational learning：the contributing processes and the literatures[J].Oranization Science，1991（2）：88-115.

[52] 曲乃霞 . 市场导向、组织学习与企业绩效的关系研究 [D]. 长春：吉林大学，2013.

[53] 陈国权，马萌．组织学习的过程模型研究 [J]．管理科学学报，2000（3）：15-23．

[54] 于海波，方俐洛，凌文辁．我国企业学习取向的初步研究 [J]．中国管理科学，2003（6）：96-101．

[55] 李萌萌．组织学习对产业集群内的企业竞合行为与创新绩效的中介作用研究 [D]．大连：东北财经大学，2012．

[56] 蔡彬清，陈国宏．链式产业集群网络关系、组织学习与创新绩效研究 [J]．研究与发展管理，2013（4）：126-133．

[57] 朱廷柏．企业联盟内的组织间学习研究 [D]．济南：山东大学，2006．

[58] 朱朝晖，陈劲．探索性学习与挖掘性学习及其平衡研究 [J]．外国经济与管理，2007（10）：54-58．

[59] 谢洪明，韩子天．组织学习与绩效的关系：创新是中介变量吗？——珠三角地区企业的实证研究及其启示 [J]．科研管理，2005（5）：1-10．

[60] 曾德明，何培旭，陈强．制造业企业绩效与组织学习关系的实证研究：基于组织创新的视角 [J]．科学学与科学技术管理，2010（1）：42-47．

[61] 王雁飞，朱瑜．组织创新、组织学习与绩效——一个调节效应模型的实证分析 [J]．管理学报，2009（9）：1257-1265．

[62]Baker W E，Sinkula J M.The synergistic effect of market orientation and learning orientation on organizational perfrmance[J].Journal of the Academy of Marketing Science，1999，27（4）：411-427．

[63] 张婧．新产品开发知识来源、组织学习模式与项目绩效关系研究 [D]．杭州：浙江大学，2014．

[64]Hagedoom J M C.Measuring Innovation Performance：Is There an

Advantage in Using Multiple Indicators[J].Research Policy，2003（32）：1365-1379.

[65]郑林英.网络位置、吸收能力对企业创新绩效的影响研究[D].杭州：浙江大学，2011.

[66]王长峰.知识属性、网络特征与企业创新绩效[D].济南：山东大学，2009.

[67]Chiu，Ting Y，Helena.How network competence and network location influence innovation performance[J].The Journal of Business&Industrial Marketing，2009，24（1）：46-55.

[68]Adler，Paul S，Kwon，et al.Social capital：prospects for a new concept[J].The Academy of Management Review，2002，27（1）：17-40.

[69]方刚.网络能力结构及对企业创新绩效作用机制研究[J].科学学研究，2011（3）：461-470.

[70]李元旭，王宇露.东道国网络结构、位置嵌入与海外子公司网络学习——基于123家跨国公司在华子公司的实证[J].世界经济研究，2010（1）：63-67.

[71]Bell，Geoffrey.Clusters，networks，and firm innovativeness[J].Strategic Management Journa，2005，26（3）：287-295.

[72]党兴华，常红锦.网络位置、地理临近性与企业创新绩效——一个交互效应模型[J].科研管理，2013（3）：7-13.

[73]Saxenian，Lee A，Hsu J.The Silicon Valley-Hsinchu Connection：Technical Communities and Industrial Upgrading[J].Industrial and Corporate Change，2001，22（10）：893-920.

[74]Granovetter.The Strength of weak Ties[J].Aillerican Journal of Sociolog，1973，78（6）：1360-1380.

[75] 黄江圳，董俊武 . 中小企业网络、资源与成长问题研究 [J]. 外国经济与管理，2002（6）：29-33.

[76]Conner.A historical comparison of resource-based theory and five schools of thought within industrial organization economics：do we have a new theory of the firm？ [J].Journal of Management，1991，17（1）：121-154.

[77] 林勋亮 . 组织学习、知识管理与企业创新关系实证研究 [J]. 中山大学学报（社会科学版），2011（2）：201-208.

[78] 彭新敏 . 企业网络与利用性—探索性学习的关系研究：基于创新视角 [J]. 科研管理，2011（3）：15-22.

[79] 潘松挺，郑亚莉 . 网络关系强度与企业技术创新绩效——基于探索式学习和利用式学习的实证研究 [J]. 科学学研究，2011（11）：1736-1743.

[80]Faems V L D.Interorganizational collaboration and innovation：Toward a Portfolio approach[J].Journal of Produet Innovation Management，2005，22（3）：238-250.

[81]Sidhu J S，Commandeur H R，Volberda H W.The multifaceted nature of exploration and exploitation：Value of supply，demand，and spatial search for innovation [J].Organization Science，2007，18（1）：20-38.

[82] 洪茹燕 . 集群企业创新网络、创新搜索及创新绩效关系研究 [D]. 杭州：浙江大学，2012.

[83] 王晓娟 . 知识网络与集群企业竞争优势研究 [D]. 杭州：浙江大学，2007.

[84] 王宇 . 企业网络、组织学习对技术创新的作用关系研究 [D]. 长春：吉林大学，2013.

[85] 金曙光 . 全球制造网络位置对本地企业创新绩效的影响 [D]. 杭州：

杭州电子科技大学，2012.

[86] 王钦 . 技术范式、学习机制与集群创新能力——来自浙江玉环水暖阀门产业集群的证据 [J]. 中国工业经济，2011，283（10）：141-150.

[87]Abrahamson E，Fombrun C J.Macrocultures：Determinants and consequences[J].Academy of Management Review，1994，19（4）：728-755.

[88]Eriksson R，Lindgren U，Malmberg G.Agglomeration mobility：Effects of localisation，urbanisation，and scale on job changes[J].Environment & Planning A，2008，40（10）：2419-2434.

[89] 阿尔弗雷德·马歇尔 . 经济学原理 [M]. 北京：人民日报出版社，2009.

[90] 迈克·E·波特 . 簇群与新竞争经济学 [J]. 经济社会体制比较，2000（2）：21-31.

[91]Granovetter M S.Economic Action and Social Structure：The Problem of Embeddedness[J].American Journal of Sociology，1985，91（11）：481-510.

[92]James S C.Social capital in the creation of human captial[J].The American Journal of Sociology，1988（94）：S95-S120.

[93]Burt R S.Structural holes：the social structure of competition[M].Cambridge：Harvard University Press，1992.

[94]Tichy N M，Tushman M L，Fombrun C.Social network analysis for organizations[J].Academy of management review，1979，4（4）：507-519.

[95] 孟韬 . 产业集群的网络结构——基于柳市电器集群的实证分析 [J]. 经济管理，2007（3）：6-11.

[96] 王发明，蔡宁，朱浩义 . 基于网络结构视角的产业集群风险研究——

以美国 128 公路区产业集群衰退为例 [J]. 科学学研究，2006（6）：885-889.

[97] 花磊，王文平. 产业生命周期不同阶段的最优集体创新网络结构 [J]. 中国管理科学，2013（5）：129-140.

[98] 林秋月，王文平，王娇俐. 产业集群创新网络结构特征的仿真分析——基于 March 利用式—探索式创新分析框架 [J]. 管理学报，2010（7）：1015-1020.

[99]HumPhrey J，SehLInitz H.Governace and Upgrading：Linking Industrial Cluster and Global Value Chains Research[R].IDS working Paper，No.12，Institute of Development Studies,University of Sussex，2000.

[100] 邬爱其. 超集群学习与集群企业转型成长——基于浙江卡森的案例研究 [J]. 管理世界，2009（8）：141-156.

[101]Grabher G，Ibert O.Bad Company ？ The Ambiguity of Personal Knowledge Networks[J].Journal of Economic Geography，2006，6（3）：251-271.

[102]Schmitz H.Learning and Earning in Global Garment and Footwear Chains[J].The European Journal of Development，2006，18（4）：546-571.

[103]梅述恩，聂鸣. 嵌入全球价值链的企业集群升级路径研究——以晋江鞋企业集群为例 [J]. 科研管理，2007（4）：30-35.

[104]Rost K.The strength of strong ties in the creation of innovation[J].Research Policy，2011，40（4）：588-604.

[105] 窦红宾，王正斌. 网络结构对企业成长绩效的影响研究——利用性学习、探索性学习的中介作用 [J]. 南开管理评论，2011（3）：15-25.

[106] 蒋天颖，王峥燕，张一青. 网络强度、知识转移对集群企业创新绩效的影响 [J]. 科研管理，2013（8）：27-34.

[107] 李剑力. 探索性创新、开发性创新与企业绩效关系研究——基于冗余资源调节效应的实证分析 [J]. 科学学研究，2009（9）：1418-1427.

[108]HaKansson H，Snehota I.No business is an island：the network concept of business strategy[J].Scandinavian journal of management，1989，5（3）：187-200.

[109]Nelson R R，Winter S G.An evolutionary theory of economic change[M]. Cambridge：Harvard Business School Press，1982.

[110]Laursen K，Salter A.Open for innovation：the role of openness in explaining innovation performance among UK manufacturing firms[J].Strategic management journal，2006，27（2）：131-150.

[111]Fabrizio K R.Absorptive capacity and the search for innovation[J]. Research Policy，2009，38（2）：255-267.

[112]Eisenhardt K M，Martin J A.Dynamic capabilities：what are they？[J]. Strategic management journal，2000，21（10—11）：1105-1121.

[113]Katila R.New product search over time：past ideas in their prime?[J]. Academy of Management Journal，2002，45（5）：995-1010.

[114]Li Y，Vanhaverbeke W，Schoenmakers W.Exploration and exploitation in innovation：reframing the interpretation[J].Creativity and innovation management，2008，17（2）：107-126.

[115]Geiger S W，Makri M.Exploration and exploitation innovation processes：The role of organizational slack in R & D intensive firms[J].The Journal of High Technology Management Research，2006，17（1）：97-108.

[116]Katila R，Ahuja G.Something old，something new：A longitudinal study of search behavior and new product introduction[J].Academy of management journal，2002，45（6）：1183-1194.

[117]Chang S J.An evolutionary perspective on diversification and corporate restructuring：entry，exit，and economic performance during 1981-1989[J].Strategic Management Journal，1996，17（8）：587-611.

[118]Hwang J，Lee Y.External knowledge search，innovative performance and productivity in the Korean ICT sector[J].Telecommunications Policy，2010，34（10）：562-571.

[119]Schilling M A，Green E.Recombinant search and breakthrough idea generation：An analysis of high impact papers in the social sciences[J]. Research Policy，2011，40（10）：1321-1331.

[120]胡保亮，方刚.网络位置、知识搜索与创新绩效的关系研究——基于全球制造网络与本地集群网络集成的观点[J].科研管理，2013（11）：18-26.

[121]陈学光，俞红，樊利钧.研发团队海外嵌入特征、知识搜索与创新绩效——基于浙江高新技术企业的实证研究[J].科学学研究，2010（1）：151-160.

[122]March J G.Exploration and exploitation in organizational learning[J]. Organization science，1991，2（1）：71-87.

[123]Benner M J，Tushman M L.Exploitation，exploration，and process management：The productivity dilemma revisited[J].Academy of management review，2003，28（2）：238-256.

[124]Mom T J，Van Den Bosch F A，Volberda H W.Investigating Managers' Exploration and Exploitation Activities：The Influence of Top-Down，Bottom-Up，and Horizontal Knowledge Inflows[J].Journal of Management Studies，2007，44（6）：910-931.

[125]李剑力.探索性创新、开发性创新及其平衡研究前沿探析[J].外

国经济与管理, 2009 (3) : 23-29.

[126]He Z, Wong P.Exploration vs. exploitation: An empirical test of the ambidexterity hypothesis[J].Organization science, 2004, 15 (4) : 481-494.

[127]March J G.Rationality, foolishness, and adaptive intelligence[J]. Strategic management journal, 2006, 27 (3) : 201-214.

[128] 张建宇, 蔡双立. 探索性创新与开发性创新的协调路径及其对绩效的影响 [J]. 科学学与科学技术管理, 2012 (5) : 64-70.

[129]Duncan R B.The ambidextrous organization: Designing dual structures for innovation[J].The management of organization, 1976 (1) : 167-188.

[130]Tushman M L, Reilly O, Charles III A.Organizations: Managing Evolutionary[J].California management review, 1996 (38) : 4.

[131]Gibson C B, Birkinshaw J.The antecedents, consequences, and mediating role of organizational ambidexterity[J].Academy of management Journal, 2004, 47 (2) : 209-226.

[132]Levinthal D A, March J G.The myopia of learning[J].Strategic management journal, 1993, 14 (S2) : 95-112.

[133]Zukin S, DiMaggio P.Structures of capital: The social organization of the economy[M].CUP Archive, 1990.

[134]Hagedoom J.Understanding the cross-level embeddedness of interfirm partnership formation[J].Academy of Management Review, 2006, 31 (3) : 670-680.

[135] 王核成, 帅杏霞, 张海. 基于多层网络的内生型集群核心企业竞争优势演化研究 [J]. 研究与发展管理, 2014 (1) : 63-69.

[136] 魏江, 徐蕾. 知识双重网络嵌入、知识整合与集群企业创新能力 [J].

管理科学学报，2014（2）：34-47.

[137]Dyer J H.Specialized supplier networks as a source of competitive advantage： evidence from the auto industry[J].Strategic management journal，1996，17（4）：271-291.

[138]Tsai W，Ghoshal S.Social capital and value creation：The role of intrafirm networks[J].Academy of management Journal，1998，41（4）：464-476.

[139]McEvily B，Marcus A.Embedded ties and the acquisition of competitive capabilities[J].Strategic Management Journal，2005，26（11）：1033-1055.

[140]Morgan R M，Hunt S.Relationship-based competitive advantage：the role of relationship marketing in marketing strategy[J].Journal of Business Research，1999，46（3）：281-290.

[141]戴维奇，林巧，魏江.本地和超本地业务网络、吸收能力与集群企业升级[J].科研管理，2013（4）：79-89.

[142]Hendry C，Brown J.Dynamics of clustering and performance in the uk opto-electronics industry[J].Regional Studies，2006，40（7）：707-725.

[143]Hendry C，Brown J，Defillippi R.Regional clustering of high technology-based firms：Optoelectronics in three countries[J].Regional Studies，2006，34（2）：129-144.

[144]Corso M，Martini A，Pellegrini L.Technological and organizational tools for knowledge management：In search of configurations[J].Small Business Economics，2003，21（4）：397-408.

[145]Chesbrough H W.The era of open innovation[J].Managing innovation and change，2006，127（3）：34-41.

[146]Saxenian A.Lessons from silicon valley[J].Technology Review，1994，97（5）：2.

[147]Patel P C，Van der Have R P.Enhancing innovation performance through exploiting complementarity in search breadth and depth[J].Frontiers of Entrepreneurship，2010，30（9）：1-12.

[148] 谢洪明，张霞蓉，程聪，等．网络关系强度、企业学习能力对技术创新的影响研究 [J]. 科研管理，2012（2）：55-62.

[149] 简兆权，刘荣，招丽珠．网络关系、信任与知识共享对技术创新绩效的影响研究 [J]. 研究与发展管理，2010（2）：64-71.

[150]Jansen J J P，Bosch F A J V，Volberda H W.Exploratory innovation，exploitative innovation，and performance：effects of organizational antecedents and environmental moderators[J].Management Science，2006，52（11）：1661-1674.

[151]Alexiev A S，Jansen J J P，Van den Bosch F A J，et al.Top management team advice seeking and exploratory innovation：the moderating role of TMT heterogeneity[J].Journal of management studies，2010，47（7）：1343-1364.

[152]Phelps C C.A Longitudinal Study of the Influence of Alliance Network Structure and Composition on Firm Exploratory Innovation[J].Academy of Management Journal，2010，53（4）：890-913.

[153]Granovetter M.Problems of explanation in economic sociology[J].Networks and organizations：Structure，form，and action，1992（25）：56.

[154]Uzzi B.Embeddedness in the making of financial capital：How social relations[J].American Sociological Review，1999，64（4）：481-505.

[155]Nieto M J，Santamaria L.The importance of diverse collaborative

networks for the novelty of product innovation[J].Technovation，2007（27）：367-377.

[156]Henttonen K，Ritala P，Jauhiainen T.Exploring open search strategies and their perceived impact on innovation performance-Empirical evidence[J].International Journal of Innovation Management，2011，15（3）：525-541.

[157] 吴明隆 .SPSS 统计应用实务 [M]. 北京：科学出版社，2003.

[158] 马国庆 . 管理统计 [M]. 北京：科学出版社，2002.

[159]DeVelli R F.Scale development theory and applications[M].London：SAGE，1991.

[160] 朱平芳 . 现代计量经济学 [M]. 上海：上海财经大学出版社，2004.

[161]Boschma R.Proximity and innovation：A critical assessment[J].Regional Studies，2005，39（1）：6-74.

[162]Faulconbridge J R.Stretching tacit knowledge beyond a local fix ？Global spaces of learning in advertising professional service firms [J].Journal of Economic Geography，2006，6（4）：517-540.

[163] 张闳 . 管理学研究中的社会网络范式：基于研究方法视角的 12 个管理学顶级期刊（2001—2010）文献研究 [J]. 管理世界，2011（7）：154-163.